정부조달 품질보증 실무 가이드북

- 조달청 품질보증조달물품 제도 중심 -

조규선 지음

한국표준협회미디어

머리말

정부 기관인 조달청에서는 품질보증조달물품 제도를 운영하고 있다. 이 제도는 검사 위주의 품질보증시스템에서 기업 스스로가 예방적 차원의 품질경영시스템을 구축하고, 제조공정에서 통계적 공정관리를 실시하도록 요구하고 있다. 그러나 기업에서 예방적인 측면의 품질 인식이나, 생산 현장에 통계적 공정관리 인프라 구축, 품질보증적인 차원의 관리력이 상당히 부족한 실정이다.

조달청 품질보증조달물품 제도는 품질경영체계, 생산공정, 성과지표 등 3개 부문으로 구성되어 있으며, 특히 기존 품질경영시스템과의 차이점은 공정품질관리를 통해 4σ 수준으로 관리하도록 하기 위해 제품특성, 공정특성을 선정하고 제조 현장에서 이에 대한 통계적 공정관리 및 공정능력을 산출하여 1.33 이상으로 관리해야 한다. 그리고 이를 유지하기 위해 지속적인 개선활동을 추진하는 것이다.

따라서 현재 중소기업의 인원 부족, 품질 인식의 부족, 경영자의 마인드 부족 등 전반적인 관리가 부족한 실정에서 기업이 품질보증조달물품 제도를 효과적으로 도입하여 적용할 수 있도록 품질경영시스템 구축 방법을 제시하고자 한다.

품질보증조달물품 제도에 선정되는 것은 쉬운 일이 아니며 이상적인 품질 모델로 구성되어 있어 기업에서 도입·운영하는 것이 어렵다는 인식이 있다. 이는 품질보증조달물품 제도에 대한 이해 부족 및 추진 방법에 대한 구체적인 사례가 부족해서 나타나는 현상으로 보이며, 세부적인 연구방법에 대한 실적 또한 미흡한 실정이다. 정부 조달 품질경영시스템은 기존 기업의 품질경영시스템을 보완하고 추가적으로 품질보증조달물품 제도의 핵심 내용인 품질경영시스템, 생산공정, 성과지표의 관점이 반영되어 있다. 그래서 예방적이고, 자주적인 품질경영시스템으로 운영할 수 있도록 이론적인 방향 제시, 평가 모델과 실행 결과에 대한 실증분석, 핵심 항목에 대한 추진 사례를 제시하여 품질에 대한 경쟁력 확보에 도움이 되는 정부조달 품질보증 실무 가이드북을 제안하고자 한다.

정부조달 품질경영시스템인 조달청 품질보증조달물품 제도에 선정되기 위해 많은 업체가 도전하고 있으나 현재 80개 정도로 선정된 업체가 제한적이며, 이 제도에 대한 확산이 무엇보다도 필요한 시점이다.

현재까지 품질보증조달물품 제도를 경험한 기존 평가 업체에 대한 구체적인 실증 분석을 통해 성과 향상에 영향을 미치는 정확한 성공 요인을 제시하기 미흡한 상황이다. 품질보증조달물품 제도의 중요성은 나날이 부각되고 있으나, 해당 평가 항목들이 각각의 성과지표에 어떠한 영향력을 미치는지에 관해 아직 많은 관심을 받고 있지 못하다. 이에 이 책에서는 품질보증조달물품 제도의 평가 항목을 기존 선정 업체와 미 선정 업체와의 비교를 통해 시사점을 도출하고자 한다. 또한 이를 통해 국내 기업들의 품질 성과 향상을 위해 품질경영시스템과 생산공정을 어떻게 강화해 나가야 할지 실증 사례를 통해 방향을 제시하고자 한다.

실제 기업에서 적용 가능하도록 각 평가 항목별 주요 사항에 대해 해당 요구사항을 쉽게 이해하고 참조할 수 있도록 적용 사례를 효율적으로 제시하였으며, 정부에 조달하는 기업들이 기존 품질경영시스템을 기반으로 하여 추가적으로 준비해야 할 부분을 도출함으로써, 품질 수준을 4σ 수준 이상으로 관리할 수 있는 방안을 제시하였다.

2019년 11월

지은이 조 규 선

책의 활용방법

이 책은 아래와 같이 4개의 장으로 구성되어 있다. 조달청 품질보증조달물품에 관심을 가지고 있는 경영진, 관리자, 실무자의 관점에서 품질보증조달물품 요구사항의 계획, 실행에 필요한 사항들을 중심으로 내용을 구성하였다. 기본적으로는 알기 쉽도록 질문과 답변 형태로 구성하였다.

제1장은 정부조달 품질보증 제도에 대한 전반적인 이해와 평가 모델에 대한 개념을 제시한다.

품질보증조달물품에 대한 제도 소개와 기대효과, 신청 방법, 심사 방법, 심사 비용, 유지 관리 심사에 대한 제도를 소개한다. 또한 품질보증조달물품 선정 모델에 대한 설명, 평가 척도, 평가 방법에 대하여 설명한다.

제2장은 품질보증조달물품의 핵심품질에 대한 항목, 중요성 및 추진 방법에 대하여 설명한다. 핵심품질 중 산포관리를 위한 통계적 공정관리에 대한 이론적 배경 설명 및 관리도, 공정능력지수에 대한 필수 개념을 소개한다. 그리고 성과지표 향상을 위한 데이터 관리 방안과 전산시스템 연계 방법에 대해 소개한다.

제3장은 품질보증조달물품에 대한 심사 요구사항을 품질경영시스템, 생산공정, 성과지표로 구분했고, 개별 항목에 대해 세부적으로 요구사항별로 배경 설명과 실행 방법을 제시하였다.

심사 요구사항은 전 항목에 대하여 1) 개요(첫째는 중요성·문제점·필요성, 둘째는 심사 시 평가 척도, 셋째는 우수기업의 사례) 2) 목적 3) 입력물(Input) 4) 프로세스(Process)[(Plan(계획), Do(실시), Check(확인), Action(조치) 순서로 실행 방법 제시] 5) 산출물(Output) 순서로 작성하였다.

심사 요구사항별로 확인하고 싶은 부분을 랜덤하게 개별적으로 확인해도 되고, 순차적으로 확인할 수 있도록 작성했다. 필요한 항목이나 미흡한 부분을 먼저 확인하여 실행하는 것이 도움이 될 것이다.

제4장은 품질보증조달물품 성과 향상을 위한 방안에 대해 제시한다. 품질보증조달물품 심사결과에 대한 분석을 제시하여 기존 선정된 기업의 수준에 대한 대략적인 사항을 파악할 수 있게 하였다.

또한, 품질보증조달물품에 대한 단계별 등급 향상과 성과 향상 방안에 대한 계획을 제시하며, 스마트공장에 대한 개념을 이론적으로 제시하고, 품질보증조달물품과 스마트공장과의 연계 방안을 어떻게 수행해야 할지 제안하였다.

마지막으로 참고자료 부분에서는 이 책을 집필하면서 참고, 인용한 품질보증조달물품 관련 보고서, 논문, 세미나 및 컨퍼런스 발표 자료, 인터넷 웹사이트 등을 총망라하여 바로 활용할 수 있도록 구성하였다.

차 례

제1장

정보조달 품질보증 제도의 이해

정보조달 품질보증 제도의 이해

1.1 품질보증조달물품의 이해

Q 1.1 조달청 품질보증조달물품 제도

조달청에서 시행하고 있는 품질보증조달물품 제도가 무엇인가요?

A 조달업체의 품질경영 · 공정관리 · 성과관리 등 품질관리 능력을 평가하여 우수한 품질보증 체계 하에 생산된 제품을 '품질보증조달물품'으로 지정하고 그 유효기간 동안 납품 검사를 면제해 주는 제도를 말한다.

1) 조달행정 발전 방안에서 '선진형 품질향상 시스템' 구축을 위한 발전 과제로 『자가품질보증제도』를 채택했다.('10.7.28) 이후 품질보증조달물품으로 명칭을 변경하여 현재 운영하고 있다.

2) 선진형 품질보증시스템은

- 검사로 불량품을 가려내는 방식이 아니라 불량품이 생산되지 않도록 하는 시스템의 구축에 의한 품질보증을 한다.
- 소비자가 품질우수제품을 선택하게 함으로써 제조업체 스스로의 품질관리를 유도한다.

3) 기존의 조달물자 품질관리제도는 다음과 같다.

- 납품검사 위주의 품질관리
- 조달물자 : 연간 24조원, 91만 건 납품
- 납품검사 : 조달물자 금액 기준 약 8% 시행(건수 1%)

  * 품질관리 우수기업과 열세기업 모두 동일기준 적용

4) 품질보증조달물품 시행 방안은 다음과 같다.

- 제조업체의 품질관리 능력 및 실행 현황을 평가
- 품질보증조달물품(기업, 품명)을 지정
- 품질보증조달물품에 대해서는 납품검사 면제

5) 조달업체의 품질관리 의식을 고취시켜 조달물품의 품질향상을 유도한다.

6) 품질보증조달물품의 운영 목적

품질보증조달물품 제도는 「조달 사업에 관한 법률」 제3조의4제1항에 따라 조달물자의 품질향상을 위해 조달업체의 품질경영 · 공정관리 · 성과관리 등 품질관리 능력을 평가하여 우수한 품질보증 체계 하에 생산된 제품을 지정 · 관리하는 데 필요한 사항을 관리함을 목적으로 한다.

7) 법적근거

- 「조달사업에 관한 법률」 제3조의4(조달물자의 품질관리)
  - 조달물자 품질 향상에 필요한 업무에 관한 기준 · 절차 등을 조달청장이 고시
- 「국가계약법시행령」 제56조의2 및 「지방계약법시행령」 제64조의2 (검사를 면제할 수 있는 물품)
  - 위 법령에 따라 조달청장이 고시한 품질관리능력 평가기준에 적합한 자가 제조한 물품
- 「품질보증조달물품 지정 및 관리규정」 조달청 고시 제2018-3호
  - 품질보증조달물품을 지정 · 관리하는 데 필요한 사항을 고시
- 「품질보증조달물품 지정 대상품명, 심사기준 및 일정」 조달품질원 공고
  - 품질보증조달물품 지정 대상, 기준, 일정 등을 매년 공고

Q 1.2 품질보증조달물품 제도의 기대효과

품질보증조달물품 지정제도의 효과는 무엇인가요?

A • 조달기업의 기술개발과 품질 향상을 유도하고 고객만족도와 신뢰도를 높임
- 검사 비용 절감 및 신속한 물품 공급 등 구매조달 효율성 향상
- 품질보증기업의 고품질 제품생산 관리에 따른 매출 확대

1) 품질보증조달물품 제도를 시행함으로써 조달과 관련된 3자에게 제도의 운영 효과가 나타날 것으로 기대된다.

2) 조달물품을 납품하는 조달업체는 품질보증조달물품 선정을 취득함으로써 다음과 같은 효과가 기대된다. 이러한 효과는 정책적인 배려에 의해 지속적으로 보강되고 강화된다.

- 시험 검사 비용 등 제반 비용의 감소
- 신속한 물품 공급 및 구매 조달 효율성 향상
- 기술 개발과 품질 향상으로 고객만족도와 신뢰도 향상
- 고품질 제품 생산 관리에 따른 매출 확대 및 시장 확대
- 핵심품질관리 포인트의 이해 및 관리로 품질 향상
- 품질보증 활동의 중요성 인식
- 지속적 개선활동 기반 구축
- 조직적인 품질보증 역량 강화
- 품질의 지속적인 향상

Q&A

Q 1.3 품질보증조달물품 제도의 신청 자격

품질보증조달물품 지정제도의 신청은 어떻게 하나요?

A 조달청 입찰참가자격등록증에 신청품명이 '제조'로 등록되고, 해당 품명에 대하여 최근 1년 이내 조달청 검사 또는 전문기관 검사 실적이 있거나, 해당 품명이 국가종합전자조달시스템의 종합쇼핑몰에 등재되어 있는 자

1) 품질보증조달물품 신청 자격은 조달청 입찰 참가 자격 등록증 '제조' 등록을 해야 한다.

- 신청품명에 대하여 최근 1년 이내 조달청 검사 또는 전문기관 검사 실적이 있는 자
- 신청품명이 국가종합전자조달시스템의 종합쇼핑몰에 등재되어 있는 자

2) 지정 대상

- 모든 품명에 대한 신청을 허용하되, 다음 요건 중 하나에 해당하는 경우 심사 대상에서 제외
  - 제품의 이동·설치·시공 과정에서 제품의 성질·상태 등에 변형 가능성이 있어 품질관리 확보가 곤란한 경우
  - 조달물자로 공급하기 곤란한 음·식료품류, 동·식물류, 농·수산물류, 무기·총포·화학류와 그 구성품, 유류 및 의약품(농약) 등

3) 결격사유 및 지정 신청 제한

- 다음 각 호의 어느 하나에 해당하는 경우 심사대상에서 제외
  - 부정당업자로서 입찰 참가 자격 제한 중에 있는 자
  - 신청자가 부도, 파산되었거나 기타 품질보증조달물품 지정이 곤란하다고 인정되는 경우
  - 심사 관련 서류를 위조·변조하거나 허위로 제출한 자
  - 제품의 이동·설치·시공 과정에서 제품의 성질·상태 등에 변형 가능성이 있어 품질관리 확보가 곤란한 경우
  - 조달물자로 공급하기 곤란한 음·식료품류, 동·식물류, 농·수산물류, 무기·총포·화약류와 그 구성품, 유류 및 의약품(농약) 등

Q&A

Q 1.4 품질보증조달물품 신청 서류 및 평가 절차

품질보증조달물품 신청 서류와 평가는 어떻게 하나요?

A 신청 서류는 지정신청서 등 9개 항목이며, 매년 3월, 6월, 9월 접수받아 평가를 실시한다.

1) 신청 시 제출 서류

- 지정신청서 및 자체진단평가표 → 전산 시스템 상에서 작성 제출
- 품질보증조달물품 준수서약서
- 최근 1년간 조달청 또는 전문 기관에서 발행한 검사증
- 조직도 및 신청품명 생산 현장 약도
- 관리계획서(QC공정도)
- 작업표준서(또는 검사기준서)
- 조달청 계약 규격서
- 신청품명의 제품 생산에 필요한 주요 설비 보유 현황
- 신청품명의 검사용 측정기기 보유 현황

2) 지정 심사 절차

(1) 현장 심사

- 품질보증조달물품 지정 심사를 담당할 외부 심사 기관을 배정
- 심사기관은 심사팀을 구성하고, 심사 대상 업체와 심사 일정을 협의·조율한 후 심사 계획서를 작성하여 조달품질원에 제출
- 심사에 소요되는 현장 심사 비용과 시험·검사 수수료 등의 비용은 품질보증조달물품 지정을 신청한 자가 부담

(2) 지정 심사

- 현장 심사를 통과한 제품을 대상으로 조달품질원 품질관리업무심의회와 조달청 계약심사협의회에서 지정 심사를 실시하여 최종 지정

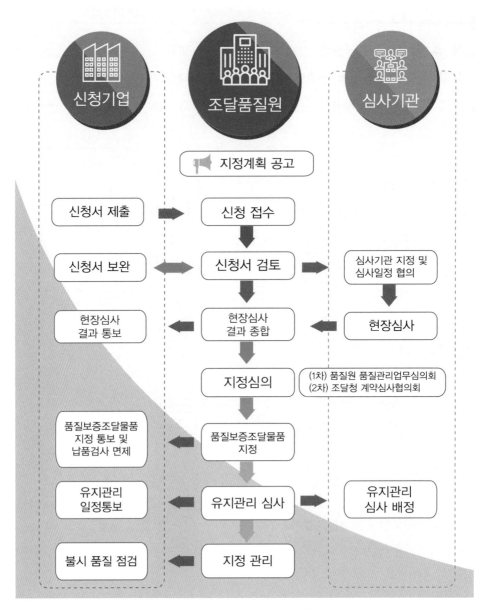

[**그림 1-1**] 품질보증조달물품 지정 절차

Q 1.5 품질보증조달물품 지정 등급의 종류

품질보증조달물품 지정 등급의 종류와 현재까지의 현황은 어떻게 되나요?

A 품질보증조달물품 지정 등급은 S급, A급, B급, 예비물품, 부적격 등 5개 등급으로 관리하고 있다.

1) 품질보증조달물품 지정 등급

등급	S급	A급	B급	예비물품	부적격
기준	750점 이상	700점 이상	600점 이상	500점 이상	500점 미만
유효기간	5년	4년	3년	1년	-

※ 예비물품 지정은 1회에 한하여 인정되며, '납품검사 면제' 혜택만 부여된다.

2) 지정 대상 품명 및 지정 업체 현황

구분	'14	'15	'16	'17	'18
지정업체	30	41	41	51	73
지정품명	88	128	134	168	225

※ 매년 3월, 6월, 9월 신청을 받아 심사가 진행되어 선정 실적은 계속 변경될 수 있음.

3) 품질보증조달물품 지정 혜택

- 품질보증조달물품 지정증서 수여
- 납품검사 면제(S등급 5년, A등급 4년, B등급 3년, 예비물품 1년)
- 우수조달제품 심사 시 품질소명자료로 인정
- 조달청 나라장터 종합쇼핑몰에 전용몰 구축 및 마크 부여
- 조달청 물품구매 적격심사 및 계약이행능력심사 세부기준 신인도 0.75점 부여
- 물품 다수공급자계약 2단계 경쟁 시 신인도 기술 인증 가점 0.5점 부여
- 물품 다수공급자 계약 시 제품 시험성적서 제출 면제
- G-PASS 기업 지정 심사 시 기술성 평가 내 국내 인증으로 인정

Q 1.6 품질보증조달물품 신청 비용

품질보증조달물품 신청 심사 비용은 얼마나 되나요?

A 심사 일수 산정은 49인 이하, 50인~299인, 300인 이상으로 구분하여 MD로 산정된다.

1) 심사 비용 산정

구 분	종업원 수	심사비 단가	비 고
현장심사비 (MD당)	1 ~ 49명	704,000	신청비 면제
	50 ~ 299명	834,000	
	300명 이상	940,000	
여비출장비		공무원 여비규정(출장비 산출기준)에 따라 산정	

- 적용 단가(단위 : 원/MD, 부가세 제외)
- MD(Man Day) : 투입 '인원수×일수'로 산정(1인×1일 = 1MD)
- 심사원 수/일수는 「품질보증조달물품 지정 및 관리규정」 제8조 제3항 〈별표 2〉 기준
- 확정 금액 및 납부기관은 개별 통보(현장 심사 이전까지 심사비 납부)

2) 심사일수 산정 기준

심사일수 산정 기준	
산출식(단위 : MD)	비 고
49인 이하 = 세부품명 수+현장 수 50인 ~ 299인 = 1+세부품명 수+현장 수 300인 이상 = 2+세부품명 수+현장 수	• 세부품명 수 1, 현장 수 1인 경우 　*49인 이하, 　　1+1 = 2(MD) 　*50인 ~ 299인, 1+1+1 = 3(MD) 　*300인 이상　　 2+1+1 = 4(MD) • 세부품명 수 2, 현장 수 2인 경우 　*49인 이하, 　　2+2 = 4(MD) 　*50인 ~ 299인, 1+2+2 = 5(MD) 　*300인 이상　　 2+2+2 = 6(MD)

3) 심사원 수 및 심사일수 산정 기준표

(1) 신청 세부품명 수가 2개 이상인 경우, MD 산정은 동일한 생산라인을 이용할 경우, 심사의 난이도 등을 고려하여 축소 조정할 수 있다.

- 이 경우 '신청 세부품명 수' 3개를 '심사원 수 및 심사일수 산정 기준표'의 품명 수 1로 환산 적용한다.

  * 1~3품명 → 세부품명 수 1로, 4~6품명 → 세부품명수 2로 적용함을 원칙으로 한다.

(2) 심사 대상 현장이 2개 이상인 경우 MD 산정은 인접(예, 같은 시·군·구 내)하여 위치하고 동일 세부품명을 생산할 경우 심사의 난이도 등을 고려하여 축소 조정할 수 있다.

(3) 동일 사업장의 지정 세부품명 추가 신청 시 6개월 이내인 경우는 공통부분 심사를 면제할 수 있음

- 이 경우 MD 산정은 위의 표 기준 1/2수준으로 진행하는 것을 원칙으로 한다.

(4) 유지관리 현장 심사는 세부품명 수, 현장 수에 따라 증감하나 위의 표 기준으로 1/2 수준으로 진행하는 것을 원칙으로 한다.

(5) 품질개선보고서를 제출하여 현장 확인을 하는 경우, 이를 1MD로 추가 산정한다.

(6) 여비, 출장비 등은 공무원 여비 규정(출장비 지급 기준)에 준한다.

(7) 이 기준은 MD 산출의 상한이며, 제13조의 현장심사계획서(일정)에 의하여 확정한다.

Q 1.7 품질보증조달물품 심사원의 자격

품질보증조달물품 심사원의 자격은 어떻게 되나요?

A ISO 9001 또는 KS 인증심사원 자격을 보유한 자로서 조달청장이 실시하는 품질보증 조달물품 지정제도 심사원 양성 교육을 이수한 자

1) 심사원의 자격

• 심사원은 심사기관에 소속된 자로서 다음의 어느 하나에 해당하는 자격을 갖추어야 한다.

– ISO 9001 또는 KS 인증심사원 자격을 보유한 자로서 조달청장이 실시하는 품질보 증조달물품 지정제도 심사원 양성 교육을 이수한 자

– 위의 자격 이외의 자로서 조달청장이 그 자격을 인정하는 자

• 조달청장은 제1항의 자격을 갖춘 자에게 심사원 자격증을 발급한다.

– 위의 자격을 상실한 자는 심사원 자격을 상실한 것으로 본다.

2) 심사기관 및 심사원의 책임

• 심사기관은 다음의 임무를 성실히 수행하여야 한다.

– 소속 심사원에 대한 교육 및 관리

– 소속 심사원의 심사 활동에 대한 관리 · 감독

– 소속 심사원의 풀(Pool) 운영 및 심사원 배정

– 심사보고서 제출

– 그밖에 심사 및 심사원 운영에 필요한 사항

• 심사기관과 심사원은 심사 업무와 관련하여 알게 된 경영 · 영업상의 비밀에 관한 정보를 해당업체 등의 서면동의 없이 공개하여서는 아니 된다.

• 심사기관과 심사원은 「조달사업에 관한 법률」 제7조제4항, 제7조제5항, 제13조 및 제14조의 적용 대상이 된다.

• 심사원은 심사원 윤리강령을 준수하여야 하며, 조달청장은 이를 위반한 심사원에 대하여 자격정지, 제명 등의 조치를 할 수 있다.

- 심사원 윤리강령 -

▶ **(윤리관 확립)** ①심사원은 심사업무를 통하여 산업경쟁력을 향상시키고 국가경제를 발전에 이바지하도록 꾸준한 자기발전과 깨끗하고 유능한 심사원상을 정립하도록 노력하여야 한다.
②심사원은 지정심사, 유지관리심사 등의 업무에 임함에 있어 관계 법령과 양심에 따라 처리하여야 한다.

▶ **(금품 등 수수행위 금지)** ①심사원은 직무와 관련하여 사례·증여 등의 명목으로 금품이나 향응(이하 "금품 등"이라 한다)을 받아서는 안 되며 심사원 상호간에도 금품 등을 제공하거나 받아서는 안 된다.
②심사원은 직무와 관련한 관계인이 금품 등을 제공하려는 의사를 표명한 경우 이를 정중히 거절하여야 하며, 일방적으로 자신도 모르는 사이에 금품을 제공받았을 경우에는 즉시 이를 반환하고 조달품질원에 신고하여야 한다.
③제2항에 따라 반환하지 못한 금품 등은 즉시 조달품질원에 신고하여야 한다.

▶ **(알선 청탁 등 금지)** 심사원은 지위 또는 친분관계를 이용하여 타 심사원의 직무 수행에 영향을 미치는 일체의 알선 청탁 등의 행위를 하여서는 안 된다.

▶ **(업무의 성실처리)** 심사원은 심사업무를 수행함에 있어 공정성과 투명성, 신의 성실의 원칙에 입각하여 신속정확하게 처리하여야 한다.

▶ **(업무기밀 유지)** 심사원은 심사과정에서 취득한 정보를 외부에 누설하여서는 아니 된다.

▶ **(임무완수 등)** 심사원은 직무를 수행함에 있어 심사팀장의 지시에 따르며, 심사팀의 상호 협의에 따라 목적된 심사업무를 완수하여야 한다.

1.2 품질보증조달물품 지정 모델

Q&A

Q 1.8 품질보증조달물품 지정 모델의 이해

품질보증조달물품 지정 모델의 구성 요소에는 무엇이 있나요?

A 신청 서류는 지정신청서 등 9개 항목이며, 매년 3월, 6월, 9월 접수받아 평가를 실시한다.

1) 품질보증조달물품의 구성 요소

「품질보증조달물품 제도」의 핵심 내용은 아래와 같이 구성되며, '심사기준'은 그 활동 내용을 구체적인 항목으로 제시하고 오차 없이 측정하는 것을 목적으로 한다.

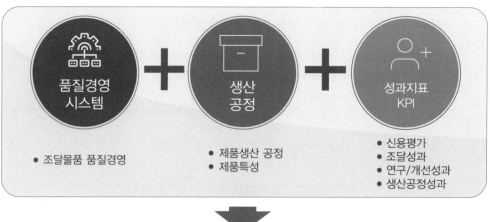

[그림 1-2] 품질보증조달물품 제도 구성

2) 품질경영시스템

품질경영시스템은 기업의 지속가능성을 심사하는 중요한 범주이다. 기업이 우수한 품질경영시스템을 보유하고 있으면, 기업의 성과가 꾸준하게 나타나고 안정적인 양질의 제품을 계속적으로 공급할 수 있게 된다.

품질경영시스템의 대표적인 KS Q ISO 9001:2015를 기반으로 선진우수기업들의 심사제도 및 체크시트와 산업통상자원부가 개발한 국가품질상 및 공급망 품질경영시스템을 참고하여 개발되었다.

품질경영시스템은 업종과 기업의 규모에 관련 없이 공통적으로 해당하는 범주로서 기업의 품질에 대한 의지 및 지속적 개선을 위한 품질경영활동에 관심을 갖는다.

2) 생산 공정

생산 공정은 해당 품명을 생산하는 절차를 심사하는 중요한 범주이다. 기업이 우수한 생산 프로세스를 보유하고 있으면, 좋은 품질을 확보할 수 있게 된다.

생산 공정은 품명별 검사표준(KS, 품명별 표준, 현행 조달청 심사항목 등)을 참고하고, 선진우수업체들의 협력업체 공정 감사 체크시트 등을 기초로 하여 개발되었다.

생산 공정은 업종과 기업의 규모에 따라 차별적으로 다르게 운영되어야 하므로, 그 심사척도 역시 품류와 품명에 따라 각기 다르게 구성되어 있다. 심사척도는 제품의 개발부터 생산, 출하와 A/S에 이르는 전반적인 제품생산 절차의 운영 수준을 심사한다.

3) 성과지표(KPI; Key Performance Indicator)

성과지표는 기업 활동의 결과물로서, 품질경영시스템과 생산 공정의 결과물이다. 수요기관의 만족과 불만족은 이들 결과물에 영향을 받는다. 그러므로 수요기관 만족을 위해서는 성과지표 역시 매우 중요한 범주이다.

성과지표는 경영 성과와 생산공정 성과, 신용 평가/조달청 실적 평가로 구분되며, 경영 성과는 기업의 지속적 개선활동을 심사하고 생산 프로세스 성과는 제품의 특성에 따른 성과지표를 개발하여 품명별로 다르게 구성된다.

Q 1.9 품질보증조달물품 심사 기준표

품질보증조달물품 심사 기준의 범주와 심사 항목은 어떻게 되나요?

A 품질보증조달물품의 심사 범주는 품질경영시스템, 생산공정, 성과지표 등 3개의 범주로 되어 있고 23개의 심사 항목으로 구성되어 있다.

1) 품질보증조달물품 범주별 내용

[표 1]과 같이 품질경영시스템, 생산공정 및 성과지표 등 3개 범주로 심사 기준표가 설정되어 운영되고 있다.

[표 1] 품질보증조달물품 심사 기준표

범주	NO	심사 항목	배점	항목별 배점	항목별 평가 점수	전체 평가 점수
1. 품질경영 시스템	1	품질경영 계획 및 체계 구축	200	25		
	2	품질경영 관리		20		
	3	법규 관리		25		
	4	기술 관리		30		
	5	위기경영		10		
	6	문서 관리		20		
	7	공급자 관리		10		
	8	지속적 개선		40		
	9	교육		20		
2. 생산공정	1	개발 프로세스	500	50		
	2	자재/부품 관리		40		
	3	공정 관리		90		
	4	작업현장 관리		60		
	5	설비 관리		35		
	6	포장/창고 관리		50		
	7	검사 및 시험		60		
	8	품질 정보 관리		45		
	9	부적합품 관리		40		
	10	고객 불만 처리		30		
3. 성과지표	1	연구/개선 성과	300	30		
	2	생산 프로세스 성과		140		
	3	신용 평가/조달청 실적 평가		130		
	4	신인도 평가		+10~-10		
전체합계(1000점)			1,000	1,000		

Q 1.10 품질보증조달물품 평가척도

품질보증조달물품 평가척도 Matrix가 무엇이며 어떻게 평가를 하나요?

A 품질보증조달물품 평가 Matrix는 시스템 구축 수준의 실행 수준의 25개 평가 기준을 말하며, 시스템 구축 수준과 실행 수준을 파악하여 25개 척도 중 1개를 선택한다.

1) 심사항목 요구사항에 대한 판정기준

실행 수준 (1~5)	탁월한 실행(1)	50%	60%	70%	80%	100%
	우수한 실행(2)	40%	50%	60%	70%	80%
	보통의 실행(3)	30%	40%	50%	60%	70%
	미흡한 실행(4)	20%	30%	40%	50%	60%
	미실행(5)	0%	20%	30%	40%	50%
실행수준 vs.시스템 구축		임의적 실시(E)	초보적 시스템(D)	기본적 시스템(C)	효과적 시스템(B)	탁월한 시스템(A)
		시스템 구축(A~E)				

2) 시스템 구축

- 탁월한 시스템(A)
  - 국내에서 최우수 관행(Best Practices)으로 여겨질 수 있는 매우 우수한 수준
  - 최우수 관행이란 타사 벤치마킹의 대상 또는 새로운 방법론의 흐름을 개척한 수준 (Trend Setter)을 의미함
  - 측정된 데이터의 근거로 최적화된 프로세스로 개선됨
- 효과적 시스템(B)
  - 해당 항목에 관련된 방법, 도구, 기법 등을 잘 이해할 수 있으며,질문 항목의 목적에 맞게 적절히 선택하여 활용할 수 있는 우수한 수준임
  - 프로세스 성능이 정량적으로 측정되고 통제되고 있음
- 기본적 시스템(C)
  - 시스템이 구축되어 1사이클 이상 실행(PDCA 사이클 경험)되어 정착된 수준

- 시스템 정착의 가장 확실한 증거는 문서화된 관련 업무표준(Standard)의 존재와 적용이나, 업무표준이 없다고 하더라도 정착으로 인정할 만한 충분한 근거가 있으면 정착으로 인정함
- 프로세스의 특징이 정의되어 있고 구성원들이 잘 이해하고 있음
- 초보적 시스템(D)
  - 시스템은 구축되어 있으나 적용 기간이 극히 짧아서 정착되지 못한 수준
  - 이전에 성공적으로 끝낸 과업을 다른 프로젝트에서 반복할 수 있음
- 임의적 실시(E)
  - 시스템이 구축되어 있지 않아서 경영자, 부서장, 담당자에 따라 임의적으로 실시되는 수준
  - 프로세스를 예측할 수 없고 관리가 빈약함

3) 실행 수준

- 탁월한 실행(1)
  - 개선 결과를 조직 전체 차원에서 분석하여 활용하는 조직 학습 및 공유 활동이 매우 활성화되어 있음(3년 이상 실행)
  - 장단기 계획을 수립하여 주기적/예방적으로 개선한 활동 실적이 매우 우수함
- 우수한 실행(2)
  - 개선활동의 전개 및 공유를 위한 정기적인 활동이 활성화되어 있음(2년 이상~ 3년 미만 실행)
  - 실험 및 자료 분석, 과학적 방법 등을 활용한 문제해결 능력이 뛰어나며, 개선활동 수준이 우수함
- 보통의 실행(3)
  - 문제점 도출을 위한 분석과 개선활동이 활성화되어 있음(1년 이상~ 2년 미만 실행)
- 미흡한 실행(4)
  - 개선 활동이 때때로 이루어지고 있으나 활성화되어 있지는 않음(1년 미만의 실행)
  - 문제나 사고 발생 후 사후 대응적 차원에서 임의적으로 개선하는 정도이며, 활성화된 개선 활동이 아님
- 미실행(5)
  - 문제에 대한 인식과 개선의 노력이 극히 미약하며, 개선활동이 이루어지고 있지 않음

■ 최근 현장심사의 준용

□ 현장심사 개시일 기준 6개월 이내에 실시한 동일한 심사 항목에 대해서는 이전 심사를 준용하고 당해 심사를 생략할 수 있다.

■ 평가 점수의 수치맺음

□ 심사항목별 세부 요구사항 평가 점수 : 소숫점이하 세째자리에서 반올림

□ 전체 합계 : 소숫점이하 첫째자리에서 반올림

4) 품질보증조달물품 평가 예시

실행수준(1-5)	탁월한 실행(1)	50%	60%	70%	80%	100%
	우수한 실행(2)	40%	50%	60%	70%	80%
	보통의 실행(3)	30%	40%	50%	60%	70%
	미흡한 실행(4)	20%	30%	40%	50%	60%
	미실행(5)	0%	20%	30%	40%	50%
실행수준 vs 시스템구축		임의적 실시 (E)	초보적 시스템 (D)	기본적 시스템 (C)	효과적 시스템 (B)	탁월한 시스템 (A)
		시스템 구축 수준(A~E)				

수준	수준별 설명
미실행(5)	• 문제에 대한 인식과 개선의 노력이 극히 미약하며, 개선활동이 이루어지고 있지 않음
미흡한 실행(4)	• 개선 활동이 때때로 이루어지고 있으나 활성화되어 있지는 않음(1년 미만의 실행) • 문제나 사고 발생 후 사후 대응적 차원에서 임의적으로 개선하는 정도이며, 활성화된 개선 활동이 아님
보통의 실행(3)	• 문제점 도출을 위한 분석과 개선활동이 활성화 되어 있음 (1년 이상~2년 미만 실행)
우수한 실행(2)	• 개선활동의 전개 및 공유를 위한 정기적인 활동이 활성화되어 있음(2년 이상~3년 미만 실행) • 실험 및 자료분석, 과학적 방법 등을 활용한 문제해결 능력이 뛰어나며, 개선활동 수준이 우수함
탁월한 실행(1)	• 개선결과를 조직 전체 차원에서 분석하여 활용하는 조직학습 및 공유 활동이 매우 활성화 되어 있음(3년 이상 실행) • 장단기 계획을 수립하여 주기적/예방적으로 개선한 활동 실적이 매우 우수함

수준	수준별 설명
임의적 실시 (E)	• 시스템이 구축되어 있지 않아서 경영자, 부서장, 담당자에 따라 임의적으로 실시되는 수준 임 • Process를 예측할 수 없고 관리가 빈약함
초보적 시스템 (D)	• 시스템은 구축되어 있으나 적용기간이 극히 짧아서 정착되지 못한 수준 임 • 이전에 성공적으로 끝낸 과업을 다른 프로젝트에서 반복할 수 있음
기본적 시스템 (C)	• 시스템이 구축되어 1사이클 이상 실행(PDCA 사이클 경험)되어 정착된 수준 임 • 시스템 정착의 가장 확실한 증거는 문서화된 관련 업무표준(Standard)의 존재와 적용이나, 업무표준이 없다고 하더라도 정착으로 인정할만한 충분한 근거가 있으면 정착으로 인정함 • Process의 특징이 정의 되어있고 구성원들이 잘 이해하고 있음
효과적 시스템 (B)	• 해당 항목에 관련된 방법, 도구, 기법 등을 잘 이해할 수 있으며, 질문항목의 목적에 맞게 적절히 선택하여 활용할 수 있는 우수한 수준 임 • Process 성능이 정량적으로 측정되고 통제되고 있음
탁월한 시스템 (A)	• 국내에서 최우수 관행(Best Practices)으로 여겨질 수 있는 매우 우수한 수준 임 • 최우수 관행이란 타사 벤치마킹의 대상 또는 새로운 방법론의 흐름을 개척한 수준(Trend Setter)을 의미 함 • 측정된 데이터의 근거로 최적화된 Process로 개선됨

※ 만약 ISO 9001 수준으로 운영하면 시스템 구축 수준은 "기본시스템(O)" + 실행수준이 문서만 갖추고 실행하지 않은 경우 "미흡한 실행(4)"로서 평가점수를 산출하면 40% 구간에 평가되어 부적합이 될 수 있음

Q&A

Q 1.11 품질보증조달물품과 타 인증제도와의 차이점

품질보증조달물품 제도와 타 인증(ISO 9001, KS, 단체표준 등)은 어떤 차이점이 있는 지요?

A 품질보증조달물품은 점수화하여 품질 수준을 등급별로 관리하고 있는 반면, ISO 9001 등은 적합성 여부를 평가하는 제도이다.

1) KS 공장심사 기준

- 공장심사 33개 평가 항목을 기준으로 전항목이 적합하여야 하며, 부적합 항목 발생 시 개선 조치를 실시한다.
- 현장심사 및 문서심사를 통해 확인된 내용을 바탕으로 KS Q 8001~3 부속서 공장심사 33개 평가 항목별로 심사 기준에 따라 판정한다.
- 공장심사는 6개 심사 분야, 33개의 평가 항목으로 구성되어 있으며, 세부 항목은 일반 품질항목과 핵심품질항목으로 구분되어 있다.
- 핵심부적합은 '치명결함', 일반부적합은 '경결함' 항목으로 부적합 처분 및 개선조치 방 법이 다르게 적용된다.

No.	심사분야	전체 평가항목 수	핵심품질 수
1	품질경영	5	1
2	자재관리	6	1
3	공정 · 제조설비 관리	8	1
4	제품관리	6	2
5	시험 · 검사설비 관리	3	1
6	소비자보호 및 환경 · 자원관리	5	1
	계	33	7

2) ISO 9001:2015 품질경영시스템

- ISO 9001:2015 규격은 PDCA 관점으로 65개 요구사항이 있고, 문서 심사와 현장 심사 를 통해 품질경영시스템 전체에 대한 적합 여부를 판단한다.

- 심사 시 별견된 부적합(중부적합, 경부적합, 개선권고)에 대해서는 개선 대책서를 접수 받아 개선 대책이 효과적일 때 인증 추천된다. 개선 권고사항은 조직의 자체적인 판단에 따라 개선 조치를 실시한다.

구분	요구사항	ISO 9001:2015 요구항목
Plan	1. 적용 범위	1
	4. 조직 상황	5
	5. 리더십	5
	6. 기획	5
	7. 지원	14
Do	8. 운영	23
Check	9. 성과 평가	8
Action	10. 개선	4
계		65

3) 품질보증조달물품

- 품질보증조달물품은 1,000점 만점 기준으로 점수화하고 등급별로 수준을 결정해서 조달 납품 시 검사를 면제해 주는 것이 차이점이다.
- 성과지표를 달성하기 위하여 품질경영시스템과 생산 공정의 프로세스 개선을 위해 지속적인 개선을 실시해야 한다.
- 심사 항목별 수준 평가는 시스템 구축 수준, 실행 수준을 확인해서 25개 평가척도를 적용하여 평가한다.
- 핵심품질 부적합이 발생하면 점수와 상관없이 지정이 취소된다.
- 부적합품의 종류는 핵심품질부적합, 경부적합, 개선권고로 분류하며 경부적합 이상은 개선대책보고서를 제출하여 효과성이 확인된 경우에만 지정이 확정된다.

범주	NO	심사 항목	세부 항목 수	핵심품질 항목 수
1. 품질경영 시스템	1	품질경영 계획 및 체계 구축	2	1
	2	품질경영 관리	1	
	3	법규 관리	2	1
	4	기술 관리	3	
	5	위기경영	2	
	6	문서 관리	3	
	7	공급자 관리	1	
	8	지속적 개선	4	
	9	교육	2	
2. 생산공정	1	개발프로세스	4	1
	2	자재/부품 관리	3	1
	3	공정 관리	8	2
	4	작업 현장 관리	3	
	5	설비 관리	3	
	6	포장/창고 관리	3	
	7	검사 및 시험	4	3
	8	품질 정보 관리	3	
	9	부적합품 관리	3	
	10	고객 불만 처리	3	
3. 성과지표	1	연구/개선 성과	3	
	2	생산 프로세스 성과	7	
	3	신용 평가/조달청 실적 평가	5	
	4	신인도 평가	2	
전체 합계(23개 심사 항목)			74	9

Q 1.12 품질경영 발전 단계와 품질보증조달물품의 위치

품질경영 발전 단계와 연계하여 품질보증조달물품 제도의 위치와 인식은 어느 정도 되는지요?

A 품질경영은 품질계획, 품질관리, 품질보증, 품질개선 활동을 실행하는 것이며, 품질경영의 발전 단계는 검사관리, 공정관리, 품질보증, 품질경영 단계로 전개된다. 품질보증조달물품은 공정관리와 품질보증의 단계에 위치하며, 본 제도를 추진하면 기업의 품질 수준을 높일 수 있는 계기와 품질 확보가 가능하다.

1) 품질경영의 정의

품질경영 : 품질 방침, 목표 및 책임을 결정하고 이들을 품질계획, 품질관리, 품질보증, 품질개선과 같은 수단에 의해 품질 시스템에서 실행하는 전반적인 관리 기능에 관한 모든 활동(KS A ISO 9000:2015에서의 품질경영의 정의)

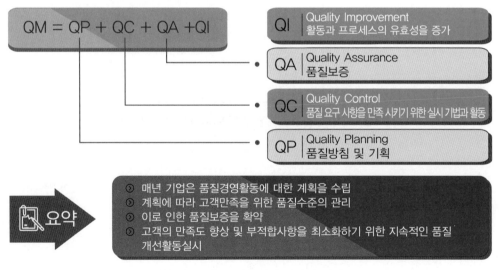

[그림 1-3] 품질경영의 정의와 개념

2) 품질경영의 발전단계

품질경영체계의 발전 단계는 검사위주, 공정관리(QC), 품질보증(QA), 품질경영(QM) 단계를 거쳐 지금에 이르고 있다.

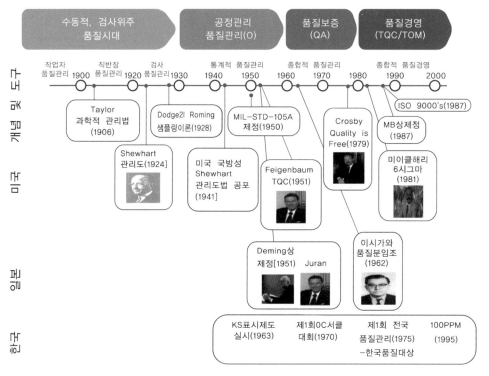

[그림 1-4] 품질경영의 발전 단계와 품질 철학의 전개

3) 품질발전 단계별 추진 전략 – 품질발전 단계별로 추진 전략을 수동적, 검사관리, 공정관리, 예방적 관리, 전사적인 품질경영(TQC/TQM) 확산을 추진하고 있다.

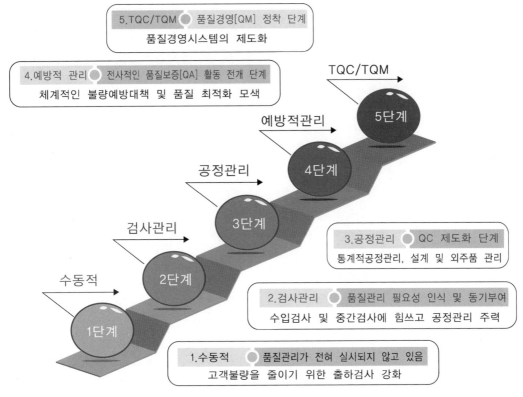

[그림 1-5] 품질경영 단계별 품질 추진 전략 전개

4) 품질보증조달물품의 위치와 인식의 정도

품질경영 발전 단계에서 품질보증조달물품의 역사적 단계는 검사 단계를 지나 공정관리 단계, 품질보증 단계 중간 정도에 위치한다고 판단하고 있다. 이는 품질보증조달물품의 검사 활동을 기본으로 하고 있지만, 통계적 공정관리 활동을 통해 공정 및 제품의 보증 활동을 포함하고 있다. 그러나 회사별로 처한 상황이 현재의 품질발전 단계가 검사 중심 단계일 수 있으나, 품질보증조달물품에 대한 체계를 도입하여 운영하면 공정관리 단계, 품질보증 단계의 영역으로 발전하는 것으로서 상당한 노력이 필요하다. 그러나 이를 달성함으로써 품질을 향상할 수 있고, 고객을 만족시켜 기업의 성장을 만족할 만한 수준으로 끌어올릴 수 있는 선순환 구조로 갈 수 있다.

제2장

핵심품질과
추진 방안

제2장

핵심품질과 추진 방안

2.1 품질보증조달물품 핵심품질 항목

Q 2.1 품질보증조달물품에서의 핵심품질

품질보증조달물품 핵심품질이 무엇이며, 어떠한 내용들을 포함하고 있는지요?

A 품질보증조달물품에서 핵심품질은 현장심사 평가 점수가 600점 이상 B등급이 된다 하더라도 해당 핵심품질항목을 실행하고 있지 않으면 지정되지 않는 핵심적인 관리 포인트 항목이다.

1) 핵심품질 심사 항목

핵심품질 부적합이 발생하면 품질보증조달물품 지정이 될 수 없는 중요한 항목으로서 우선적으로 추진 계획을 수립하고 회사에 정착할 수 있도록 노력해야 한다.

범주	핵심품질
품질경영 시스템	(1) 품질방침 및 목표 설정 (2) 제품이 최신법의 규제사항을 준수
생산공정	(3) 관리계획서, 작업표준서, 검사기준서 (4) 인수검사기준 및 성적서 (5) 공정능력지수관리(자가생산) (6) 중요특성의 공정능력지수/관리도(외주생산) (7) 공정검사 부적합 집계 및 지속적 개선 (8) 출하검사 부적합 집계 및 지속적 개선 (9) 측정기기의 검교정 실시 이력

Q 2.2 핵심품질 1(품질방침 및 목표설정)

품질방침 및 목표설정 내용은 무엇인가요?

A 품질방침 및 목표설정은 국내외 동향 분석, 경영방침 설정, 품질방침 설정, 품질목표 설정, 품질목표에 대한 관리를 해야 한다.

1) 품질방침 및 목표설정 순서 및 방법

품질방침은 회사의 경영방침과 연계해서 수립해야 한다. 이를 위해서는 조직의 상황을 파악하기 위해 SWOT, PESTLE 등 분석 기법을 적용하여 국내외 동향 분석을 실시한다. 파악된 A, B ,C 등 인자를 토대로 경영방침과 품질방침 핵심 인자를 도출하여 경영방침을 설정한다. 경영방침과 연계된 품질방침을 설정하고, 품질 추진 전략 계획을 수립한다. 품질 목표를 3개년 중장기적으로 설정하고 중장기 품질 추진 전략을 수립하고 당해 연도 품질 목표를 월(분기)별로 계량화하여 설정한다. 계량화된 품질 목표에 대해 월(분기)별로 목표 대비 실적을 관리하고 목표 미달에 대한 항목은 개선대책을 수립 관리한다.

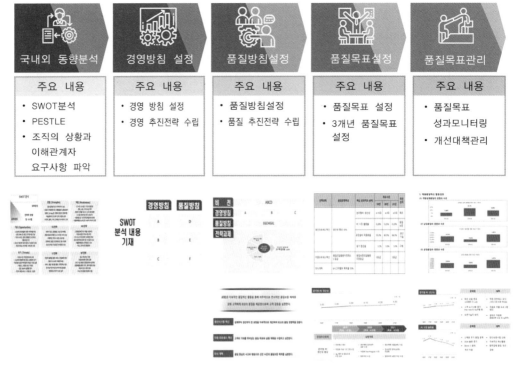

[그림 2-1] 품질방침 설정 및 품질목표 전개 방법

Q 2.3 핵심품질 2(제품이 최신법의 규제사항을 준수)

제품의 최신법 규제사항 준수 내용은 무엇인가요?

A '제품이 최신법의 규제사항을 준수'에 관한 내용은 최신 법규에 대한 내용을 유지하고, 이를 법규 조항별로 회사에 적용여부를 결정하여 준수 여부를 확인하는 것을 말한다.

1) 최신 법규 규제사항 준수 절차 및 방법

- 회사의 제품 생산을 위한 법규 및 규제요구사항을 종합적으로 검토하여 최신의 법규 및 규제요구사항을 파악해야 한다. 최신 법규는 법제처에서 최신의 법규 내용을 제공하고 있으며 이 법규 내용과 연결할 수 있도록 방안을 강구하여 관리하는 것이 필요하다.

- 최신 법규에 대하여 법규 조항별로 회사에 적용할 것인지를 검토하고 적용해야 하는 사항에 대해 법규와 동등 또는 그 이상 관리하는 기준을 결정하고 주관 부서와 실행 방법을 결정해야 한다.

- 결정된 법규 항목 및 관리 기준에 따라 주기적인 이행 상태에 대한 준수 평가를 실시하고 부족한 부분은 개선조치 해야 한다.

최신 법규확인

주요 내용

- 법제처 등 조회하여 적용 법규 목록 확인
- 법규 최신 현황 조회 체계 구축
- 법규 최신 현황 출력

법규 적용검토

주요 내용

- 법규에 대한 조항별로 회사 적용 여부 결정
- 법규에 적용 수준 결정 및 주관부서 결정
- 법규 적용을 위한 관리방법 결정

법규 준수평가

주요 내용

- 법규 적용 확인을 위한 주기별 점검 확인
- 점검결과 부족한 부분 개선대책관리

[그림 2-2] 최신 법규 관리 절차 및 방법

Q 2.4 핵심품질 3(관리계획서, 작업표준서, 검사기준서)

관리계획서, 작업표준서, 검사기준서 내용은 무엇인가요?

A 제품별 관리계획서, 작업표준서, 검사기준서를 개발 단계에서 양산 전에 작성하여 관련 부분에서 활용할 수 있어야 한다.

1) 개발 단계에서의 제품별 기술 문서 작성

• 제품 설계 및 개발 단계에서 품명별로 설정되어 있는 품질관리요소의 특별특성에 대해 식별 기호(◆, ★, A 등) 및 관리 방안을 결정해야 한다. 품질관리 요소에 없는 경우에는 자체적으로 특별특성(제품, 공정)을 설정한다.

• 공정 설계 및 개발 단계에서 특별특성(제품, 공정)에 대해 결정된 관리방안에 대하여 관리계획서의 특별특성(제품, 공정), 관리방안 항목에 해당 내용을 누락 없이 작성한다.

• 제품 및 공정 실현성 단계 이전에 작업표준서, 검사기준서를 특별특성(제품, 공정) 기호식별 및 관리 방안을 추가하고 내용을 작성한다.

• 특별특성(제품, 공정)에 대한 항목은 양산 단계에서 관리도 및 공정능력, 부적합품률(입고, 공정, 출하)을 관리한다.

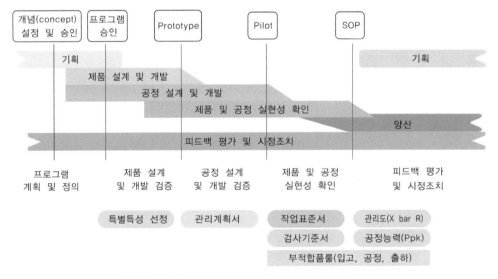

[그림 2-3] 개발 단계별에서의 기술문서 작성 내용

Q 2.5 핵심품질 4(인수검사 기준 및 성적서)

인수검사 기준 및 성적서 내용은 무엇인가요?

A 인수검사 기준 및 성적서는 제품 승인원을 기준으로 모든 부품에 대해 검사 항목, 합부판정 기준, 검사 실시, 검사성적서를 작성하여 문서화된 정보(기록)를 유지하여야 한다.

1) 인수검사 관리 절차 및 방법

인수 품질 향상을 위하여 부품규격 조사, 인수검사 기준 설정, 인수검사 실시, 인수 부적합품률 모니터링, 인수 품질 개선관리 절차로 업무를 수행하는 것이 필요하다.

부품 규격 조사	인수 검사 기준 설정	인수 검사 실시	인수 부적합품률 모니터링	인수 품질 개선관리
주요 내용	**주요 내용**	**주요 내용**	**주요 내용**	**주요 내용**

• 부품 규격 조사
• KS표준
• ISO표준
• 내부 관리 기준
• 부품 승인원
	• 인수 검사 기준
	• 인수 검사 양식
	• 인수 검사 한도견본
	• 샘플링 기준
		• 인수 검사 실시
		• 적격한 검사원 투입
			• 인수 부적합 집계
			• 인수 부적합품률
			  집계(부품별,
			  업체별)
				• 인수 품질 목표
				  미달 시 개선대책
				  실시
				• Worst업체
				  개선대책회의 실시

[그림 2-4] 인수검사 기준 및 성적서 관리 체계

2) 인수검사 기준 설정

인수검사 기준은 부품규격(KS, ISO, 사내)에 부합하도록 설정하여 부품 승인원 또는 인수검사 기준서에 작성한다. 모든 부품별로 인수검사 항목 및 합부판정 기준을 설정한다.

3) 인수검사 성적서 관리 방법

인수검사 기준서에 따라 적격한 검사원에 의해 검사를 실시하고 인수검사 성적서에 누락 없이 작성한다.

Q&A

Q 2.6 핵심품질 5(공정능력지수 관리, 자가 생산)

공정능력지수 관리(자가 생산) 내용은 무엇인가요?

A 자가 생산하는 모든 공정별 품질관리 요소에 설정된 항목(또는 자체 설정)에 대해 공정
능력지수를 집계하고 1.33 이상으로 관리해야 한다.

1) 자가 생산 공정별 부적합품률 및 공정능력지수

- 모든 공정을 자가 생산하는 경우에 해당하며, 공정 및 제품 중요특성(품질관리 요소 참
조)에 대하여 생산되는 제품의 품질 특성이 예측 가능하도록 관리도, 공정능력지수, 공
정별 부적합품률을 집계하고 모니터링해야 한다.

- 공정별로 작업표준서 작성 기준에 따라 작성하고 현장에 게시한다.

- 공정별로 검사 항목에 대해서는 검사하고 부적합품 처리 및 부적합품률을 집계해 관리
한다.

- 품질관리 요소의 공정별 공정능력관리 항목에 대하여 관리도 및 공정능력지수를 집계
하고 공정능력지수 Ppk 〉 1.33 이상 되도록 관리한다.

- 공정능력지수 관리항목이 없는 경우가 있는데 필요한 공정에 대하여 객관적인 기준을
작성하고 관리한다.

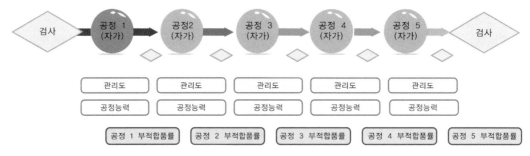

[그림 2-5] 공정별 부적합품률 및 공정능력지수 관리 방안

2) 공정별 품질관리요소 관리

- 제품별(물품명)로 품질관리요소를 사전에 제시하고 있는데, 공정별 작업표준서에 포함할 내용(a), 공정별로 관리해야 할 공정능력지수(b), 성과지표로 관리해야 할 공정능력지수(품질관리요소, c)를 참조하여 관리한다.

- 품질관리요소가 제품별로 제시되지 않은 경우가 있는데 이 경우에는 자체적으로 기술적인 사항을 고려하여 자체 결정한 뒤 관리한다.

- 품질관리요소에 규정되어 있는 항목은 반드시 적용해야 하며, 임의적으로 다르게 선택해서 적용하면 안 된다. 품질관리요소는 지속적으로 개정하여 최신 본 관리가 되어야한다. 이는 동일한 품질관리요소를 적용하여 동일한 기준으로 평가하기 위함이다.

- 품질관리요소 사례(형광등기구)

물품명	공정명		작업표준서 (a)	공정능력지수 (b)	품질관리요소(c)
형광 등기구 (3911150101)	2.3.4	철심가공(절단, 프레싱 등)	겉모양, 치수, 금형의 교환시기 등	치수 등	3.2.3 광특성(휘도) 3.2.4 온도 3.2.5 절연저항 3.2.6 내열성
	2.3.5	철판 표면처리	겉모양 등	치수 등	
	2.3.6	건조	온도, 시간 등	온도 등	
	2.3.7	도장	겉모양, 도막두께, 내식성, 온도, 시간 등	도막두께 등	
	2.3.8	종합조립	겉모양, 치수, 절연저항 등	치수, 절연저항 등	

3) 공정별 공정능력지수 관리 방안

- 제조 공정별 관리 대상인 특별특성(제품, 공정)을 선정하고, 사용할 관리도를 결정한다. 관리되는 계량형은 경우 X bar R 관리도를 적용하는 것이 바람직하다.

- 스마트공장 구축으로 설비의 공정특성 인자를 전수 측정하고 센서를 활용해서 전산자동 집계한 뒤 관리도를 작성하는 경우에는 X bar s 관리도를 적용한다.

- 계수형 관리도는 특별특성에 부합하도록 P, nP, C, U 관리도를 선택해서 적용한다.

- 관리도를 활용하여 모니터링하고 이상 발생 시 개선조치 활동을 실시한다.

- 공정능력지수 Ppk 〉 1.33 이하인 경우에는 문제점에 대해 개선조치 활동을 실시한다.

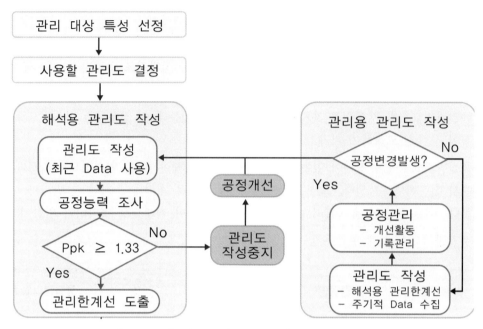

[그림 2-6] 제조 공정별 공정능력지수 관리 방안

Q&A

Q 2.7 핵심품질 6(중요특성의 공정능력지수/관리도, 외주 생산)

중요특성의 공정능력지수/관리도(외주 생산) 내용은 무엇인가요?

A 중요특성의 공정능력지수/관리도(외주생산)는 모든 공정은 자가 생산방식과 동일한 방식으로 외주 생산 공정에 대해 관리해야 하며, 외주 생산 모든 공정에 적용한다.

1) 중요특성의 공정관리지수/관리도(외주 생산) 관리 방안

- 제품 공정 중 일부를 외주 생산하는 경우 자가 생산의 경우와 동일한 방법으로 관리도, 공정능력지수 집계 및 Ppk 〉 133 이상으로 관리하여야 한다.

- 예시는 공정 2를 외주 생산하는 경우이지만 3번 공정, 4번 공정을 외주 생산하는 경우에는 모두 적용해야 한다.

- 이렇게 적용하는 이유는 모든 공정을 자가 생산하는 업체와 대부분의 공정을 외주 생산하고 최종 검사와 포장하여 납품하는 회사와의 차이가 없도록 하게 하기 위함이다.

- 외주 생산하는 공정은 공정 조립품 입고 시 입고 검사를 실시하여 부적합은 부적합품 처리하고, 공정능력지수를 업체로부터 제공받거나, 자가 생산 시 적용하는 특별특성 (제품, 공정) 항목에 대해 측정하여 관리해야 한다.

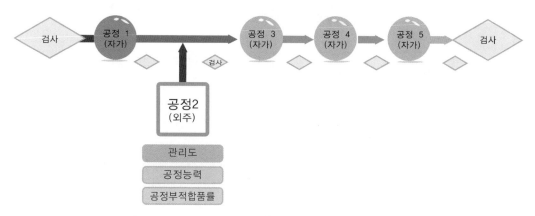

[그림 2-7] 외주생산의 경우 공정능력지수 관리 방안

Q&A

Q 2.8 핵심품질 7(공정검사 부적합 집계 및 지속적 개선)

공정검사 부적합 집계 및 지속적 개선 내용은 무엇인가요?

A 공정검사 시 부적합에 대한 시정조치 활동과 부적합품을 집계하여 Worst 부적합 내용을 과제화하고 지속적 개선 활동을 실시하는 것이다.

1) 공정검사 및 부적합품에 대한 처리

- 공정별 검사 기준에 따라 공정검사를 실시하고 부적합품이 발생되면 부적합품 처리 절차에 따라 실행하며, 부적합품에 대한 재발 방지를 위해 시정조치보고서(8D Report)를 작성한다.

- 공정별 부적합품률을 집계하여 Worst 부적합 내용에 대한 개선활동을 실시하고, 재발 방지 또는 품질 향상을 위해 문제점을 과제화해서 지속적인 개선활동을 전개한다.

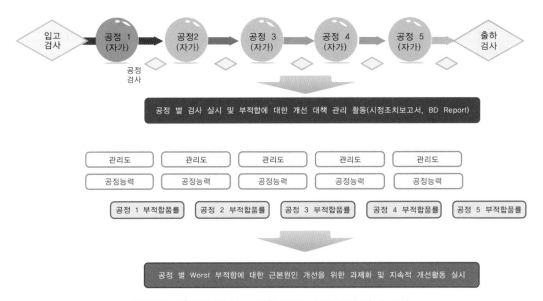

[그림 2-8] 공정검사 부적합 집계 및 지속적 개선 방안

2) 지속적인 개선활동 방법(품질분임조 활동)

- 지속적인 개선활동은 여러 가지 방법이 있을 수 있으며, 제조 현장에서 작업자에 의해 주로 많이 적용되는 활동이 품질분임조 활동이다.

- 품질분임조 문제해결 단계별로 추진하면 개선활동을 효과적으로 수행할 수 있다.

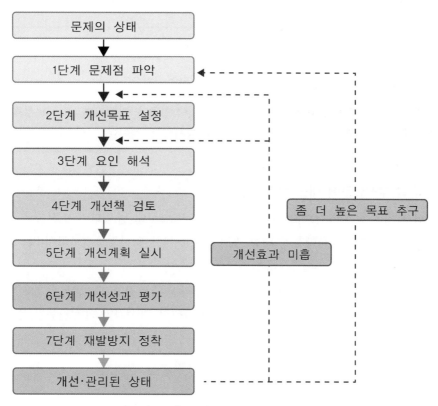

[그림 2-9] 품질분임조 문제해결 단계

• 품질분임조 문제해결 순서

기 본	문제 해결 순서	QC Story
Plan (계획)	1. 문제점 파악	1. 문제점 파악, Theme 결정
		2. 활동계획수립, 추진 팀 편성
		3. 현상 파악
	2. 개선목표 결정	4. 목표 설정
	3. 요인 해석	5. 원인 분석
	4. 개선책 검토	6. 개선대책 입안
Do(실시)	5. 개선계획 실시	7. 개선대책 실시
Check(평가)	6. 개선평가 실시	8. 개선효과 확인
Action (조치)	7. 재발방지 정착	9. 표준화, 재발방지
		10. 사후관리
		11. 활동의 반성, 발표, 향후 과제

Q&A

Q 2.9 핵심품질 8(출하검사 부적합집계 및 지속적개선)

출하검사 부적합집계 및 지속적개선 내용은 무엇인가요?

A 출하검사 시 부적합에 대한 시정조치활동과 부적합품을 집계하여 Worst 부적합 내용에 대하여 과제화하고 지속적개선 활동을 실시하는 것이다.

1) 출하검사 및 부적합품에 대한 처리

- 출하검사 기준에 따라 출하검사를 실시하고 부적합품이 발생되면 부적합품 처리 절차에 따라 실행하며, 부적합품에 대한 재발방지를 위하여 시정조치보고서(8D Report)를 작성한다.

- 출하검사 부적합품률을 집계하여 Worst 부적합 내용에 대하여 개선활동을 실시하고, 재발방지 또는 품질향상을 위하여 문제점을 과제화하고 지속적인 개선활동을 전개한다.

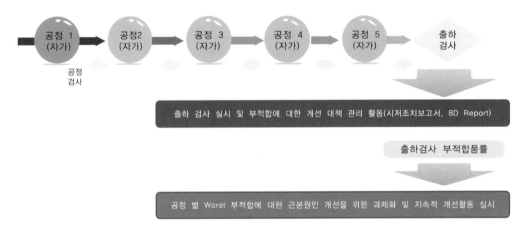

[그림 2-10] 출하검사 부적합률 집계 및 지속적 개선 방안

2) 지속적인 개선활동 방법(6시그마 활동)

- 지속적인 개선활동은 여러 가지 방법이 있을 수 있으며, 출하검사 현장에서 적용할 수 있는 6시그마 활동을 소개한다.

- 6시그마 문제해결 단계별로 추진하면 지속적 개선 활동을 효과적으로 수행할 수 있다.

[그림 2-11] 6시그마 문제해결 단계별 추진 내용

Q&A

Q 2.10 핵심품질 9(측정기기의 검교정 실시 이력)

측정기기의 검교정 실시 이력 내용은 무엇인가요?

A 측정기기의 검교정 실시 이력 관리는 국제적인 소급성을 위해 공인 검정 및 교정 기관
에서 법정 교정주기 이내에 교정을 실시해야 한다.

1) 측정기기의 국지적인 소급성 유지

- 미국표준기술원(NIST : National Institute of Standards)은 미 상무성 산하의 중요
  국가측정기관(NMI : National Measurement Institute)이다.

- NMI는 많은 국가 시험실, 게이지 공급자, 최신 측정기 제조 회사들과 긴밀한 협력 관
  계를 유지하여 그들의 참조 표준을 적절하게 교정하고 있고, NMI의 표준에 직접 소급
  가능함을 보증한다.

- 이 후에 이들 정부 또는 민간 기관들은, 작업 또는 기타 중요 표준을 교정하여, 고객의
  도량형 또는 게이지 실험실에 교정 및 측정 서비스를 제공한다. 이러한 연결고리는 궁
  극적으로 공장 현장에 이르고 측정 소급성의 기반을 제공한다.

- 끊어짐이 없는 연결고리를 통해 NIST와 연결된 측정값은 NIST로 소급가능하다고 말한
  다. 따라서 공인된 국가공인기관에서 측정기기에 대한 교정을 실시하여 국제적인 소급
  성을 유지해야 한다.

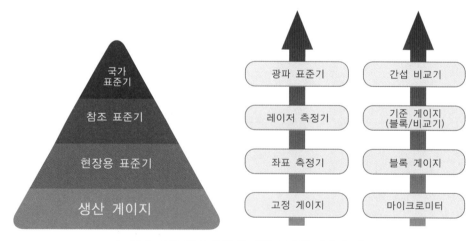

[그림 2-12] 길이 측정에 대한 소급성 체계의 예

2) 법정 교정 주기 기준

교정 대상 및 주기 설정을 위한 지침(KOLAS-G-013 : 2015)에 따라 교정 주기(정밀계기)를 적용한다.

선형치수(Linear dimension)

분류 번호	소분류 명	교정용 표준기	정밀 계기
10201	볼; 강구, 표준구 등(Balls)	60	24
10202	변위계 교정기(Extensometer calibrators)	24	12
10203	기계/전기식 콤퍼레이터(Electrical/mechanical comparators)	24	12
10204	게이지 블록 비교기(Gauge block comparators)	36	12
10205	링 게이지 비교기(Ring gauge comparators)	36	12
10206	다이얼/실린더 게이지 시험기(Dial/cylinder gauge testers)	24	12
10207	닥터 블레이드(Doctor blades)	–	24
10208	거리측정기, 전기식/레이저/초음파 측정기 (Distance meters; electrooptic/laser/ultrasonic)	36	24
10209	엔드바, 마이크로미터 기준봉(End bars)	24	12
10210	길이변위계, LVDT (Extensometers, linear displacement transducers)	12	12
10211	틈새 게이지(Filler gauges)	–	12

2.2 통계적 공정관리와 공정능력지수

Q 2.11 통계적 공정관리(관리도)

통계적 공정관리(관리도)가 무엇인가요?

A 관리도란 시간의 경과 속에서 얻어진 품질특성 데이터의 산포(흩어짐, 변동)가 우연 원인(안정 상태, 관리 상태)에 의한 것인지 또는 이상 원인(불안정 상태, 이상 상태)에 의한 것인지를 판별한 결과에 따라 공정을 가능한 한 안정 상태로 유지함으로써 제품 품질의 균일화를 도모하기 위한 공정·프로세스의 통계적 관리 방법이다.

1) 현장 공정관리의 필요성

제조에 대한 전통적인 공정관리 접근 방법은 그 제조 공정 및 최종 제품을 검사하고, 제품 표준에 합치하지 않는 제품을 선별하는 검출 위주의 품질관리에 의존하는 것이었다. 이와 같은 공정관리 접근 방법은 이미 생산이 이루어진 후에 사후검사를 실시하기 때문에 비경제적인 경우가 많았다. 사용할 수 없는 제품을 처음부터 생산하지 않는 예방방법을 구축하는 것이 더욱 효율적인 전략이므로 공정 정보를 효과적으로 수집하고 그 정보를 해석하여 해당 공정에 조치(Act)를 취함으로써 달성될 수 있다는 것이 현재의 시각이다. – KS A ISO 8258:2008

(1) 검출에 의한 QC ➡ 종래의 SQC

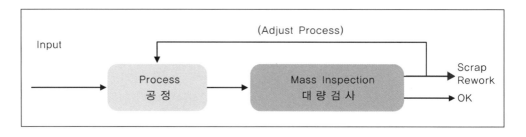

(2) 예방에 의한 QC ➡ 현재/미래 SPC

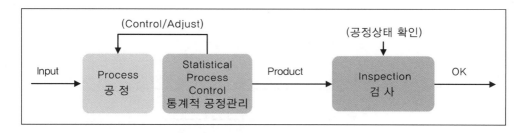

2) 관리도의 구성요소

한국산업표준에서 활용하는 슈하트(Shewhart) 관리도는 규칙적인 간격으로 공정에서 샘플링된 데이터를 요구한다. 간격은 시간(예를 들면 1시간 간격) 또는 양(각 로트마다)으로 정의하면 된다. 보통 각 군은 같은 측정단위에서 같은 군의 크기의 같은 제품 또는 서비스로 구성되며, 각 군에서 하나 이상의 특성치로부터 평균 $\overline{X}$와 범위 R 또는 표본 표준편차 s와 같은 군에 대한 통계량을 얻게 된다. - KS A ISO 8258:2008

관리도는 프로세스 변동성의 시각적인 평가가 허용되는 프로세스 데이터의 도해적인 표시이다. 전형적인 관리도는 그려진 통계량이 변동할 것으로 기대되는 수준을 반영한 중심선과 중심선의 양측에 관리한계선을 갖는데, 이는 프로세스가 관리 상태에 있을 때 통계량이 랜덤하게 위치할 것으로 기대되는 영역(폭)이다. 또한 공정관리의 경우, 기준치는 제품 규격에서 규정되어 있는 장기적인 특성값 또는 공정 과거 경험을 토대로 하여 타점된 특성치의 공정값 혹은 제품 또는 서비스의 암묵적인 목표치에 의한 공정값이 될 수도 있다. 일반적으로 관리도에는 중심선 양쪽에 통계적으로 구해진 2개의 관리한계가 있다. 이들 관리상한(UCL)과 관리하한(LCL)이라고 한다.

(1) 관리선(Control Line)

- 중심선 : CL(Center Line)
- 관리한계(Control Limit)
  - 관리 상한 : UCL(Upper Control Limit)
  - 관리 하한 : LCL(Lower Control Limit)

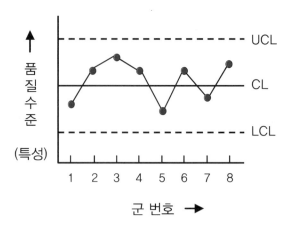

(2) 타점(Plot)과 연결선 : 시료로부터 얻은 군별 특성값이나 통계량을 나타낸 점과 이들을 순서대로 연결한 선으로 구성

위의 두 관리한계 UCL과 LCL은 프로세스의 관리 상태를 판정하는 기준으로 사용된다. 선택된 통계량이 관리한계선 안에 들어가고 Plot된 점에 일정한 규칙이 없으면 프로세스가 통계적인 관리 상태에 있다고 판단한다. 그러므로 프로세스가 현재와 같이 계속 운영되는 것이 허용된다는 것을 나타낸다. 그러나 관리한계 바깥으로 통계량의 값이 그려지거나 나열된 점에 정해진 특징이 나타나면 프로세스가 이상 상태일 수 있다는 것을 표시한다. 따라서 신속히 원인을 추적하여 조치를 취할 필요가 있다.

(3) 슈하트(Shewhart)의 관리한계선

관리도의 관리한계는 중심선으로부터 양쪽으로 3σ의 거리에 있다. 여기에서 σ는 타점된 통계량의 군내 모표준편차다. 군내 변동은 우연 변동의 척도로 이용된다. σ의 추정치는 표본표준편차 또는 적절한 수치가 곱해진 범위로부터 계산된다. σ에는 군간 변동은 포함되지 않고, 군내의 변동만으로 구성된다. 3σ 관리한계는 공정이 통계적인 관리 상태에 있을 때 근사적으로 99.73%의 관리한계 내에 포함될 것을 의미한다. 이것은 유의수준이 근사적으로 0.27%인 또는 평균 1,000회에 약 3회로 관리상한 또는 관리하한의 한계를 벗어나는 것을 의미한다.

3) 관리한계 이탈 시 프로세스에 취할 수 있는 조치

- 앞으로의 특별원인의 영향을 제거, 시정 또는 감소를 예상해서 주요 원인의 근원을 파악하기 위하여 조사 시작
- 프로세스 조정 실시
- 위험 평가를 기반으로 한 프로세스 계속 운영 여부 판단

- 프로세스를 정지시키거나 또는 시정될 때까지 봉쇄 조치를 취하는 것
- 특별원인 표시가 긍정적인 성질(예를 들어, 프로세스 개선)의 것일 경우, 특별원인을 유지하고 그것을 가능하면 정착시키는 것

4) 공정품질의 변동

관리도의 상한 또는 하한의 관리한계를 벗어나는 측정치가 있거나 측정치가 이상한 패턴을 가질 경우, 이는 통계적 관리 상태에 있다고 할 수 없다. 이와 같은 현상이 일어날 때, 규명할 수 있는 원인을 찾기 위한 조사가 시작된다. 지금까지 학습한 통계적 사고방식의 기본은 그림과 같은 다양한 프로세스 상에서의 '변동의 이해'로부터 시작된다.

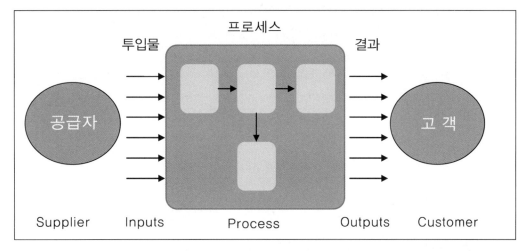

[그림 2-13] 다양한 프로세스상의 변동

위와 같은 프로세스 상에서 다양하게 발생할 수 있는 공정 품질의 변동에 관한 제1종의 오류나, 유례없는 발생이거나, 원인을 찾을 수는 있지만 규명할 수 없는 경우와 관리한계 밖의 점이 아주 드문 사건에 의해 일어난 경우, 비록 공정이 관리된 상태에 있을지라도 관리한계를 벗어난 측정치들은 우연 원인에 의한 것으로 판단할 수 있다. - KS A ISO 8258:2008

5) 공정품질 변동의 원인

관리도의 이론에서는 다음과 같은 2개의 변동을 고려한다. 하나는 '우연 원인(Chance Causes 또는 Common Causes)'에 의한 랜덤 변동이다. 이것은 항상 존재하는 것이며, 간단하게 확인할 수 없는 다양한 원인에 의한 변동이다. 이들 각각의 변동은 전체의 변동 중에서 아주 작은 부분으로 의미가 있는 크기는 아니다. 그럼에도 불구하고, 확인할 수

없는 모든 우연 원인에 의한 변동의 합은 측정 가능하며 공정에 내재하는 고유의 변동으로 가정한다. 보통 우연 원인의 제거 또는 개선에는 공정이나 시스템을 변경하기 위해 경영 자원을 배분하는 경영상의 의사결정을 필요로 한다.

두 번째의 변동은 공정의 참 변화를 나타내고 있다. 이러한 변화는 몇 가지의 확인할 수 있는 원인에 의한 것으로, 이들 공정에 항상 내재하는 변동이 아니라 적어도 이론적으로는 제거할 수 있는 것이다. 이렇게 확인할 수 있는 원인은 변동을 규명할 수 있는 원인으로 '이상 원인(Assignable Causes 또는 Special Causes)'이라 한다. 그것들은 재료의 균일성 결여, 공구의 고장, 작업자의 열의, 작업 순서, 제조 설비 또는 시험 설비의 이상에 의한 것일 수도 있다. – KS A ISO 8258:2008.

다음은 우연 원인과 이상 원인을 구분 정리한 것이다. 우리는 관리도의 활용을 통해서 현장에서 다양하게 발생하는 이상 원인을 주 공략 대상으로 삼는다.

구 분	우연 원인	이상 원인
현 상	모든 자료에 유사한 양상	일부 자료에서 평소와 다른 양상
구 성	• 다수의 사소한 인자(Trivial Many) • 비치명적인 다수인자	• 소수의 주된 인자(Vital Few) • 치명적인 소수인자
탐 지	군내 변동(White Nose) – R관리도	군간 변동(Black Noise) – $\bar{X}$관리도
성 격	안정적, 예측 가능	산발적, 예측 불가능
점 유 율	전체의 85% 내외	전체의 15% 내외
개선활동	시스템적인 개선 활동 (6시그마 Project)	현장관리 및 즉 실천 과제 (문제 해결형 과제)
주 담당자	엔지니어(기술적)	현장 책임자 및 작업자(관리적)

(1) 우연 원인(Chance Cause)

불가피(不可避) 원인이라고도 하며, 생산 조건이 엄격하게 관리된 상태에서도 어느 정도 발생되는 것으로, 이러한 것이 발생하는 주요 원인으로는

- 작업자의 숙련도 차이
- 작업 환경의 차이
- 재료간의 미세한 품질 차이
- 동일한 생산 설비간의 차이
- 기후 · 온도 · 습도 · 작업 시간대 등의 차이

- 작업 환경의 진동에 의한 차이
- 전 공정의 허용 오차에 의한 차이

등을 들 수 있다. 이 변동을 줄이기 위해서는 제품이나 공정에 대해 근본적인 분석·조사가 필요하며, 만성적 원인이라고도 한다. 이러한 우연 원인에 의한 공정은 다음의 그림과 같이 공정이 안정 상태에 있기 때문에 예측이 가능하다.

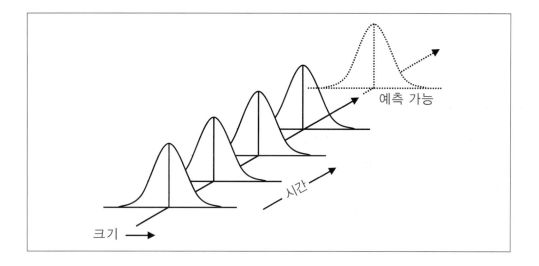

(2) 이상 원인(Assignable Cause)

가피(可避) 원인이라고도 하며, 만성적으로 존재하는 원인이 아니라 산발적, 돌발적으로 품질에 변동을 주는 원인을 의미한다. 이러한 원인이 발생하는 주요 이유로는

- 작업자의 부주의
- 부적합 자재의 사용
- 생산 설비의 이상
- 작업 조건의 불이행

등에 의해 발생하며, 비교적 우연 원인보다 발견이 쉽고 문제해결이 쉽다. 규명할 수 있는 원인이라고도 한다. 이러한 이상 원인에 의한 공정은 점들의 움직임이 랜덤하지 않고 어떤 특정한 이상 상황을 발생시키기 때문에 예측이 불가능하다.

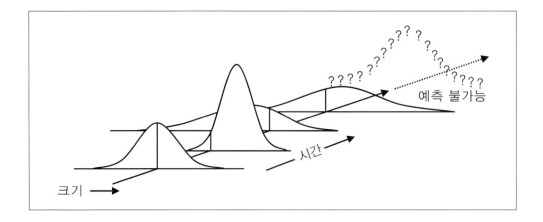

6) 군내 변동과 군간 변동

(1) 장기간에 걸쳐 얻어진 데이터에는 사무 · 간접 부문이나 제조 부문에 관계 없이 우연 원인에 의한 군내 변동과 이상 원인에 의한 군간 변동을 모두 포함하게 된다.

(2) 군내 변동(White Noise) : 각 군 내에서 발생하는 변동

- 우연 원인에 의한 변동으로서 일상 업무로서는 통제가 불가능한 변동
- 일반적으로 공정의 산포에 작은 영향
- 주로 기술적인 요인에 의해 발생
- 공정의 사소한 다수인자(Trivial Many)에 의한 영향
- $\bar{x} - R$ 관리도에서 R (범위) 관리도로 확인 가능

(3) 군간 변동(Black Noise) : 군 사이에서 특성값의 중심값 변동

- 이상 원인에 의한 변동으로서 외부의 요인에 의한 영향으로 통제가 가능한 변동
- 일반적으로 목표값에서 평균값이 Shift 되도록 큰 영향
- 주로 관리적 요인에 의해 발생. 시간의 경과에 따른 공정 능력의 변화로 감지
- 공정의 치명적인 소수인자(Vital Few)에 의하여 영향
- $\bar{x} - R$ 관리도에서 $\bar{x}$ (평균) 관리도로 확인 가능

$\bar{x}$ 관리도는 공정평균의 위치를 나타내고, 공정의 안정성을 나타낸다. 또한 공정평균에 관한 한, $\bar{x}$ 관리도는 바람직하지 않은 군간 변동을 나타낸다. R 관리도는 바람직하지 않은 군내 변동을 명확히 하고, 대상으로 하는 공정 변동의 크기를 나타내는 도구로 활용되며, 이것은 공정의 일관성 또는 균질성의 척도가 된다. 만약 군내 변동이 본질적으로 같다면, R 관리도는 관리 상태를 나타낸다. 만일 R 관리도가 관리 상태를 나타내지 않거나 그 수준이 커졌다면, 군에 따라 다른 처리가 실시되고 있거나 또는 몇 개의 다른 원인과 결과의 메커니즘이 공정에서 운용되고 있는 것을 표시하는 것일 수 있다.

(4) 합리적인 군(Rational Subgroup)

데이터의 종류와 관계없이 가능한 짧은 기간 동안에 동질성의 조건에서 생성된 샘플 군(群)이다. 여기서 동질성의 조건은 5M1E[1]가 동일한 조건을 의미한다. [그림 2-8] 참조

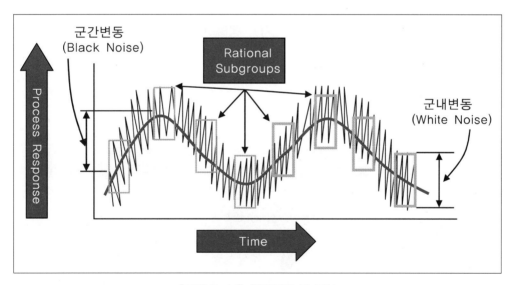

[그림 2-14] 합리적인 군 구분

---

1) 5M1E : Man, Machine, Material, Method, Measurement, Environment

7) 관리도의 적용 및 관리 상태의 이점

(1) 공정상 바람직하지 않은 이상 원인을 제거하고 바람직한 요인을 유지함으로써 공정 능력이 확보되어 괄목할 만한 품질의 향상을 가져올 수 있다.

(2) 관리 상태에 있는 공정의 품질에 대해 정확한 예측이 가능하다.

(3) 현재의 공정이 상당히 좋은 수준으로 관리 상태에 있으면 향후 검사량을 크게 감소시킬 수 있다.

(4) 공급자의 제품이 만족할 만한 품질 수준의 관리 상태를 보여주면 소비자 입장에서 인수검사를 할 때 샘플의 크기를 크게 감소시킬 수 있으며, 공급자의 공정에 대하여 품질의 예측이 가능하다.

(5) 최종 검사 결과가 만족할 만한 품질 수준으로 관리 상태를 보이면 생산자 입장에서 소비자에게 보다 큰 확신을 갖고 품질을 보증할 수 있다.

(6) 동일한 제품을 계속 측정하여 작성한 관리도가 관리 상태를 보여 준다면 측정기 및 측정자를 믿을 수 있게 되며 측정오차를 정확히 예측할 수 있다.

(7) 실험실 또는 연구 결과에 대한 관리 상태는 제반 실험 조건들을 잘 관리하고 있다는 확신을 주게 된다.

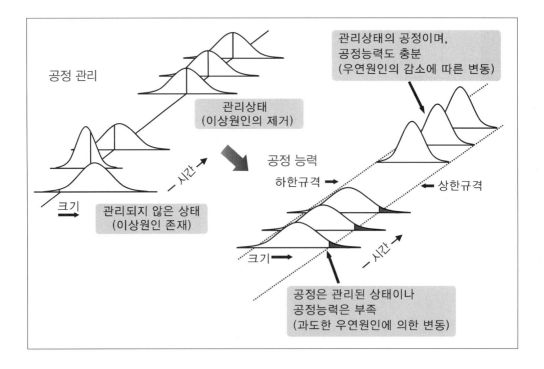

8) 공정 안전성의 개념

(1) 프로세스의 Output이 우연 원인으로만 구성될 때, 공정이 안정 상태에 놓여 있다고 정의한다.

(2) 또한 안정 상태라는 것은 모든 군의 평균값과 범위가 각각의 관리 상·하한 내에 대부분 존재하는 것을 의미하며, 발생된 변동으로부터 이상 원인이 존재한다는 명백한 증거가 없는 상태를 의미한다.

(3) 만약, 관리도상에서 관리한계를 벗어나는 점들이 일정한 개수 이상 있다거나, 데이터 값의 분포가 랜덤(Random)하게 분포하지 않는 경우 즉, 어떤 경향성이 있다면 이것은 이상 원인이 있다고 볼 수 있다.

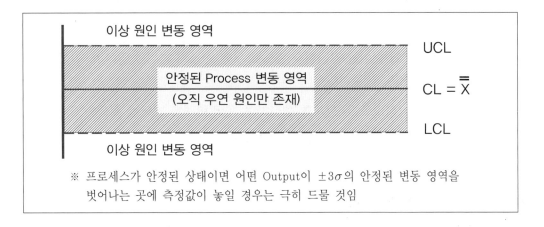

9) 관리한계(조치한계)

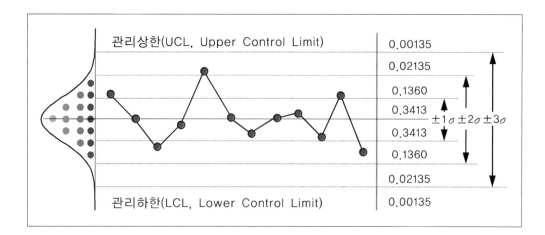

(1) 관리한계는 공정의 현실을 감안한 기준으로 우연 변동의 범위를 말하며, 이상 원인 발생 유무를 판단하는 기준이다.

(2) 관리한계는 통상적으로 3σ 한계를 설정하며, 관리한계를 벗어날 확률은 0.27%이다.

(3) 관리한계의 폭이 좁으면 α 위험(생산자 위험)이 커지며, 넓으면 β 위험(소비자 위험)이 커진다.

10) 규격한계와 관리한계 차이점

(1) 규격한계(Specification Limit) : 품질특성값에 관하여 합격시킬 범위이다. 만약, 품질이 그 범위를 벗어나면 그 물품은 부적합품으로 한다. 규격한계는 생산자와 소비자의 관계에서 소비자가 절대적인 결정 권한이 있다.

(2) 관리한계(Control Limit) : 공정이 안정된 상태에서 가동되고 있는가를 판정하기 위한 범위이다. 만약, 관리도에 Plot된 점이 이 범위를 벗어나면, 그 원인을 찾아서 공정에 대한 조치를 강구한다. 규격한계와는 달리 관리한계는 얻어진 품질특성값으로부터 계산된 한계이다.

(3) '관리한계'와 구분되는 '규격한계'는 고객이나 규제 등의 요구에 의해 설정되는 것으로 제품이나 서비스의 적합 · 부적합품을 판단하는 기준이며, '관리한계'는 공정 수준의 유지 및 향상을 위한 한계라고 할 수 있다.

11) 관리도 작성 목적 및 활용 절차

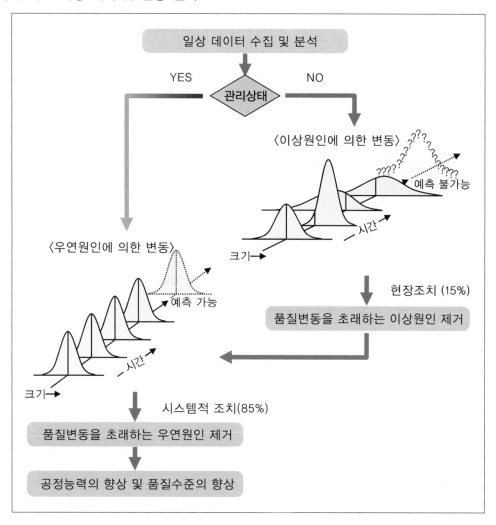

12) 관리도의 종류

(1) 통계에 의한 분류

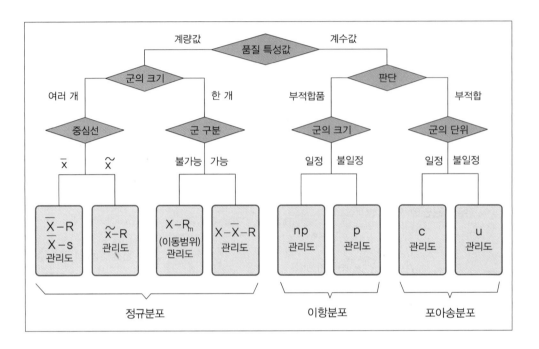

(2) 사용 목적에 의한 분류

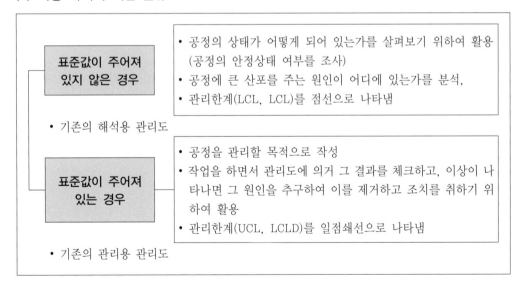

13) 관리도 용어의 정의 및 기호

기 호	정 의	계 산 식
n	군의 크기 : 군 단위의 관측치의 수	
k	군의 수	
X	측정된 품질특성의 측정값($x_1,\ x_2,\ x_3,\ \cdots$)으로 표시되는 개별값	
$\bar{x}$	군의 평균값	$\bar{x}=\sum x_i/n$
$\bar{\bar{x}}$	군의 평균값의 평균값(전체 평균)	$\bar{\bar{x}}=\sum \bar{x}/k$
R	군의 범위 : 군 내의 최댓값과 최솟값의 차	R = 최댓값 − 최솟값
$\bar{R}$	모든 군의 R의 평균치	$\bar{R}=\sum R/k$
$\bar{p}$	부적합품률의 평균(p : 각 군의 부적합품률)	$\bar{p}=\sum np/\sum n$
$\overline{np}$	부적합품 수의 평균값(np : 각 군의 부적합품 수)	$\overline{np}=\sum np/k$
$\bar{c}$	모든 군의 c의 평균값(c : 각 군의 부적합 수)	$\bar{c}=\sum c/k$
$\bar{u}$	u의 평균값(u : 군의 단위 당 부적합 수)	$\bar{u}=\sum c/\sum n$

14) 관리도의 관리한계 계산식의 수리적 근거

일반적으로 우리나라에서 사용하는 관리도는 3σ법을 채택하고 있다. 이를 간략히 설명하기 위해서 여기서는 평균($\bar{X}$) 관리도 및 범위(R) 또는 표준편차(s) 관리도만을 대상으로 설명한다. 이들 계량형 관리도는 산포(개개의 관측치의 산포)와 중심위치(공정평균)로 공정 데이터를 표현할 수 있다. 계량형 관리도에서는 분포의 평균을 관리하기 위한 $\bar{X}$ 관리도와 산포를 관리하기 위한 R관리도가 한 쌍으로 해석되는 데 이용된다. 다음의 표에서는 관리한계의 계산식과 관리도를 작성하기 위한 계수를 나타내고 있다.

- Shewhart 계량형 관리도에 대한 관리한계 공식

통계량	표준값이 주어져 있지 않은 경우		표준값이 주어져 있는 경우	
	중심선	UCL과 LCL	중심선	UCL과 LCL
$\bar{X}$	$\bar{\bar{x}}$	$\bar{\bar{x}}\pm A_2\bar{R}$ 또는 $\bar{\bar{x}}\pm A_3\bar{s}$	x_0 또는 μ	$x_0\pm A\sigma_0$
R	$\bar{R}$	$D_4\bar{R},\ D_3\bar{R}$	R_0 또는 $d_2\sigma_0$	$D_1\sigma_0,\ D_2\sigma_0$
s	$\bar{s}$	$B_3\bar{s},\ B_4\bar{s}$	s_0 또는 $s_4\sigma_0$	$B_5\sigma_0,\ B_6\sigma_0$

비고 : $x_0,\ R_0,\ s_0,\ \mu$ 및 σ_0는 표준값이다.

(1) 관리도의 관리한계

- 현장에서 문제 분석 시 일반적으로 많이 활용하는 표준값이 주어지지 않은 경우의 $\overline{X}$관리도와 R관리도의 기본 수리만을 간단히 설명하기로 한다.

- $\overline{X}$ 관리도

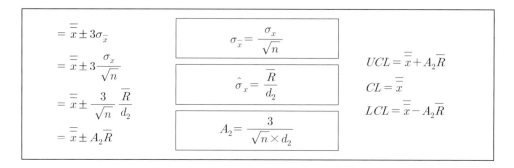

$$= \overline{\overline{x}} \pm 3\sigma_{\overline{x}}$$

$$= \overline{\overline{x}} \pm 3\frac{\sigma_x}{\sqrt{n}}$$

$$= \overline{\overline{x}} \pm \frac{3}{\sqrt{n}}\frac{\overline{R}}{d_2}$$

$$= \overline{\overline{x}} \pm A_2\overline{R}$$

$$\sigma_{\overline{x}} = \frac{\sigma_x}{\sqrt{n}}$$

$$\hat{\sigma}_x = \frac{\overline{R}}{d_2}$$

$$A_2 = \frac{3}{\sqrt{n} \times d_2}$$

$$UCL = \overline{\overline{x}} + A_2\overline{R}$$

$$CL = \overline{\overline{x}}$$

$$LCL = \overline{\overline{x}} - A_2\overline{R}$$

- R 관리도

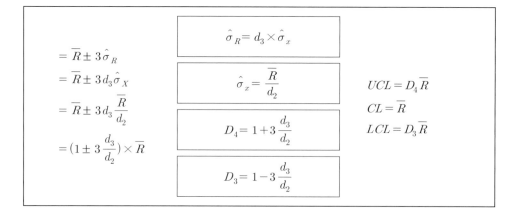

$$= \overline{R} \pm 3\hat{\sigma}_R$$

$$= \overline{R} \pm 3d_3\hat{\sigma}_X$$

$$= \overline{R} \pm 3d_3\frac{\overline{R}}{d_2}$$

$$= (1 \pm 3\frac{d_3}{d_2}) \times \overline{R}$$

$$\hat{\sigma}_R = d_3 \times \hat{\sigma}_x$$

$$\hat{\sigma}_x = \frac{\overline{R}}{d_2}$$

$$D_4 = 1 + 3\frac{d_3}{d_2}$$

$$D_3 = 1 - 3\frac{d_3}{d_2}$$

$$UCL = D_4\overline{R}$$

$$CL = \overline{R}$$

$$LCL = D_3\overline{R}$$

(2) 관리도 종류별 관리한계 계산식 일람표 – 표준값이 주어지지 않은 경우

대 상		명 칭	시료의 크기	관리하는 것	관 리 선	
					중심선	관리한계
계량값	길이 경도 중량 비중	$\overline{X}-R$ 평균치 범위 관리도	2~6 (3~5가 유리)	$\overline{X}$: 평균치의 변화	$\overline{\overline{x}}$	$\overline{\overline{x}} \pm A_2\overline{R}$
				R : 산포 변화	$\overline{R}$	$D_4\overline{R}, D_3\overline{R}$
	인장 강도 저항 순도	$\widetilde{X}-R$ 메디안 범위 관리도	2~6 (3~5가 유리)	$\widetilde{X}$: 평균치의 변화	$\widetilde{x}$	$\overline{\overline{x}} \pm A_4\overline{R}$
				R : 산포 변화	$\overline{R}$	$D_4\overline{R}, D_3\overline{R}$
	시간 원단위 수율 전력 사용량	X 개개의 데이터의 관리도	1	군 구분 불가능 ($X-Rm$과 병용)	$\overline{x}$	x관리도 $\overline{x} \pm 2.66\overline{R}m$
			2~6	군 구분 가능 ($X-\overline{X}-R$과 병용)	$\overline{\overline{x}}$	x관리도 $\overline{\overline{x}} \pm E_2\overline{R}$
계수값	부적합품 수	np(부적합품 수) 관리도	일정	np 부적합품 수	$\overline{np}$	$\overline{np} \pm 3\sqrt{\overline{np}(1-\overline{p})}$
	부적합품률	p(부적합품률) 관리도	변화	$p = \dfrac{np}{n}$	$\overline{p}$	$\overline{p} \pm 3\sqrt{\dfrac{\overline{p}(1-\overline{p})}{n}}$ 관리한계 폭 변동 시료수 불일정
	부적합수	c(부적합수) 관리도	일정	c 일정단위의 부적합수	$\overline{c}$	$\overline{c} \pm 3\sqrt{\overline{c}}$
	단위당 부적합수	u(단위당 부적합수) 관리도	변화	$u = \dfrac{c}{n}$ 단위당 부적합 수	$\overline{u}$	$\overline{u} \pm 3\sqrt{\dfrac{\overline{u}}{n}}$ 관리한계 폭 변동 시료수 불일정

(3) 관리도 활용을 위한 주요 계수(시료의 크기 n에 따라 정해지는 상수)

$$A = \frac{3}{\sqrt{n}} \quad A_1 = \frac{3}{c_2\sqrt{n}} \quad A_2 = \frac{3}{d_2\sqrt{n}} \quad E_2 = \frac{3}{d_2} = \sqrt{n}\, A_2$$

군의 크기	관리한계를 위한 계수														중심선을 위한 계수			
	A_1	A_2	A_3	A_4	B_3	B_4	B_5	B_6	D_1	D_2	D_3	D_4	E_2	c_4	$1/c_4$	d_2	$1/d_2$
2	2.121	1.880	2.659	1.880	–	3.267	–	2.606	–	3.685	–	3.267	2.66	0.7979	1.2533	1.128	0.8865
3	1.732	1.023	1.954	1.187	–	2.568	–	2.276	–	4.358	–	2.574	1.77	0.8862	1.1284	1.693	0.5906
4	1.500	0.729	1.628	0.796	–	2.266	–	2.088	–	4.698	–	2.282	1.46	0.9213	1.0854	2.059	0.4857
5	1.342	0.577	1.427	0.691	–	2.089	–	1.964	–	4.918	–	2.114	1.29	0.9400	1.0638	2.326	0.4299
6	1.225	0.483	1.287	0.549	0.030	1.970	0.029	1.874	–	5.078	–	2.004	1.18	0.9515	1.0510	2.534	0.3946
7	1.134	0.419	1.182	0.509	0.118	1.882	0.113	1.806	0.204	5.204	0.076	1.924	1.11	0.9594	1.0423	2.704	0.3698
8	1.061	0.373	1.099	0.432	0.185	1.815	0.179	1.751	0.388	5.306	0.136	1.864	1.05	0.9650	1.0363	2.847	0.3512
9	1.000	0.337	1.032	0.412	0.239	1.761	0.232	1.707	0.547	5.393	0.184	1.816	1.01	0.9693	1.0317	2.970	0.3367
10	0.949	0.308	0.975	0.363	0.284	1.716	0.276	1.669	0.687	5.469	0.223	1.777	0.98	0.9727	1.0281	3.078	0.3249

출전 : KS Q ISO 7870-2:2014

15) 관리도의 작성 절차

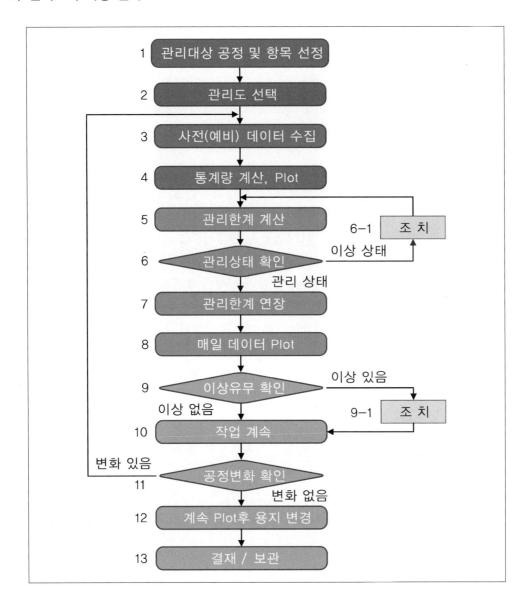

Q 2.12 공정능력관리 지수

공정능력관리지수가 무엇인가요?

A 공정능력관리지수는 품질보증조달물품 제도에서 핵심적인 내용으로 생산공정의 합부 판정이 아닌 산포를 관리하는 중요한 척도로서 장기공정능력 Ppk가 1.33이상으로 요구되는데 이는 4시그마 이상의 품질 수준을 요구하고 있는 것이다.

1) 공정능력(Process Capability)의 정의

공정관리시스템의 기능은 다양한 변동으로부터 기인하는 이상 원인이 존재할 때 통계적인 신호를 제공하는 것이다. 과대한 변동을 발생시키는 이상 원인을 지속적인 노력(Continuous Efforts)을 통해 체계적으로 제거하는 것은 공정을 통계적 관리 상태로 유도하는 방법이 된다. 어느 특정 시점에서 한번 공정이 통계적 관리 상태가 되면 그 성과를 예측할 수 있고, 규격 적합성에 대한 능력을 평가할 수 있다. 공정능력은 우연 원인에 기인하는 총 변동, 즉 모든 이상 원인이 제거된 후 달성되는 최소의 변동에 의해 정해진다. 이러한 측면에서 공정능력이란 공정이 통계적 관리 상태에서 공정의 정상적인 움직임, 즉 외부요인에 의해 방해받지 않고 작업을 행한 공정에 의해 만들어진 일련의 결과를 말한다. 이와 같이 공정능력을 평가하기 이전에 우선하여 공정을 통계적 관리 상태로 운영되도록 구조화해야 한다.

이는 보통 공정이 안정 상태(관리 상태)로 유지되고 있는 경우, 자연공차(Natural Tolerance)라고도 하는데, 그 공정에서 생산되는 제품의 품질변동이 어느 정도인가를 나타내는 지표를 의미한다. 이 때 제품의 품질 변동 폭은 외부 원인에 의해 방해받지 않고 조업되는 공정에서 생산하는 제품의 품질산포 척도인 표준편차의 6배(6σ) 공간으로 정의된다. → 공정능력값 $= 6\sigma(\pm 3\sigma)$ [그림 2-9] 참조

(1) E. G. Kirkpatrick 교수의 정의

의미가 있는 원인이 제거되거나, 적어도 최소화된 상황에서 공정의 최선 성과(The Best Efforts of the Process)를 의미하는 것이다.

(2) Western Electric의 SQC Handbook의 정의

통계적 관리 상태에 있을 때 공정의 정상적인 움직임, 즉 외부 원인에 방해받지 않는 조건에서 만들어진 일련의 예측할 수 있는 결과이다.

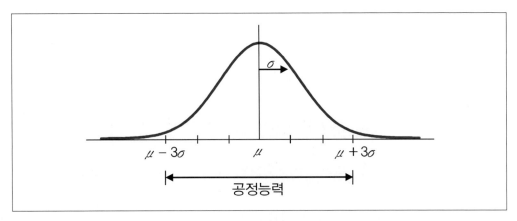

[그림 2-15] 공정능력의 이해

- 공정능력지수의 보다 심층적인 활용을 위해서는 다음을 참조할 수 있다.
  - KS Q ISO 21747 : 2008, 통계적 방법-측정된 품질 특성을 위한 공정성과 및 능력 통계량
  - KS Q ISO 22514-4 : 2011, 프로세스 관리의 통계적 기법-제4부 : 공정능력 추정 및 성능 측정

(3) 공정능력 산출 절차

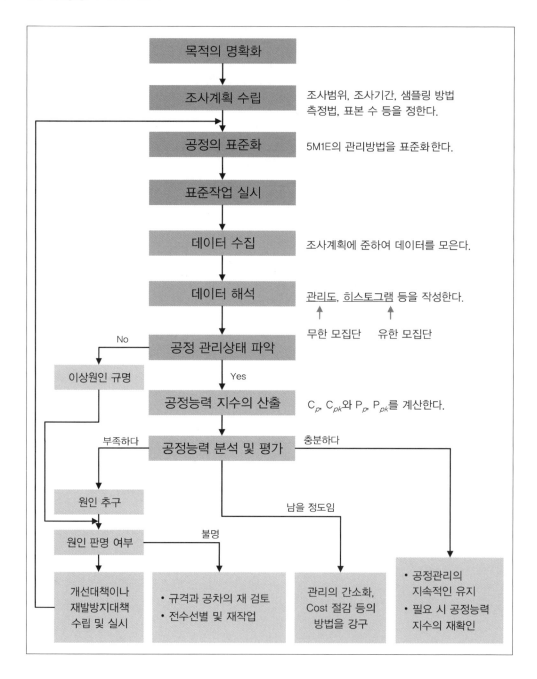

2) 공정능력지수(Process Capability Index : PCI)

제품을 생산하기 전, 사전에 주어진 규격한계(Specification Limets)에 대비해 해당 공정이 수행할 수 있는 능력이 어느 정도인지를 수치적으로 나타낸 것이다.

$$PCI= C_p= \frac{규격의\ 폭}{산포의\ 폭} = \frac{규격한계}{관리한계(\pm 3\sigma 한계)}$$

위와 관련 KS A ISO 8258 : 2008에서는 공정능력지수, KS Q ISO 22514-4 : 2011에서는 프로세스능력지수, KS Q ISO 21747:2008에서는 공정성과지수로 설명하고 있는데, 모두 같은 개념이다. 여기서는 주로 C_p를 사용한다.

(1) 양쪽규격인 경우

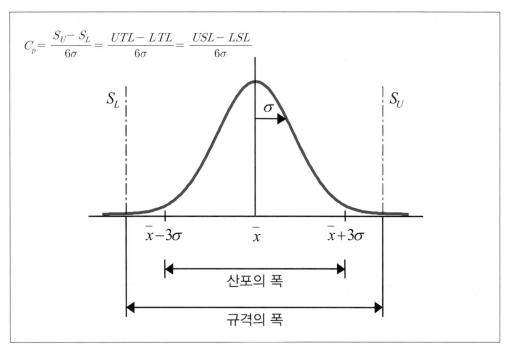

[그림 2-16] 양쪽규격의 공정능력

(2) 한쪽규격인 경우

• 상한규격만 있는 경우

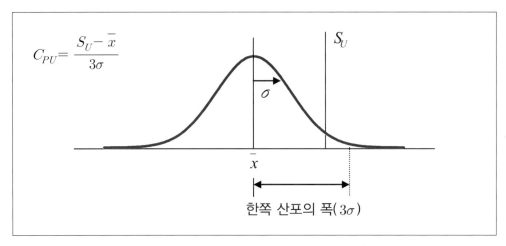

[그림 2-17] 한쪽규격의 공정능력(상한규격)

• 하한규격만 있는 경우

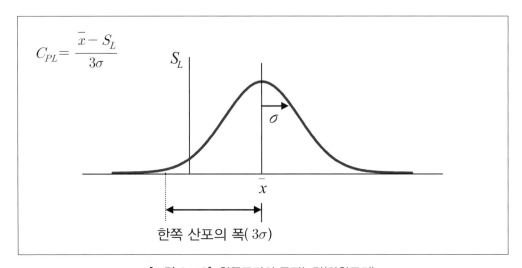

[그림 2-18] 한쪽규격의 공정능력(하한규격)

(3) 치우침을 고려한 공정능력지수의 산출

치우침을 고려한 공정능력지수의 산출은 2가지 방법이 있으며 자가품질보증제도에서는 방법 2를 사용하고 있고, 치우침을 고려한 개념은 그림과 같다.

방법 1	$C_{Pk} = (1-k) \cdot C_P$	$C_P = \dfrac{S_U - S_L}{6\sigma}$	$k = \dfrac{|M - \bar{x}|}{T/2}$
방법 2	$C_{Pk} = Min(C_{PU}, C_{PL})$	$C_{PU} = \dfrac{S_U - \bar{x}}{3\sigma}$	$C_{PL} = \dfrac{\bar{x} - S_L}{3\sigma}$

$$M = \frac{S_U + S_L}{2} \quad (M : 규격의 \ 중심값)$$

$$T = S_U - S_L$$

$$\therefore k = \frac{\left| \dfrac{S_U + S_L}{2} - \bar{x} \right|}{\dfrac{S_U - S_L}{2}}$$

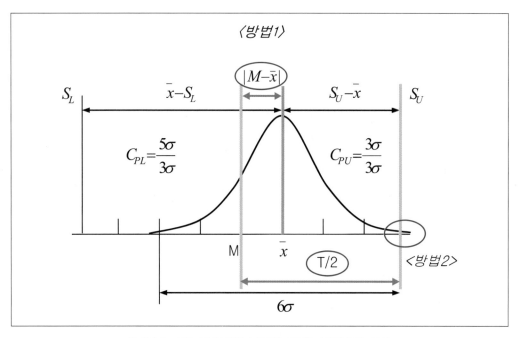

[그림 2-19] 치우침을 고려한 공정능력지수의 산출

4) 공정능력의 분류

특정의 공정이 통계적 관리 상태에 있음이 입증되고, 주어진 규격값 등의 요구사항을 만족시키는 역량을 나타내는 통계적 추정치의 공정능력은 다음과 같이 분류한다. 여기서 공정능력은 일반적으로 공정능력지수 PCI(또는 C_p)의 값에 의해 측정된다.

(1) 정적 공정능력과 동적 공정능력

정적 공정능력(Static Process Capability)이란 문제의 대상물이 갖는 잠재능력이며, 동적 공정능력(Dynamic Process Capability)이란 시간의 변화는 물론, 원재료의 대체나 작업자의 교체 등에 기인하는 변동까지 고려한 현실적으로 실현되는 능력이다. 품질관리상 최종적으로 확보 노력이 필요한 것은 동적 공정능력이다.

(2) 단기공정능력과 장기공정능력

단기공정능력은 임의의 일정시점에서 정상적인 공정상태에서의 공정능력을 의미하며, 장기공정능력은 정상적인 공구의 마모의 영향, 재료 로트 사이의 미묘한 변동 등을 포함한 공정능력을 말한다.

a) 단기공정능력(Short Term Data)
- 공정에 외부적인 영향(온도 변화, 작업자 변화, 원재료 로트의 변화 등)이 없다고 판단되는 짧은 기간
- 군내 변동만 고려된 공정능력
- $Z_{st}(\sigma_{st})$, C_p, C_{pk}
- 개선하기 위해 기술이 필요한 최적조건에서의 공정능력
- "6σ"는 $Z_{st}=6.0$을 의미하고, $C_p=2.0$임

b) 장기공정능력(Long Term Data)
- 공정에 외부적인 영향이 있다고 판단되는 충분히 긴 기간(ppm Data, Z_{lt}는 일반적으로 장기간의 공정능력임)
- 군내 변동과 군간 변동을 포함
- $Z_{lt}(\sigma_{lt})$, P_p, P_{pk}
- 개선하기 위해 기술과 공정관리가 필요한 일상 조건에서의 공정관리 실적
- "6σ"는 $Z_{lt}=4.5$를 의미하고, $P_{pk}=1.5$임

  $Z_{st}=Z_{lt}+1.5$

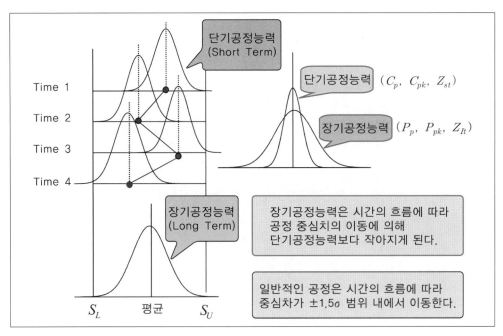

[그림 2-20] 단기공정능력과 장기공정능력

3) 공정능력과 추정 불량률

공정능력을 산출하면 추정불량률을 그림과 같이 산출할 수 있다.

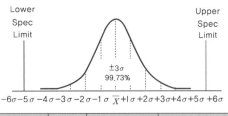

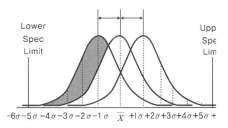

규격한계 [σ 수준]	C_p	추정 양품률{%}	추정 불량품(ppm)
$\pm\sigma$	0.33	68.27	317300
$\pm 2\sigma$	0.67	95.45	45500
$\pm 3\sigma$	100	99.73	2700
$\pm 4\sigma$	1.33	99.9937	63
$\pm 5\sigma$	1.67	99.999943	0.57
$\pm 6\sigma$	2.00	99.9999998	0.002

규격한계 [σ 수준]	P_{pk}	추정 양품률{%}	추정 불량품(ppm)
$\pm\sigma$	-0.17	30.23	697700
$\pm 2\sigma$	0.17	69.13	308700
$\pm 3\sigma$	0.50	93.32	66810
$\pm 4\sigma$	0.83	99.3790	6210
$\pm 5\sigma$	1.17	99.97670	233
$\pm 6\sigma$	1.50	99.99966	3.4

[그림 2-21] 공정능력과 추정불량률

제3장

품질보증조달물품 평가 기준과 추진 방법

품질보증조달물품 평가 기준과 추진 방법

3.1 품질경영시스템

3.1.1 품질경영 계획 및 체계구축

Q&A

Q 3.1 품질경영 계획 및 전략 수립

품질 방침이 명확하게 정의되고 측정 가능한 품질 목표가 있는가? 품질 목표 달성을 위해서 품질경영 계획 및 전사 차원의 전략을 수립하고 있는가?

1) 개요

회사의 경영 방침은 제품과 업의 특성에 맞도록 설정해야 하는데, 형식적으로 작성되어 있거나, 상징적인 뜻으로만 존재하고 있는 실정이다. 또한 이를 전 직원이 이해하고 품질 차원으로 계량화된 품질 목표를 설정하고, 단계별로 추진할 수 있는 부서별 품질 계획을 수립해 추진해야 하는데 현업의 바쁜 일정과 제품 생산에 업무 우선순위가 밀려서 대부분의 회사가 관리하고 있지 않은 실정이다. 회사 경영자의 철학 및 경영 방침과 연계되도록 품질 방침을 설정해야 실행에 힘을 받게 되는데 대부분의 회사가 이를 등한시하고 있다. 뿐만 아니라 문서적으로만 보유하고 있는 것은 큰 문제이다

따라서 경영 방침, 품질 방침, 중장기 사업 계획, 전년 실적을 반영해서 당해 연도 전사 계량화된 품질 목표, 품질경영 계획과 전사적 전략을 수립해야 하며, 향후 3개년의 품질 경영 계획(목표)이 수립되어 있음을 문서화된 정보로써 제시해야 한다.

품질보증조달물품 선정 회사 또는 선진 회사의 경우 품질 목표에 대한 전산 모니터링 체계를 구축해서 품질 목표에 대한 신호등(Green, Yellow, Red) 시스템을 도입하여 경고 및 개선대책을 수립하여 개선 이력을 유지하도록 시스템을 운영하고 전 부문에서 정보를 공유하고 있다.

2) 목적

회사의 연속성을 위해 경영 방침과 연계된 품질 방침을 명확하게 설정해야 하며 전 직원과 함께 공유해야 한다. 회사의 경영 전략과 한 방향으로 갈 수 있도록 전년도 실적을 반영해서 당해 연도 계량화된 품질 목표 설정하고, 이를 달성하기 위한 전사적으로 부서별 품질경영 계획을 수립, 정기적으로 검토하여 실행 이력을 점검하는 것을 목적으로 한다.

3) 입력물(Input)

- 회사 경영 이념, 경영 방침
- 중장기 사업 계획(3개년 이상)
- 전년도 사업 계획 대비 실적 분석 결과
- 경쟁사 벤치마킹 자료

4) 프로세스(Process)

(1) 계획(Plan)

- 품질경영 계획 및 전략 수립을 위해서는 관련 업무 프로세스를 제정하여 일하는 방식을 공유하면서 업무를 수행해야 하며, 품질방침 관리 프로세스를 제정하여 운영한다.
- 품질방침 관리 프로세스에는 회사 경영 방침, 품질 방침, 중장기 사업계획, 당해 연도 사업 계획(품질 목표 달성) 수립, 품질 목표 설정 및 주기적인 모니터링, 개선대책 관리 방안, 품질 목표 성과 향상을 위한 지속적 개선 대상의 과제화 내용을 포함해서 작성한다.

(2) 실시(Do)

- 품질 방침에 대한 전개 내용을 실행하고 있다는 생산 현장, 사무실, 회의실 등 품질 방침의 게시, 사내 전산망에 홍보, 전 직원 품질 방침 교육 등 문서화된 정보를 유지한다.
- 설정된 품질 목표는 3개년 간 실적 및 당해 연도는 월별로 목표 대비 실적을 집계해야 하며, 목표 대비 미달성된 항목에 대한 개선 대책 수립을 관리하고 그 이력을 유지한다. 이력은 전산상에서 관리하는 것을 최적의 방법으로 추천하며, 월별 실적은 부서별로 작성하여 유지한다.

(3) 확인(Check)

- 설정된(프로세스별, 부서별) 품질 목표 대비 실적이 정상적으로 진행되고 있는지 월별(분기별) 경영자가 참여하는 품질경영 회의체를 운영하며, 품질 목표 계획 대비 실행 관리에 힘이 실리도록 운영한다.
- 품질 목표 대비 실적이 부진한 항목에 대한 개선 대책 이력은 해당 항목별, 월별(분기별) 관리하고 이력을 유지한다.

(4) 조치(Action)

품질 목표를 글로벌 선진회사와 비교하여 부족한 부분에 대한 벤치마킹을 실시하고 목표 수준보다 더 높게 추진하기 위한 지속적 개선(전략) 주제를 설정하여 독립 부서 또는 TFT 형태로 3~6개월 간 추진할 수 있도록 한다.

5) 출력물(Output)

- 품질 방침 및 계량화된 품질 목표 설정〈핵심품질〉
- 품질 방침 관리 프로세스
- 품질 방침 관리 인원의 적격성 평가 결과
- 품질 방침 게시 및 교육 실적
- 계량화된 품질 목표(3개년 실적 및 향후 3개년 계획)
- 전년도 사업 계획 대비 실적 분석 및 향상된 품질 목표 계획 대비 실적
- 품질 목표 달성을 위한 월별(분기별) 추진 계획(전략)
- 월별(분기별) 품질 목표 대비 실적 부진 사유 이력 관리
- 품질 목표 달성을 위한 개선 과제화 및 개선 실적
- 품질 목표 대비 실적 및 개선 실적 전산화 실적

Q 3.2 품질 조직 규모 및 역량

품질 조직 구성이 회사의 규모에 적정하고 안정성 있게 품질 기능(품질보증, 품질관리, 품질개선, 품질검사 등)을 체계적으로 수행하고 있는가?

1) 개요

품질 조직은 대부분 생산부서에 속하여 1~2명 정도 검사 중심으로 인원을 배치하여 품질을 관리하고 있으나, 이는 생산 우선으로 중요한 문제 발생 시 품질보다는 생산 또는 납품 중심으로 진행될 수 있을 것이다. 이를 방지하기 위해 품질 조직을 독립적으로 구성해서 운영해야 한다.

현재 검사원 중심의 품질보증 활동이나 인력 운영보다는 사전 제조 현장에서 품질을 예방 관리할 수 있도록 통계적 공정관리, 공정능력지수 관리, 주요 문제점에 대한 개선활동 등 문제를 사전에 파악하여 관리할 수 있도록 예방체계를 구축하여 운영해야 한다.

따라서 품질 전담 조직과 적정 인력을 보유하고 있고, 예방 활동과 연간 품질 계획에 대비하여 평가 관리가 적절하게 수행할 수 있는 역량을 보유해야 하며, 품질 방침 수행과 계량화된 품질 목표 달성을 위한 수행 과제 계획 수립과 성과 점검을 정기적으로 실시해야 한다.

선진 회사의 경우는 품질경영 즉 품질 기획, 품질 관리, 품질 보증, 품질 혁신 등 조직을 구성하여 운영하고 있으며, 생산 부서 또는 타부서 경영자의 영향을 받지 않도록 독립적으로 운영한다. 또한 주기적인 역량 평가 및 검출도 평가를 실시하여 역량을 지속 향상하고 있다.

2) 목적

품질 조직은 타부서의 영향을 받지 않고 품질 우선의 정책을 실현할 수 있도록 독립성을 유지해야 하며, 회사의 규모에 적절하고 안정적으로 품질 기능(품질보증, 품질관리, 품질개선, 품질검사)을 체계적으로 업무 수행하는 것을 목적으로 한다.

3) 입력물(Input)

- 전사 조직도 및 인력 계획
- 품질조직 업무 분장표

- 전년도 품질 조직 역량 및 적격성 평가표
- 경쟁사 벤치마킹 자료(품질 조직)

4) 프로세스(Process)

(1) 계획(Plan)

품질 방침 관리 프로세스에 전사 조직 상에서 품직 조직의 독립성 유지, 품질 기능별 [품질기획, 품질관리(품질검사), 품질보증, 품질개선] 업무 분장표, 품질 인력에 대한 역량/적격성 평가 관리 방안이 포함되도록 작성한다.

(2) 실시(Do)

- 전사 조직도 상에 품질 조직의 기능[품질기획, 품질관리(품질검사), 품질보증, 품질 개선]을 포함하여 독립성이 보장되도록 작성한다.
- 품질 조직 별도로 조직도를 작성하여 품질 기능별[품질기획, 품질관리(품질검사), 품질보증, 품질개선]로 개인별로 파악되도록 작성한다.
- 개인별 품질 업무 수행 역량/적격성을 평가하고 부족한 역량은 교육의 니즈로 파악 하여 교육을 실시하고 추후 재평가를 실시한다.
- 기술 사무직군에 대한 예방 관리 및 성과 관리 역량을 관리하기 위하여 품질 기능 을 세분화하고 요구사항 수준과 개인별 평가를 실시하여 부족한 부분에 대한 교육 을 실시한다.
- 검사원에 대해서는 검사원 자격인증을 실시하고, 해당 품명에 포함되는 검사 항목 을 설정하여 Gage R&R을 수행하여 검출력을 높인다.

(3) 확인(Check)

- 품질 조직원에 대한 역량 평가는 년 1회 역량/적격성 평가표를 활용하여 실시하여 목표 수준에 도달할 수 있도록 교육을 실시한다.
- 품질 목표 대비 실적을 월별(분기별)로 모니터링 하여 목표 미달된 항목에 대한 개 선 대책을 수립하고 진척 관리를 실시한다.

(4) 조치(Action)

- 품질 목표 성과 향상을 위해 사전 문제점을 발굴하여 예방 차원의 개선 추진 계획 을 수립하여 관리한다.
- 품질 조직 인원의 역량 향상을 위한 차별화된 교육 훈련 계획을 수립하여 실시한다.

5) 출력물(Output)

- 품질 방침 관리 프로세스
- 품질 조직이 포함된 전사 조직도
- 품질 기능별[품질기획, 품질관리(품질검사), 품질보증, 품질개선] 업무 분장표
- 품질 인력의 역량 적격성 평가표(장기근속 및 역량 입증)
- 품질목표 대비 성과평가 및 예방활동 관리 실적
- 품질조직 인력의 역량 향상 교육 실적

3.1.2 품질경영 관리

Q 3.3 품질경영 실행 및 평가

계량화된 품질목표에 대해 현재의 품질수준을 모니터링하고 있으며 이를 달성하기 위한 활동을 실행 및 평가하고 있는가?

1) 개요

계량화된 품질 목표에 대하여 품질 심사 시 품질 조직에서 별도로 작성하여 관리하거나, 연 단위 품질경영 검토 회의 자료에 포함하여 관리하고 있어 실행의 주기가 너무 긴 것이 문제이다. 품질 목표는 회사의 전략과 일치하게 설정하여 자주 검토하고 문제점에 대하여 개선활동을 전개해야 회사의 성정과 경쟁력을 확보할 수 있다. 품질 목표에 대한 개선 대책을 실행하더라도 개선 이력을 유지하지 않는 것이 문제이다.

품질경영 계획에 목표 달성 전략, 실행 과제 및 성과 지표를 설정하여, 정기적인 목표/실적 평가를 수행하고 부진 항목의 원인 분석을 진행해야 한다. 월별(분기별) 품질경영 보고서 및 품질 개선 실적 분석 등 전사차원 개선활동 과제 수립 및 실적 분석이 3년 이상 유지되며 실적이 개선 추세를 보이고 지속적 개선을 실시한다. 주요 핵심지표 개선을 위한 별도 과제 운영하며, 전사 품질 성과 지표의 개선을 위한 전략 과제 목록 및 수행 실적, 지속적인 개선 실적을 보유해야 한다.

선진 회사의 경우 월별로 품질 목표에 대해 모니터링을 실시하고 목표 대비 실적 관리를 위해 일별, 주별 데이터를 분석하여 관련 부분과 의의를 통해 개선 대책 회의 및 개선을 실사하여 목표 달성을 위해 노력하고 있다.

2) 목적

계량화된 품질 목표를 설정하고, 이를 달성하기 위한 전사적 부서별 품질경영 계획을 수립, 정기적으로 검토하여 실행 이력을 점검하는 것을 목적으로 한다.

3) 입력물(Input)

- 계량화된 품질 목표(3개년 실적 및 향후 3개년 계획)
- 전년도 사업 계획 대비 실적 분석 및 향상된 품질 목표 계획 대비 실적
- 품질 목표 달성을 위한 월별(분기별) 추진 계획(전략)

4) 프로세스(Process)

(1) 계획(Plan)

- 계량화된 품질 목표에 대해 부서별 목표 달성 계획을 세부적으로 수립한다.
- 부서별 품질 목표에 대해 부서원들에게 전파 및 공유하며 그 교육 이력을 유지한다.
- 품질 목표는 전산 시스템을 활용하여 관련 부분에서 정보가 공유되도록 인프라를 구축한다.

(2) 실시(Do)

- 부서별 계량화된 품질 목표는 3개년 간 실적 및 당해 연도는 월별로 목표 대비 실적을 집계한다.
- 부서별 목표 대비 미달성된 항목에 대한 개선 대책수립을 관리하고 그 이력을 유지한다. 이력은 전산상에서 관리하는 것이 최적의 방법으로 추천한다.
- 부서별 품질 목표 항목에 대하여 미달성에 대해 사전 경고할 수 있도록 관리 구간을 결정하여 관련자에게 통지(메시지, 메일 등)하도록 구축한다.
- 목표 미달성 항목에 대해서는 목록화하고 해당 항목별로 리스크 분석을 통하여 High (높음)인 경우에는 시정조치 보고서(8D Report)의 전항목을 작성하고, Middle(중간) 인 경우는 시정조치 보고서의 5D만 작성하여 관리하고, Low(낮음)의 경우는 목록표에서 종결하도록 한다.

KPI/부적합[수입, 공정, 출하/시장]/공정능력 시정조치(8D) 관리

목표 대비 실적 미달 시
시정조치 실시

Risk 평가 시 High Level시
시정조치보고서(8D Report) 작성

작성부서:								범례 : 리스크 Level H/M(시정조치보고서 작성), L(부적합품 관리대장만 작성)			
No	발생구분(수입/공정/출하/시험/필드/기타)	발생일자	제품	부적합내용	리스크 평가				처리내용(재작업/수리/특채/폐기)	처리일자	재검증결과	검사원	문서화된정보
					심각도	발생도	RPM	Level					
1					3	3	9	H					시정조치보고서
2							0						

[그림 3-1] 품질 목표의 목표 대비 실적 미달 시 시정조치 활동

- 리스크 분석에 따라 시정조치 보고서 8D(8개 차원)에 대한 작성 기준은 다음과 같이 적용한다.

구분	시정조치 단계	리스크 Level		
		H(High)	M(Middle)	L(Low)
-	부적합품 관리 대장	○	○	○
1D	개선 팀(Team)	○	○	○
2D	문제정의(Problem Definition)	○	○	○
3D	봉쇄조치(Containment with in 24hours_followingcontainmentsheet)	○	○	○
4D	원인분석(Cause Analysis)	○	○	×
5D	개선대책(Countermeasure)	○	○	×
6D	검증(Verification): 조치사항에 대한 유효성 점검	○	×	×
7D	재발방지 및 습득교훈(Prevention)	○	×	×
8D	검토 및 종결(Review & Confirm)	○	×	×

[그림 3-2] 리스크 등급에 따른 시정조치보고서(8D Report) 작성 기준

(3) 확인(Check)

- 설정된(프로세스별, 부서별) 품질 목표 대비 실적이 정상적으로 진행되고 있는지 월별(분기별) 경영자가 참여하는 품질경영 회의체를 운영하며, 품질 목표 계획 대비 실행 관리에 힘이 실리도록 운영한다.

- 품질 목표 대비 실적이 부진한 항목에 대한 개선대책 이력은 해당 항목별, 월별(분기별)로 관리하고 이력을 유지한다.

(4) 조치(Action)

품질 목표를 글로벌 선진사와 비교하여 부족한 부분에 대해 벤치마킹을 실시하고 목표 수준보다 더 높게 추진하기 위한 지속적 개선(전략) 주제를 설정하여 독립부서 또는 TFT 형태로 3~6개월간 추진할 수 있도록 한다.

5) 출력물(Output)

- 품질 목표의 현장 전파
- 품질 목표 달성 혹은 향상을 위한 활동
- 전사차원의 수치화된 품질 목표에 대한 성과지표 설정 및 관리
- 품질 목표 대비 실적에 대한 성과 분석
- 전사 차원의 성과지표를 향상하기 위한 개선 활동
- 전사 차원의 개선활동 과제 목록 및 전사 품질 목표 달성을 위한 수행실적

3.1.3 법규관리

Q 3.4 관련 법규 조사 및 해당 조직의 이행 관리

최신 법규의 검색 능력 및 정확한 이해와 이를 제품 개발, 생산 및 검사 기준에 적절하게 활용하고 있는가?

1) 개요

법규에 대한 관리는 대부분 회사가 법규를 준수하고 있는 것으로 확인되고 있으나 법규에 대한 내용을 사전에 파악하고 예기치 못하게 법규를 몰라서 피해를 보는 경우가 있는데, 이를 예방하고 사전에 내부적으로 체계를 갖추고 주기적으로 관리하는 것이 필요하다.

관련 법규와 표준의 준수를 전사차원에서 파악하고 준수 내역이 3년 이상 유지 개선 추세를 보이고 지속적 개선을 실시하고 있으며, 최근 이슈가 되는 환경과 안전, 제조물 책임 등 개선을 위한 별도 과제를 운영하고 있으며, 환경 변화에 사전 대처 및 타의 모범으로 벤치마킹이 될 만한 선도 사례(신 표준 제안 및 표준 제정 활동 참여 등)를 보유하고 있다.

선진 회사의 경우는 법규 관리 전담 조직을 구성하여 최신 법규를 확인하고 관련 부문에서 확인이 가능하도록 전산 시스템을 구축하여 운영하고 있으며, 관련되는 법규에 대해 적용해야 하는 조항을 분석하여 해당 부서별 관리 방안을 작성하여 운영하고 있다. 부서별 관리 내용은 주기적으로 이행 상태를 검토하여 법규에 대한 준수 평가를 실시하고 있다.

2) 목적

최신 법규에 대한 검색이 가능하고, 해당 법규를 정확하게 이해하고 있고, 해당 법규를 제품 개발, 생산 및 검사 기준에 적절하게 활용하는 것을 목적으로 한다.

3) 입력물(Input)

- 법규 요구사항
- KS표준, 관련단체표준, 계약규격, 직접생산인증기준

4) 프로세스(Process)

(1) 계획(Plan)

- 법규관리 절차서에 최신 법규 현황 파악 방법, 법규에 대한 내부 적용방안, 법규 준수 평가 방법에 대한 내용을 포함하여 작성한다.
- 최신 법규 목록 및 내용을 출력하거나, 전산 시스템을 활용하여 관련 부분에 정보를 공유한다.
- KS표준, 관련단체표준, 계약규격, 직접생산인증기준(중소벤처기업부 또는 조달청) 최신본을 보유하여 관리한다.

(2) 실시(Do)

- 최신 법규 목록 관리 대장에 최신 법규 현황을 분기별로 확인하여 관리한다.
- 해당되는 법규를 확인하여 관련 조항별로 해당 여부를 결정하고 어느 수준(법규와 동등 또는 그 이상 등)으로 관리할 것인지를 결정한다.
- 관리 대상 법규 항목은 관리 방법과 주관 부서를 결정한다.
- 해당 주관 부서별로 결정된 사항에 대하여 주기별로 준수 여부를 관리하고 이력을 유지한다.
- 법규 관리 부서는 준수 평가를 실시하여 이행 여부를 확인한다.

(3) 확인(Check)

- 법규 관리에 대한 성과지표와 관련하여 품질 목표를 모니터링하여 목표 대비 실적이 부진할 경우 개선 대책을 실시한다.
- 법규 관리에 대한 성과지표는 법규 준수율, 법규 개정률, 준수 평가 실시율 등을 관리할 수 있다.

(4) 조치(Action)

법규 관리와 관련하여 부족한 부분에 대한 중점 개선 과제를 설정하여 지속적으로 성과개선을 관리한다.

5) 출력물(Output)

- 최신 법규 검색 실현(심사원이 최신 법규 확인)
- 자체 전산망을 이용한 법규 조회 가능성
- KS표준, 관련단체표준, 계약규격, 직접생산인증기준(중소벤처기업부 또는 조달청) 보유 또는 조회
- 제품이 최신 법의 규제사항을 준수〈핵심품질〉

Q 3.5 제품 대외 시험 및 인증 이행

대외 시험 대상 제품 목록을 이해하고 규정된 시점에 시험 및 인증을 실시하고 있는가?

1) 개요

제품 대외 시험은 최초 납품 시에 또는 규격서에 규정된 내용대로 공인기관을 통하여 시험을 실시하고 있다. 품질보증조달물품 제도는 조달청 납품 시 검사를 면제해 주는 제도로서 납품 시 공인기관 시험성적서가 필요 없게 되는데, 기업 스스로가 제품에 대한 규격의 시험 및 평가 항목을 평가하여 시장에서 문제가 없도록 규격의 내용보다 더 자주 더 강화하여 관리하는 것이 중요하다. 이러한 측면에서 시험 주기의 단축, 시험 항목의 확대에 대한 관리가 필요하다.

사내표준으로 대외 시험/인증 대상 목록을 관리하고 있으며, 규정된 주기로 시험/인증을 실시하여 관련 기록(시험성적서, 인증서 등)을 보유해야 한다. 시험성적서 및 인증서 통합 관리로 누락 방지 및 최적화 프로그램을 운영하며 대외 인증기관의 자체 적격성 평가와 관리로 최적의 인증기간 유지(연간 제품인증계획서, 인증서 유효기간 관리 등)하고 있고, 인증 품목에 벤치마킹이 될 만한 최적의 인증관리시스템을 보유한 성과가 확인되어야 한다.

선진 회사의 경우는 제품 시험 대상 목록을 작성하고 시험 항목별로 시험 기간, 시험 방법(자체, 공인시험기관)을 결정하여 정해진 주기별로 시험을 실시하고 있다. 제품 규격에 규정된 기준보다 시험 주기를 단축하여 제품 품질을 보증하고 있고, 사내 시험을 실시하는 경우에도 추가적으로 병행하여 공인시험기관이 시험을 실시하여 비교 평가하고 있다.

2) 목적

대외 시험대상 제품 목록을 이해하고 규정된 시점에 주기적으로 시험 및 인증을 실시하는 것을 목적으로 한다.

3) 입력물(Input)

- 제품규격 요구사항
- 대외 시험 및 인증 대상 목록

4) 프로세스(Process)

(1) 계획(Plan)

- 법규관리 절차서에 제품별 시험 대상 항목, 시험 방법, 시험 주기, 비교 평가 방법에 대한 내용을 포함하여 작성한다.
- 제품규격별 시험 항목과 시험 주기, 시험 방법을 목록화하여 관리대장을 작성한다.
- 연간 제품별 시험 계획을 수립한다.

(2) 실시(Do)

- 연간 제품 시험 계획에 따라 시험을 실시하고, 자체 시험 시에 시험성적서를 발행한다.
- 제품별 공인기관 시험 시에는 시험성적서를 접수받아 누락이 되지 않도록 보관한다.
- 자체 시험하는 경우 시험의 신뢰성 및 적격성 평가를 위하여 공인기관에 동일한 시험 항목을 시험 의뢰하여 비교 평가한다.
- 제품별 시험 시 부적합이 발생하면 시료를 준비하여 다시 시험한다.
- 부적합이 발생된 문제점은 개선대책을 실시한다.

(3) 확인(Check)

- 법규 관리에 관련된 성과지표에 대한 품질 목표를 모니터링하여 목표 대비 실적이 부진할 경우 개선 대책을 실시한다.
- 법규 관리에 대한 성과지표는 시험 실시율, 시험 합격율 등을 관리할 수 있다.

(4) 조치(Action)

법규 관리에 대하여 부족한 부분에 대한 중점 개선 과제를 설정하여 지속적으로 성과 개선 관리한다.

5) 출력물(Output)

- 대외 시험 및 인증 대상 목록
- 제품별 시험성적서 및 인증서 관리
- 제품별 최초 및 정기적인 시험 주기별 관리

3.1.4 기술 관리

Q 3.6 기술 축적 및 기술 자립

기술을 향상 및 자립을 위한 조직의 노력이 환경의 변화와 조직의 역량에 비추어 적절하게 계획되고 이행되고 있는가?

1) 개요

기술 축적 및 기술 자립은 회사의 영속성을 유지하기 위해 중요한 항목이다. 회사가 제품 개발은 외주를 주고 생산 중심으로 운영한다면 시장의 환경 변화와 기술 발전이 급격하게 이루어지는 경우에 경쟁력이 약화되어 급격한 매출 감소로 이어진다. 이를 위해서는 기술 연구소 운영 및 기술 인력을 확보하여 지속적으로 신제품 개발에 집중해야 한다. 그러나 많은 회사가 신기술 개발과 기술 인력의 역량 향상에 소홀히 하거나 신기술 개발에 투자하지 않는 것이 아쉬운 부분이다.

당해 연도 제품 및 기술 개발 계획을 수립 실행하여 계획 대비 기술 개발 평가 관리를 적절히 수행하고 있고(기술 개발 보고서, 신제품 개발 완료 보고서 등) 기술 및 제품 로드맵을 보유하고 중장기 기술 개발 계획과 실적을 보유하고 있으며 특허출원, 신기술인증 등 별도의 프로그램을 운영하고 있다. 기술개발 직원 및 관리자의 역량 평가 실적을 관리하고 있고, 특허, 우수조달, 차별적 신기술 인증 실적 등을 유지하고 있다.

선진 회사의 경우는 기술 축적과 기술 자립을 위해 기술 연구소를 설립하여 연구원의 전사 인원 대비 8% 이상을 확보하여 운영하고 있고, 기술 인력에 대한 역량 향상 프로그램을 도입하여 역량을 향상하고 있고, 제품 개발에 대한 기술 로드맵을 3개년 이상 수립하여 단계적으로 제품 개발을 실시하고 있다. 제품 개발의 성과는 제품 특허출원 신기술 인증, 우수제품 등 인증 획득을 통해 기술의 우수성을 입증하고 있다.

2) 목적

기술을 향상 및 자립을 위한 조직의 노력이 환경의 변화와 조직의 역량에 비추어 적절하게 계획되고 이행하는 것을 목적으로 한다.

3) 입력물(Input)

- 중장기 사업 계획
- 기존 중장기 기술 로드맵

4) 프로세스(Process)

(1) 계획(Plan)

- 연구개발 프로세스에 중장기 기술 개발 로드맵 및 기술개발계획서 관리, 당해 연도 제품 개발 계획, 특허출원, 신기술 인증 계획 운영, 기술 개발 인원의 역량 향상 관리에 대한 내용을 포함하여 작성한다.

- 기술개발 연구소를 설립하여 신제품 개발, 신기술, 우수 제품, 특허출원 등 관련 업무를 전담하여 수행하도록 한다.

- 기술개발 인원에 대한 역량 향상을 위하여 역량/적격성 평가를 실시하고 부족한 역량을 교육 실시하고 역량 향상에 대한 평가를 주기적(연 1회 등)으로 실시한다.

- 기술개발계획서에는 제품 특허출원, 신기술, 우수제품, 조달납품, 기타 등 제품개발 목표를 설정하여 구분한다.

(2) 실시(Do)

- 중장기 사업 계획과 연계한 중장기 기술개발 로드맵과 기술개발 계획서를 작성한다.

- 중장기 기술개발계획서에 따라 당해 연도 기술 개발 계획을 수립한다.

- 기술개발계획서에 따라 제품을 개발을 실시하고 제품 특허출원, 신기술, 우수제품, 조달납품 등 관련 인증 업무를 실시한다.

- 제품 개발 결과는 동종 업계와 벤치마킹 및 비교 분석하여 부족한 부분에 대한 개선을 실시한다.

(3) 확인(Check)

- 설계품질 관리와 관련한 성과지표에 대한 품질 목표를 모니터링하여 목표 대비 실적이 부진할 경우 개선 대책을 실시한다.

- 설계품질 관리에 대한 성과지표는 신제품 개발 완료율, 제품 특허 목표대비 실적, 신제품 매출 비율 등으로 관리할 수 있다.

(4) 조치(Action)

설계품질 관리와 관련해 부족한 부분에 대한 중점 개선 과제를 설정하여 지속적으로 성과개선 관리한다.

5) 출력물(Output)

- 중요 핵심기술의 수준 및 부족한 기술의 이해
- 중장기 기술 개발/확보 계획
- 당해 연도에 수행되는 기술 개발/확보 과제

Q 3.7 제품기술력

기술 개발력 향상을 위한 적절한 방법이 있으며, 해당 품명의 핵심 기술이 경쟁사 대비 우수한 수준인가?

1) 개요

기술 개발력 향상은 제품과 관련하여 지속적으로 기술을 개발하고 향상하는 것을 말한다. 기술 개발력 향상을 위한 방법으로는 경쟁사 제품 벤치마킹 및 개선, 해외 선진국 전시회 참여, 고객 상담, 학술 논문 연구, 다양한 이해 관계자가 참여한 품평회 등 다양하게 실시하는 것이 필요하다. 기존 제품을 답습하여 개발하거나 경쟁사의 제품보다 성능이 떨어지는 제품을 개발한다면 이는 회사의 경쟁력이 없어지게 되는데 제품기술력 확보에 대한 노력이 필요하다.

연구, 개발 조직 및 인력을 보유하고 해당 품목의 개발 과제 수행 실적, 특허출원, 신기술, 우수조달 등 대외 인증을 획득하고 있으며, 중장기 기술 개발 전략을 수립하고 있으며, 추가로 타의 모범이 되는 제품, 기술 개발, 특허 등 차별적 역량을 보유하고 있다.

선진 회사의 경우는 해당 품명의 핵심 기술의 경쟁사 벤치마킹을 실시하고 장점을 강화하고, 부족한 점을 보완하고 있고, 주기적으로 제품에 대한 벤치마킹을 실시하여 수시로 제품의 수준을 향상하고 있다. 적용 기법으로는 QFD(Quality Function Deployment, 품질기능전개)를 적용하여 관리하고 있고, 해당 품명의 선진 국가의 수준을 100으로 놓고 회사의 현재 수준을 확인하고 그 차이를 파악하여 개선하는 노력을 실시하고 있다.

2) 목적

기술 개발력 향상을 위한 적절한 방법을 운영하고, 해당 품명의 핵심 기술을 경쟁사 대비 우수한 수준으로 유지하는 것을 목적으로 한다.

3) 입력물(Input)

- 중장기 제품 기술 로드맵
- 경쟁사 벤치마킹 자료(제품 개발)

4) 프로세스(Process)

(1) 계획(Plan)

- 연구 개발 프로세스에 경쟁사 제품 벤치마킹 실시, 다양한 이해관계자를 포함한 품평회 실시, 신제품 개발 목표 수준 결정 및 기술 개발 인원의 역량 향상 관리에 대한 내용을 포함하여 작성한다.
- 기술 개발 인원에게 역량 향상을 위하여 역량/적격성 평가를 실시하고 부족한 역량을 교육 실시하고 역량 향상에 대한 평가를 주기적(연 1회 등)으로 실시한다.

(2) 실시(Do)

- 기술개발계획서에 따라 제품 개발을 실시하고 제품 특허출원, 신기술인증, 우수제품인증, 조달납품 등 관련 업무를 실시한다.
- 선진 회사 및 동종 업계의 제품 벤치마킹을 실시하고 비교 분석하여 부족한 부분에 대한 개선을 실시한다.
- QFD를 활용하여 기술적인 장점과 보완점을 도출하고 제품을 개발하고, 생산 시 관리해야 할 특별 특성(제품 특성, 공정 특성)을 선정하여 관리한다.
- 선진 회사 또는 동종 회사와 비교하여 회사의 우수성 또는 현 수준을 파악하여 부족한 부분은 개선한다.
- 개발된 제품은 품질 목표 대비 달성 수준을 파악하고 관리하고, 지속적으로 품질 향상을 위한 개선을 실시한다.

(3) 확인(Check)

- 설계 품질 관리와 관련된 성과지표에 대한 품질 목표를 모니터링하여 목표 대비 실적이 부진할 경우 개선 대책을 실시한다.
- 설계 품질 관리에 대한 성과지표는 신제품 개발 완료율, 제품특허 목표대비 실적, 신제품 매출비율 등으로 관리할 수 있다.

(4) 조치(Action)

설계 품질 관리의 부족한 부분에 대한 중점 개선 과제를 설정하여 지속적으로 성과 개선 관리한다.

5) 출력물(Output)

- 해당 품명의 개발(설계) 수준
- 해당 품명의 개발(설계) 인력의 우수성
- 해당 품명의 핵심 기술의 경쟁사 벤치마킹 자료

Q 3.8 생산 기술력

해당 품명의 생산 기술력 향상을 위한 적절한 방법이 있으며, 해당 품명의 생산 기술이
경쟁사 대비 우수한가?

1) 개요

생산 기술력 향상을 위한 방법은 생산 자동화, 에러 방지 장치 도입, 스마트공장 도입,
TPS 도입 운영 등 다양하게 운영할 수 있다. 그 중 생산현장의 설비 자동화를 통해 생산
기술력을 높이는 것이며 이를 위해서는 사전 부품의 표준화, 라인의 표준화, 설비의 표준
화, 작업 방법의 표준화 등 혁신적인 노력이 필요하다. 자동화율은 공정을 세부적으로 나
누고 전체 공정 중에 설비로 자동화된 생산이 진행하는 경우로 집계하면 되는데 스마트
공장을 추진하면서 독일 전자 회사인 지멘스의 경우 75% 수준으로 알려져 있다. 제조 기
술력을 높이기 위한 후공정으로 부적합한 부품이 넘어가지 않도록 에러 방지 장치를 도
입하여 운영하고, 생산 기술력 혁신을 위한 관리기법 TPM, TPS, VSM, Lean 6시그마,
SPC, 3정 5S 활동 등 다양한 활동의 전개가 필요하다.

연간 설비 자동화, 공정 혁신(원가/효율/품질 등) 계획을 수립하고 평가 관리를 적절히
수행하고 있으며(공정 자동화 및 혁신 결과 보고, 내부 수평 전개 교육 등), 3년 이상의
중장기 공정별, 제품별 혁신 계획을 운영하며, 기존 핵심 인력의 양성과 직무 변경자 등
별도의 프로그램 운영하고 있으며, 추가로 타의 모범이 되는 차별화되는 혁신, 공정 관리
기술의 개발 실적과 혁신 성과를 보유해야 한다.

선진 회사의 경우는 생산 기술력 확보를 위해 생산 현장의 자동화를 75% 수준으로 관리
하고 있고, 후공정으로 부적합품을 넘기지 않도록 에러 방지 시스템을 도입하여 관리하
고 있다. 더 나아가 제품의 품질 산포를 균일하게 관리하기 위하여 통계적 공정관리를 실
시하고 있다. 제조 기술력에 대하여 경쟁사 벤치마킹을 통해 현 수준을 파악하고 부족한
부분을 지속적으로 개선하고 있다.

2) 목적

해당 품명의 생산 기술력 향상을 위한 적절한 방법이 있으며, 해당 품명의 생산 기술력이
경쟁사보다 우수하게 운영하는 것을 목적으로 한다.

3) 입력물(Input)

• 중장기 생산 기술 로드맵

- 경쟁사 벤치마킹 자료(생산 기술)

4) 프로세스(Process)

(1) 계획(Plan)

- 생산 관리 프로세스에 제조 기술력에 대한 경쟁사 벤치마킹 실시, 공정별 에러 방지 장치 관리 방안, 생산 기술력 향상 기법 적용 방안에 대한 내용을 포함하여 작성한다.
- 생산 기술 인원의 역량 향상을 위하여 역량/적격성 평가를 실시하고 부족한 역량을 교육 실시하고 역량 향상에 대한 평가를 주기적(연 1회 등)으로 실시한다.

(2) 실시(Do)

- 제품 기술에 대한 선진 회사 및 동종업계의 제품 벤치마킹을 실시하고 비교 분석하여 부족한 부분에 대한 개선을 실시한다.
- 선진 회사 또는 동종 회사와 비교하여 회사의 우수성 또는 현 수준을 파악하여 부족한 부분은 개선한다.
- 생산 제품은 공정품질 목표 대비 달성 수준을 파악하고 관리하고, 지속적으로 품질 향상을 위한 개선을 실시한다.
- 생산 기술력 향상을 위한 기법(TPM, TPS, VSM, Lean 6시그마, SPC, 3정 5S 활동 등)을 도입하여 지속적으로 운영한다.

(3) 확인(Check)

- 공정품질 관리에 대한 성과지표에 대한 품질 목표를 모니터링하여 목표 대비 실적이 부진할 경우 개선 대책을 실시한다.
- 공정품질 관리에 대한 성과지표는 생산공정 자동화율, 설비 가동율, 부가가치 비율 등 관리할 수 있다.

(4) 조치(Action)

공정품질 관리의 부족한 부분에 대한 중점 개선 과제를 설정하여 지속적으로 성과개선 관리한다.

5) 출력물(Output)

- 해당 품명 생산 공정의 설비 자동화 수준
- 해당 품명과 관련한 생산 기술 인력의 우수성
- 해당 품명의 생산 및 공정관리 기술 관련 시장조사(벤치마킹 포함)와 그 개선 자료

3.1.5 위기경영

Q 3.9 위기경영 시스템의 운영

조직은 위기를 식별, 예방, 대비, 대응 및 복구하는 체계를 구축하고, 운영하고 있는가?

1) 개요

위기경영 시스템은 ISO 9001:2015 품질경영시스템이 개정되면서 조직의 상황과 이해관계자의 요구사항을 파악하여 리스크(위기)를 식별, 평가하여 파악된 리스크에 대한 대응 계획을 수립하여 관리하도록 요구하고 있다. 현재는 이 부분에 대한 내용을 대부분의 회사에서 작성하여 관리하고 있으나, 리스크에 대한 개선 대책 실행한 결과를 확인하고, 계속 리스크가 남아있거나 회사가 중요하다고 파악된 리스크에 대한 비상 대응 계획을 수립하고 훈련 실시, 훈련 보고서 작성, 문제점 보완 등을 통해 비상 대응 계획을 개정해야 하지만 이 부분에 대한 인식이 부족하다. 비상 대응 계획서는 회사별로 작성하여 운영하기 보다는, 리스크별로 목표(RTO, Recovery Target Objective, 복구목표시간)를 작성하여 예방, 대비, 대응, 복구의 내용이 포함되도록 시간별로 관리할 수 있게 구성해야 한다. 세부적인 실행 방법은 ISO 31000, ISO 22301 규격을 참조하여 시스템을 구축하는 것이 필요하다.

상황별 위기 식별과 대응 계획을 수립(위기의 정의, 대응 조직, 대응 훈련)하여 평가 관리 계획을 수립하고, 위기 경영 계획(필요 시 중장기 계획)을 보유하고 위기 유형별 대응 계획, 훈련(자연재해 이외의 위기에 대한 대비 대책 보유 운영)을 실시해야 한다. 결정된 위기를 유형별로 평가하여 개선하고, 타의 모범이 되는 새로운 상시적 대응 체계를 구축 운영하여 성과를 향상시켜야 한다.

선진 회사의 경우는 위기관리 전담 조직을 구성하고, 위기 발생 시 위기관리 위원회를 운영하고 있으며, 자연재해나 화재와 관련된 법적 요구사항을 포함하고, 추가적으로 고객에게 납품이 중단되는 리스크를 식별하여 예방, 대비, 대응, 복구에 대한 비상 대응 계획을 수립하여 관리하고 있다. 필자가 ISO 22301(비즈니스연속성경영)을 지도한 자동차 제조기업의 경우 업무가 중단되는 리스크를 파악한 결과 30여 개가 파악되었고, 해당 부서별로 비상 대응 계획서를 작성하여 관리하고 있다.

2) 목적

조직은 위기를 식별하고, 예방, 대비 대응 및 복구하는 체계를 구축하여 운영하는 것을 목적으로 한다.

3) 입력물(Input)

- 사업 계획(중장기 당해 연도)
- 법규 및 규제 요구사항

4) 프로세스(Process)

(1) 계획(Plan)

- 리스크 관리 프로세스에 조직의 상황과 이해관계자 요구사항 파악 절차, 리스크와 기회를 다루는 조사 절차, 리스크 평가 절차, 비상 대응 계획 수립, 비상 대응 구조에 대한 내용을 포함하여 작성한다.
- 리스크(위기) 관리 전담 조직을 구성하고, 리스크 관리 위원회를 구성하여 리스크 발생 시 대응할 수 있도록 준비한다.
- 리스크 대응에 필요한 자원을 사전 조사하여 확보한다.

(2) 실시(Do)

- 조직의 상황과 주요 이슈사항을 파악하고, 이해관계자의 요구사항을 파악한다.
- 파악된 내용은 리스크(확률, 영향) 평가하여 우선순위가 높은 항목에 대하여 개선 대책을 수립하여 실시한다.
- 리스크별 개선대책 수립 내용에 대한 리스크(확률, 영향)을 재평가하여 개선 여부를 확인한다.
- 개선 결과 리스크가 높게 나타난 항목에 대한 비상 대응 계획을 예방, 대비, 대응, 복구의 순서로 대응 방안을 작성한다.

[리스크 관리 절차서(예시)]

가) 내·외부 이슈 파악

(1) 관련 부서장은 사업 계획으로부터 도출된 조직의 내부 및 외부의 요인을 고려하여 리스크와 관련된 상황을 파악한다.

(2) 내부 요인은 조직의 목적, 전략, 사업 목표 달성 기회 파악의 실패 등을 고려할 수 있다.

(3) 외부 요인은 법적, 규제적 요구사항, 이해관계자의 인식과 가치의 관계 등을 고려할 수 있다.

(4) 경영시스템이 의도된 결과를 달성할 수 있고 통합 운영할 수 있도록 프로세스 상의 리스크 관리 항목에 파악된 리스크를 식별하여 관리한다.

나) 리스크 식별

(1) 파악된 내부 및 외부 요인 정보를 토대로 부서별 단위 업무에서 중단이 발생하여 고객에게 공급이 중단될 수 있는 리스크를 식별하고 영향을 파악한다.

(2) 리스크 평가표를 활용하여 리스크를 식별한다.

다) 리스크 분석

(1) 리스크 분석 내에 최소한, 제품 리콜로부터의 학습 교훈, 제품 심사, 필드 반송 및 수리, 불만사항, 폐기 및 재작업을 포함하여 분석한다.

(2) 부서별로 파악된 프로세스별로 단위 업무에 따라 심각도와 발생도를 고려하여 우선순위를 결정하고, 업무 중요도(핵심/일반)를 파악한다.

(3) 품질관리 부서는 해당 부서별로 작성된 리스크 평가표를 취합하여 경영자에게 보고한다.

라) 리스크 평가

(1) 리스크 평가표를 활용하여 리스크 수준을 결정하며 다음과 같은 기준으로 관리한다.

(가) 리스크 수준의 관리 기준

$$
\text{리스크 수준(Risk)} \quad = \quad \text{사고의 발생도} \quad \times \quad \text{사고 결과의 심각도}
$$

※ 리스크 수준은 발생도 〈표 1〉과 심각도 〈표 2〉를 조합 또는 곱하거나 더하여 산출할 수 있음.

〈표 1〉 발생도

구분	발생도	기준
상	3	• 발생 가능성이 높음 (자주 발생)
중	2	• 발생 가능성이 있음 (가끔 발생)
하	1	• 발생 가능성이 낮음 (거의 없음, 무시할 수 있을 정도)

〈표 2〉 심각도

구분	심각도	기 준
대	3	• 재정적 영향이 높음 • 품질에 영항이 높음 • 시간적 피해가 높음
중	2	• 재정적 영향이 중감 수준 • 품질에 영향이 중간수준 • 시간적 피해가 중간수준
소	1	• 재정적 영향이 낮음 • 품질에 영항이 낮음 • 시간적 피해가 낮음

〈표 3〉 리스크 수준

발생도＼심각도	대	중	소
상	높음 (9)	높음 (6)	보통 (3)
중	높음 (6)	보통 (4)	낮음 (2)
하	보통 (3)	낮음 (2)	낮음 (1)

(나) 리스크 수준의 결정

리스크 수준은 사고 요인의 발생 가능성과 심각성을 평가하여 3단계의 낮음 (1~2), 보통(3~4), 높음(6~9)으로 구분했고, 리스크 수준이 높은 순서대로 우선적으로 개선할 수 있도록 우선순위를 결정한다.

〈표 4〉 리스크 수준의 결정

위험성 수준		관리기준	비고
1~2	L(낮음)	현재 상태 유지	• 리스크 관련 정보를 제공 및 교육
3~4	M(보통)	개선	• 리스크 저감 개선 대책을 수립
6~9	H(높음)	비상대응 계획수립	• 사고 발생 시 조치하도록 비상 대응 계획 수립

(2) 리스크 평가표에 파악된 리스크에 대하여 현재의 리스크를 평가하고 개선 조치를 실시한 이후의 리스크를 다시 평가한다.

마) 리스크 전략 수립

(1) 도출된 리스크 항목에 대해 개선 전 리스크 평가를 실시하고 우선순위가 높은 리스크에 대하여 리스크 전략을(회피/저감/공유/수용) 결정한다.

(2) 리스크 평가표를 활용하여 리스크 전략을 결정한다.

(3) 리스크의 종류 및 성격에 따라 다음과 같은 처리 방법 적용이 가능하다.

(가) 회피(Avoid) - 수용할 수 없는 리스크를 야기하는 업무 자체를 수행하지 않는다. 회사의 목표달성이 가능한 대체업무를 수행하거나, 리스크가 낮은 업무적 접근이나 절차로 대체하여 시행한다.

(나) 저감(Reduce) - 리스크의 발생 가능성이나 결과를 허용 가능한 수준으로 낮출 수 있는 처리 방법으로 리스크를 제거하는 데 시간이나 비용이 과도할 경우에 시행한다.

(다) 공유 또는 전환(Share or Transfer) - 리스크를 물리적인 자산 관리 외부업체에 맡기거나 서비스 제공 또는 보험을 제공하는 업체와 공유 또는 전환시키는 것을 말한다.

(라) 수용(Accept) - 리스크가 허용 가능 레벨이라고 판단될 때 선택하거나 또는 리스크의 처리 후에 여분의 리스크가 허용 가능 레벨이라고 판단될 경우에 선택한다. 추가적인 리스크 대책이 필요하지는 않지만 지속적으로 모니터링해야 한다.

(마) 위와 같은 처리 방법으로 모든 리스크의 처리 방법에 포함되는 것은 아니며 여러 가지 방법이 혼용될 수도 있다.

바) 리스크 처리

(1) 파악된 리스크별 전략에 따라 개선조치를 실시하고 개선 후 리스크를 평가한다.

(2) 품질관리 부서는 해당 부서별로 작성된 리스크 평가표를 취합하여 최고경영자에게 보고한다.

사) 비상 대응 계획 수립

(1) 개선 조치 후 리스크 평가(잔존 리스크) 결과 H(높음) 이상인 경우 비상 대응 계획을 수립한다.

(2) 리스크가 높은 항목에 대해 리스크 상황에 따라 시간의 흐름을 고려하여 단계별 비상 대응 계획을 수립한다.

(3) 작성된 리스크별 비상 대응 계획에 대해 전문 분야 협력팀(MDT)과 함께 검토한다.

아) 리스크 실행

(1) 부서별 발생되는 리스크의 이벤트에 대하여 고객에게 중단 없는 공급을 하기 위해서 리스크별 비상 대응 계획에 설정된 내용대로 실행해야 한다.

(2) 비상 대응 계획 실행을 검토할 경우에는 초기 시작 점검 사항들이 지원되어야 한다.

    (가) 회사 조직 - 리스크 처리 계획을 수행하기 위해 조직을 개편해야 하거나 위임 사항들을 변경해야 할지 여부

    (나) 재정적 지원 - 리스크 처리를 하기 위한 예산이 제한되어 있다면 이를 해결할 수 있는 프로세스가 마련되어 있는지 여부

    (다) 자원의 활용 가능성 - 회사 내부에 리스크를 처리하기 위한 물리적, 인적, 재정적 자원이 마련되어 있는지 여부

    (라) 이해 관계자와의 의사소통 - 리스크 처리를 위해서 필요한 사항들과 그 이유에 대해서 설명할 필요성 여부

자) 비상 대응 계획의 훈련

(1) 관련 부서장은 리스크별 비상 대응 계획 효과성을 주기적으로 시험(훈련)을 실시한다.

(2) 리스크별 훈련 내용 결과가 미흡한 경우에는 개선대책을 작성한다.

(3) 리스크 분석 및 비상 대응 계획 양식을 활용하여 훈련 내용과 개선 대책을 작성한다.

차) 비상 대응 계획의 검토 및 개정

(1) 관련 부서장은 리스크별 비상 대응 계획은 최고경영자를 포함한 전문분야 협력팀과 비상 대응 계획을 연 1회 검토하고 필요한 경우 업데이트를 실시한다.

    (가) 수행 개선 결과에 따른 리스크 평가의 변경

    (나) 위반 및 아차 사고(발생 즉시 기록)

    (다) 발견된 신규 리스크의 기록

(2) 비상 대응 계획에 대하여 훈련 결과가 부족한 부분은 개정한다.

(3) 비상 대응 계획에 대하여 관련 부분과 협의하여 확정한다.

(4) 확인(Check)

- 리스크 관리 관련 성과지표에 대한 품질 목표를 모니터링하여 목표 대비 실적이 부진할 경우 개선 대책을 실시한다.

- 리스크 관리에 대한 성과지표는 리스크 관리 복구 목표 시간, 비상 대응 계획 훈련 실시율 등으로 관리할 수 있다.

(5) 조치(Action)

리스크 관리의 부족한 부분에 대한 중점 개선 과제를 설정하여 지속적으로 성과 개선 관리한다.

5) 출력물(Output)

- 대외 및 대내 환경 분석 등을 통한 상시적 위기 대응 체계 구축 여부
- 위기 식별을 위한 정보 입수 방법(담당, 입수 채널, 분석, 전파)
- 식별된 위기 유형별로 위기 대응 계획 수립, 운영

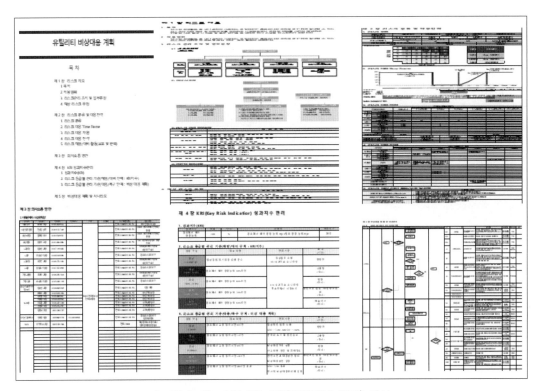

[그림 3-3] 비상대응계획(유틸리티 중단) 예시

Q 3.10 위기 훈련 및 보완 조치

가상의 위기 상황에 대한 상황별 대응 훈련 계획을 수립하고, 훈련을 실시하여 부족한 부분에 대한 보완 조치를 지속적으로 실시하고 있는가?

1) 개요

위기 훈련 중 화재 훈련은 법적 요구사항으로 되어 있어 차이는 있으나 훈련 상황 설정, 훈련, 보고서 작성 등은 적합하게 운영이 되고 있다. 다만, 화재 이외의 비상 대응 계획서가 작성된 리스크에 대한 훈련이 이루어지고 있지는 않다. 이는 비상 대응 계획서가 훈련할 수 없도록 작성되어 있거나, 훈련해야 되는지를 인지하고 있지 않은 실정이다. 위기 훈련에 대한 연간 계획을 수립하고 상황별 훈련을 실시하고 부족한 부분에 대한 보완 조치 및 비상 대응 계획서 개정 활동이 필요하다.

식별된 상황별 위기에 대해 연간 훈련 계획과 실시 및 보완 조치가 이루어지고 있고(위기 훈련 실시 보고서, 개정 위기 관리 계획서 등), 위기 상황별 사전 시뮬레이션과 교육 훈련을 실시해야 한다. 직·간접 부문으로 구분된 별도의 프로그램을 운영하고 실행을 확인하며, 타의 모범이 되는 급격한 환경 변화와 위기에 우수한 대응 실적이 있는 사례를 보유해야 한다. 시장 환경 변화에 따른 대응 및 개선 실적이 향상되어야 한다.

선진 회사의 경우는 가상의 위기 상황을 설정하여 해당되는 상황에 해당되는 부서별로 주관이 되어 훈련을 실시하고 있다. 해당 부서에 한정된 상황이면 자체 훈련을 실시하고, 관련 부서 및 고객에게 영향을 주는 복합 리스크에 해당되는 것은 비상 대응 위원회를 소집하여 대응을 신속히 처리한다. 훈련에 대한 상황은 관련 이해관계자 모두가 참여하는 훈련을 실시하고 있고, 훈련 결과 분석 및 비상 대응 계획 보완, 개선을 위한 추가 활동을 전개하고 있다

2) 목적

가상의 위기 상황에 대한 상황별 훈련 계획을 수립하고, 훈련을 실시하여 부적합 부분에 대한 보완 조치를 지속적으로 실시하는 것을 목적으로 한다.

3) 입력물(Input)

- 조직의 상황 및 이해관계자 요구사항
- 리스크 및 기회 평가표
- 상황별 비상 대응 계획

4) 프로세스(Process)

(1) 계획(Plan)

- 리스크 관리 프로세스에 비상 대응 계획에 대한 훈련, 비상 대응 계획 보완에 대한 내용을 포함하여 작성한다.
- 연간 상황별 비상 대응 계획을 수립한다.

(2) 실시(Do)

- 연간 상황별 비상 대응 계획에 따라 부서별로 해당 리스크에 대한 훈련을 실시한다.
- 훈련은 모든 이해관계자가 포함되도록 가상 상황을 설정하고 해당 인원들이 참석하여 훈련을 실시한다.
- 훈련 실시 결과 보고서를 작성하여 훈련의 과정과 성과, 문제점을 파악하여 작성한다.
- 훈련에 대한 평가는 제 3자가 객관적으로 평가하여 문제점을 도출하여 피드백을 실시한다.
- 훈련 문제점은 개선 대책을 수립하여 시행하고, 비상 대응 계획을 개정해야 하는 경우에는 개정을 실시한다.
- 리스크에 대해서는 경영 환경의 변화, 사회 환경 변화, 자연재해 등을 지속 모니터링하여 비상 대응 계획을 보완한다.

(3) 확인(Check)

- 리스크 관리 관련 성과지표에 대한 품질 목표를 모니터링하여 목표 대비 실적이 부진할 경우 개선 대책을 실시한다.
- 리스크 관리에 대한 성과지표는 리스크 관리 복구 목표 시간, 비상 대응 계획 훈련 실시율 등으로 관리할 수 있다.

(4) 조치(Action)

리스크 관리의 부족한 부분에 대한 중점 개선 과제를 설정하여 지속적으로 성과 개선 관리한다.

5) 출력물(Output)

- 상황별(대외 및 대내적) 대응 훈련 및 결과 자료
- 상황별 대응 훈련 실시 기록

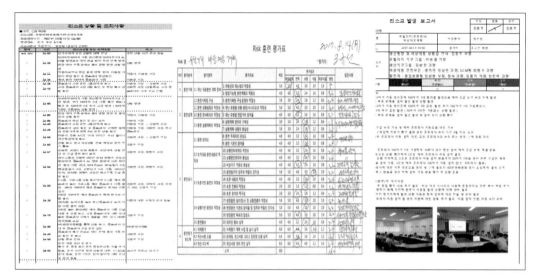

[그림 3-4] 비상대응계획 훈련보고서 예시

3.1.6 문서관리

Q 3.11 품질경영 매뉴얼 및 절차서의 품질보증조달물품 심사기준 부합 여부

품질경영 매뉴얼 및 절차서(사내표준)가 품질보증조달물품 심사 요구사항을 포함하고 있으며, 전반적으로 적용되고 있는가?

1) 개요

품질보증조달물품의 심사 요구사항에 대해 모든 내용이 품질경영 매뉴얼 및 절차서에 반영되어야 하지만 이 부분이 많이 미흡한 실정이다. 항목별 요구사항이 해당 절차서에 반영되어 실시되어야 한다. 품질보증조달물품의 평가는 PDCA 관점으로 하는데, P(Plan, 계획)에 해당되는 부분으로 이 부분이 명확하게 작성되어 있지 않으면 임의적인 실행으로 이루어진다. 모든 심사 항목 관련 내용이 누락 없도록 작성 관리해야 한다.

품질경영매뉴얼 및 절차서(사내표준) 등에 품질보증조달물품 심사 요구사항을 반영하고 있으며, 품질경영매뉴얼 및 관련 절차서(사내표준) 등의 제·개정 관리가 이루어지고 있어야 한다. 품질보증조달물품 심사 요구사항을 현장에 적용하여 관리하고 있음을 주기적으로 확인해야 하며, 품질경영 매뉴얼 및 절차서와 현장 활동과의 GAP 분석을 통한 심사 요구사항을 충족하고 조직 전반의 효과성을 높이기 위한 교육 및 인식 활동을 전개하여 성과가 향상되어야 한다.

선진 회사의 경우는 품질경영 매뉴얼에 품질보증조달물품 요구사항을 모두 반영하고 관련 절차서와의 연계성을 파악하고 목록화하여 전산시스템에 최신본을 등록하여 관리하고 있다. 문서는 품질경영 매뉴얼, 프로세스, 절차서 형태의 문서 구조를 가지고 있고 작성, 검토, 승인 관리가 효과적으로 운영되고 있다.

2) 목적

품질경영 매뉴얼 및 절차서(사내표준)가 품질보증조달물품 심사 요구사항을 포함하고 있는지 확인하고, 전반적으로 적용하도록 유도하는 것을 목적으로 한다.

3) 입력물(Input)

- 품질보증조달물품 요구사항
- 품질보증조달물품 운영 규정

4) 프로세스(Process)

(1) 계획(Plan)

- 문서 관리 프로세스에 품질보증조달물품에 대한 심사 요구사항을 포함, 절차서별 품질보증조달물품 관리 절차에 대한 내용을 포함하여 작성한다.
- 품질보증조달물품 요구사항이 반영되었는지 확인할 수 있도록 조견표를 작성한다.
- 회사 프로세스, 절차서 문서 구조 및 문서 목록표를 작성한다.

(2) 실시(Do)

- 품질경영 매뉴얼에 품질보증조달물품 심사 요구사항이 모두 반영되고 해당 요구사항이 어떤 절차서에서 관리되고 있는지를 작성한다.
- 해당 업무 절차서에 심사 요구사항에 대하여 처리 절차를 상세하게 작성한다.
- 작성된 업무 절차서는 작성, 검토, 승인 기준에 따라 승인하여 관련부서에 배포한다.
- 전산 시스템으로 문서를 관리하는 경우에는 전산 시스템에 동록된 내용을 최신본으로 관리한다.
- 품질보증조달물품 요구사항이 변경되거나, 회사의 경영 환경, 업무 방식이 변경되어 절차서의 변경이 필요한 경우에는 절차에 따라 개정한다.

(3) 확인(Check)

- 문서 관리 관련 성과지표에 대한 품질 목표를 모니터링하여 목표 대비 실적이 부진할 경우 개선 대책을 실시한다.
- 문서 관리에 대한 성과지표는 표준 개정률, 표준 준수율 등으로 관리할 수 있다.

(4) 조치(Action)

문서 관리 관련 부족한 부분에 대한 중점 개선 과제를 설정하여 지속적으로 성과 개선 관리한다.

5) 출력물(Output)

- 품질경영 매뉴얼 및 절차서(사내표준)
- 제·개정 및 이행 실적

Q 3.12 문서화된 정보

품질보증을 위해 필요한 문서화된 정보가 구비되어 있고, 이들을 이행한 문서화된 정보
(보유)의 식별이 가능하게 잘 정리되어 있는가?

1) 개요

문서화된 정보는 종이에 의한 서류 작성을 통해 작성하고 있는데 전산시스템을 활용하여
문서화된 정보를 보유하는 기업이 많아지고 있다. 문서화된 정보의 형태를 다양하게 전
산 시스템, 동영상, 서류, 파일, PDM, DRM, 전자결재 시스템, 문서 파일링 관리, 문서
보관 창고, 데이터 백업 등을 운영하고 문서번호 식별, 보유하는 방법에 대해서는 회사의
실정에 맞도록 운영해야 하며 점진적으로 IT화하여 운영해야 한다.

문서화된 정보를 관리하기 위한 절차가 수립되어 있으며, 품질보증을 위해 필요한 문서
화된 정보가 작성/보유되고 있다. 품질보증을 위해 필요한 문서화된 정보가 생성되어 있
으며, 가독성, 식별성, 완전성을 유지하고 있어야 한다. 품질보증을 위해 필요한 문서화
된 정보가 구비되어 있고 조직원이 필요 시 즉시 활용할 수 있도록 관리되고 있으며, 주
요 문서에 대한 보완 및 훼손 대비책이 마련되어 있어야 한다.

선진 회사의 경우 문서화된 정보의 보유 기간에 대해서는 프로세스에 식별하고 전산 시
스템을 활용하여 문서의 작성 및 갱신, 승인, 배포를 실시하고 있고, 문서의 보존 기간을
설정하여 그 이상으로 관리하고 있으며 전산 시스템은 주기적으로(월, 분기, 년 등) 백업
하여 전산 시스템 다운 및 훼손 등 위기 상황에 대응하고 있다. 문서화된 정보는 부서별
Potal 및 컴퓨터에 공유폴더를 만들어서 정보를 공유하고 있으며, 권한이 부여된 인원만
접근할 수 있도록 보안 관리하고 있다.

2) 목적

품질보증을 위해 필요한 문서화된 정보가 구비되어 있고, 이들을 이행한 문서화된 정보
(보유)의 식별이 가능하게 잘 정리하는 것을 목적으로 한다.

3) 입력물(Input)

• 문서 목록   • 문서화된 정보 보유 기간

4) 프로세스(Process)

(1) 계획(Plan)

• 문서 관리 프로세스에 문서화된 정보의 작성 및 갱신 시 식별 내용 반영(예를 들어

제목, 날짜, 작성자, 문서 번호, 개정 번호 등), 문서화된 정보에 대한 관리 대상별 문서 보존 기간, 보관 부서 등 결정, 문서화된 정보 보관 방법에 대한 내용을 포함하여 작성한다.

- 문서화된 정보(기록 유지)의 보존 연한은 해당되는 프로세스별, 양식별로 보존 기간을 설정한다.

(2) 실시(Do)

- 업무별로 필요한 문서화된 정보를 기안하여 결재권자에게 보고 및 승인을 득한다.
- 문서화된 정보는 관련 부서에 배포하며, 전산시스템으로 관리하는 경우에는 배포부서를 정하여 문서화된 정보를 전달한다.
- 부서별 필요한 문서화된 정보(기록 보유)는 바로 활용될 수 있도록 문서 보관 장소 또는 전산상에 구역을 할당, 보관하여 관리한다.
- 문서화된 정보(기록 보유)는 결정된 분서 보존기간에 맞도록 문서창고 또는 전산상으로 문서화된 정보를 보관한다.
- 전산상으로 문서화된 정보(기록 보유)를 관리하는 경우는 정기적으로(일, 월, 년 등) 백업을 실시한다.
- 문서화된 정보 중 개정이 필요한 문서는 시기적절하게 개정하여 관리한다.

(3) 확인(Check)

- 문서 관리 관련 성과지표에 대한 품질 목표를 모니터링하여 목표 대비 실적이 부진할 경우 개선 대책을 실시한다.
- 문서 관리에 대한 성과지표는 표준 개정률, 표준 준수율 등으로 관리할 수 있다.

(4) 조치(Action)

문서 관리에 대하여 부족한 부분에 대한 중점 개선 과제를 설정하여 지속적으로 성과 개선 관리한다.

5) 출력물(Output)

- 문서화된 정보의 유지 및 보유
- 문서화된 정보(보유)에 대한 조직별 식별 및 보존연한 설정 여부
- 문서화된 정보(보유)의 파악, 보관, 보호, 검색, 보유 기간, 처분 절차 수립 여부
- 문서화된 정보의 작성 및 갱신 시 식별 내용 반영(예를 들어 제목, 날짜, 작성자, 문서 번호, 개정 번호 등)

Q 3.13 기술표준 관리

품질에 중요한 영향을 미치는 핵심 공정이 정의되고 이를 관리하기 위한 기술표준이 개발되어 있으며, 현장에서 중점 관리되고 있는가?

1) 개요

기술표준 관리는 품질에 중요한 영향을 미치는 핵심 공정을 특별특성(제품특성, 공정특성)으로 개념을 정리하고 이 특별 특성에 대한 관리를 기술표준으로 어떻게 관리할 것인가를 결정해야 한다. 기술표준은 검사기준서(입고, 신뢰성, 공정, 출하 등), 관리계획서, 작업표준서, 설비표준, 제품규격서 등을 들 수 있으며 이를 수작업으로 관리하는 것은 휴먼 에러의 확률이 높아 지속적으로 오류가 발생한다. PDM(Product Development Management, 제품문서경영) 전산시스템과 제조시스템(MES)과의 연계성을 고려하여 전산상으로 관리하지 않으면 이 휴먼 에러의 문제는 지속 발생하게 되는데 스마트공장 차원으로 기술표준을 고도화하여 관리하고 생산라인 자동화를 통하여 기술표준의 내용들이 제품(모델) 변경 시 자동으로 관리가 가능하도록 기술표준 관리시스템을 구축 운영해야 한다.

품질에 중요한 영향을 미치는 핵심 공정이 정의되고 이를 관리하기 위한 기술표준이 개발되어 있으며, 각 부문의 기술표준이 4M 변경에 따라 개정 관리가 되고 있어야 한다. 핵심 공정 및 기술표준에 대한 주기적인 교육 훈련을 통한 추가적인 기술표준 개발 활동이 전개되고 있어야 하며, 새로운 기술표준이 추가적으로 개발되어 양산 또는 시제품 생산에 적용된 사례가 발굴되는 성과가 있어야 한다.

선진 회사의 경우는 기술표준에 대한 자체 전산시스템을 보유하여 문서의 생성, 검토, 승인, 조회가 가능하도록 구성하여 관리하고 있다. 개발 단계에서 기술표준들이 제정되면, 생산 라인 및 설비 측면에서 바로 적용 가능하도록 제품 규격과 공정별 제품 또는 설비 규격을 사전에 결정한다. 제품별로 생산 변경 시(모델 변경 시) 바로 설정된 규격으로 전산상으로 변경하여 적용하여, 생산 현장의 규격 오적용(오설정, 미적용 등)에 대한 실수 최소화 또는 Zero화를 실행하고 있다. 4M 변경이 발생되면 검증 이후 전산상으로 기술표준을 개정하도록 하여, 자동화된 규격 관리가 가능하도록 운영하고 있다.

2) 목적

품질에 중요한 영향을 미치는 핵심 공정이 정의되고 이를 관리하기 위한 기술표준이 개발되어 있으며, 현장에서 중점 관리되는 것을 목적으로 한다.

3) 입력물(Input)

- 중장기 기술 개발/확보 계획
- 당해 연도에 수행되는 기술 개발/확보 과제
- 특별특성(제품특성, 공정특성) 목록표

4) 프로세스(Process)

(1) 계획(Plan)

- 제품 개발 프로세스에 입고 검사 기준, 신뢰성 평가 기준, 공정 검사 기준, 출하 검사 기준, 관리계획서, 작업표준서에 대한 작성 시점 및 적성 방법, 제품 스펙에 대한 관리, 변경 관리 시 기술표준에 대한 변경 관리에 대한 내용을 포함하여 작성한다.
- 기술표준 목록표를 작성하여 관리한다(목록표, 전산시스템 상의 목록 등).

(2) 실시(Do)

- 기술문서는 검사기준(입고, 공정, 출하 등), 작업표준서, 관리계획서 또는 QC 공정도, 제품규격서, 설비표준 등 기술표준을 작성한다.
- 작성 시점과 작성 부서를 결정하고 개발단계에서 작성한다.
- 품질에 중요한 영향을 미치는 핵심 공정은 특별특성(제품특성, 공정특성)을 대상을 관리하며 관리계획서 및 작업표준서 상에 식별한다.
- 작성된 기술문서는 전산상에 등록하여 필요시 조회가 가능하도록 공유한다.
- 특별특성(제품특성, 공정특성)에 대해서는 제조 현장은 공정을 식별[예시, 특별 공정, CTQ(Critical To Quality), CTP(Critical to Process) 등]하여 중요 공정을 식별한다.
- 특별특성에 대해서는 관리도 및 공정능력지수를 조사하여 산포가 없도록(Ppk 1.33 이상) 관리한다.
- 제품 및 공정이 변경되면 4M변경 신고를 하고 변경 관리를 실시한다.
- 변경이 완료된 사항은 검증을 실시하여 문제가 없음을 확인하고 변경의 영향을 문서화된 정보(문서, 관리계획서, 작업표준서, 검사기준서, 설비표준, 제품규격서 등)에서 개정한다.

(3) 확인(Check)

- 문서 관리 관련 성과지표에 대한 품질 목표를 모니터링하여 목표 대비 실적이 부진할 경우 개선 대책을 실시한다.

- 문서 관리에 대한 성과지표는 표준 개정률, 표준 준수율, 공정능력지수 목표 달성률 등 관리할 수 있다.

(4) 조치(Action)

문서 관리 관련 부족한 부분에 대한 중점 개선 과제를 설정하여 지속적으로 성과 개선 관리한다.

5) 출력물(Output)

- 중요 핵심 기술의 수준 및 부족한 기술의 이해
- 중장기 기술 개발/확보 계획
- 당해 연도 수행되는 기술 개발/확보 과제

3.1.7 공급자 관리

Q&A

Q 3.14 협력 업체 관리 체계 및 정보 공유

협력 업체를 선정 및 평가하는 관리 체계가 구축되어 있고, 평가 및 결과 반영을 하고 있는가? 또한 협력 업체와 품질 수준을 높이기 위한 정보를 공유하고 이를 위한 교육·지도 등의 시스템을 개발하여 활용하고 있는가?

1) 개요

협력 업체에 대한 신규 업체 평가, 정기 평가는 ISO 9001 품질경영시스템을 운영하고 있는 회사들은 대부분 선정 및 평가에 대하여 적절하게 진행되고 있다. 일부 회사에서 형식적인 평가 관리를 하고 있는 것이 문제인데, 실질적으로 품질경영 시스템, 공정 심사, 제품 심사 등 평가를 통하여 협력 업체의 품질 수준을 지속적으로 향상하는 것이 필요하다. 협력 업체에 대한 평가를 실시했으나 개선 대책 관리나 평가 결과에 대한 정보공유, 협력 업체에 대한 지원 활동에 대해서는 활성화되어 있지 않다.

연간 협력 업체 관리 계획에 따라 표준화된 협력 업체 선정 및 평가 기준과 평가 사례가 있어야 한다. 결과를 통합 관리하며 정기적인 소통과 관리가 이루어져야 하며, 중장기 전략에 따라 협력 업체를 평가하여 등급별 차등 지원 제도를 유지해야 하며, 타의 모범이 될 수 있는 협력사 선정, 지원 제도를 채택함으로써 경쟁력을 제고한 사례를 보유하고 성과가 향상되어야 한다.

선진 회사의 경우는 협력 업체의 평가 기준은 신규 평가, 정기 평가(품질경영시스템 평가, 공정 평가, 제품 평가 등)로 구분하여 실시하고 있으며, 협력 업체 평가원에 대한 역량을 위하여 검증된 인원에 의해서만 협력 업체 평가를 실시하고 있다. 협력 업체 평가 결과는 구매 Potal 시스템을 통하여 실시간으로 품질경영 시스템, 공정 심사, 제품 심사 결과에 대한 피드백을 실시하고 있고, 문제점에 대한 개선 대책을 전산상에서 관리하도록 운영하고 있다. 협력 업체의 품질을 향상하고 동반성장하기 위해 지원 활동은 구매 제품의 현금 결제 지원, 설비 지원, 신뢰성 시험기기 사용 지원, 품질 교육 지원, 기술 인력 파견, 현장개선 지원 등 다양하게 운영하고 있다.

2) 목적

협력 업체를 선정하고 평가하는 관리 체계를 구축하여 평가 결과를 반영하여 등급 관리를 실시해야 하고, 협력 업체와 품질 수준을 높이기 위한 정보를 공유하고, 협력 업체에 대한 교육·지도할 수 있도록 지원하는 것을 목적으로 한다.

3) 입력물(Input)

- 협력 업체 목록
- 전년도 협력 업체 정기 평가 결과

4) 프로세스(Process)

(1) 계획(Plan)

- 구매관리 프로세스 또는 협력 업체 관리 절차서에 협력 업체의 신규 평가 기준, 정기 평가 기준, 평가 결과에 대한 공유 및 시정 조치 절차, 평가 등급 관리 및 개선 관리 방안, 협력 업체 지원 방안에 대한 내용을 포함하여 작성한다.
- 협력 업체에 대한 신규 업체 평가, 기존 업체 정기 평가, 공정 감사, 제품 감사 평가 기준을 작성한다.
- 연간 협력 업체에 대한 평가 계획을 수립한다.

(2) 실시(Do)

- 연간 협력 업체 평가 계획에 따라 업체별 평가를 실시한다.
- 협력 업체 평가는 구매, 품질, 개발, 생산 등 협력 업체 평가 자격을 획득한 심사원에 의해 실시한다.
- 협력 업체 평가보고서에는 항목별 평가 점수, 평가 등급, 시정조치 대상을 파악하여 작성한다.
- 협력 업체 평가 결과는 평가 등급을 부여하여 등급별 차별적 관리를 실시한다.(높은 등급은 정기 평가 기간 연장, 부품 구매 비율 확대 등)
- 협력 업체에 대한 지원 제도(구매 제품의 현금 결제 지원, 설비 지원, 신뢰성 시험 기기 사용 지원, 품질 교육 지원, 기술 인력 파견, 현장 개선 지원 등)를 다양하게 마련하여 지원한다.
- 협력 업체 중 낮은 평가를 받은 업체들에 대해서는 개선 계획을 수립하여 품질 향상을 이룰 수 있도록 지원한다.

(3) 확인(Check)

- 구매 품질 관리 관련 성과지표에 대한 품질 목표를 모니터링하여 목표 대비 실적이 부진할 경우 개선 대책을 실시한다.
- 구매 품질 관리에 대한 성과지표는 입고검사 부적합품률, 협력 업체 평가 목표 점수, 협력 업체 지원 비율 등으로 관리할 수 있다.

(4) 조치(Action)

구매품질 관리 관련 부족한 부분에 대한 중점 개선 과제를 설정하여 지속적으로 성과 개선 관리한다.

5) 출력물(Output)

- 협력 업체 선정 및 평가 기준
- 협력 업체 평가 사례
- 협력 업체에 평가 결과에 따른 차별적 지원 실적
- 협력 업체 정보 공유 제도 및 실적(교육, 지도, 기타 실적)

  ※ 관리 대상이 대기업(「중소기업기본법시행령」 제3조에 해당하지 않는 기업)인 경우 배점 한도의 50%를 기본 점수로 부여

3.1.8 지속적 개선

> **Q 3.15** 전사적 품질 혁신 프로그램(분임조, 제안 등)
>
> 전사 차원의 지속적인 품질 혁신 프로그램이 개발되고, 혁신 활동이 운영되고 있는가?

1) 개요

전사적 품질 혁신 프로그램은 품질분임조 활동, 제안활동, 6시그마 활동, TPM 활동, TPS 활동, 3정 5S활동, TFT 활동, BSC 활동, KPI 성과 향상 활동, 외부기관 컨설팅 등으로 다양하게 운영할 수 있다. 부서별 또는 개별적인 활동과 같이 소규모의 개선 활동은 이루어지고 있지만 전사적인 차원으로 전직원이 참여하도록 동기를 부여하고 관리하는 것이 부족한 실정이다. 그리고 경영 활동과 연계되도록 방향성을 일원화하여 관리하는 것이 필요하며 최고 경영자가 참여하여 전사적으로 실시해야 한다.

전담 조직과 인력 배치로 전사 품질 혁신 계획을 수립하고 계획 대비 실적의 평가 관리를 적절히 수행해야 한다.(혁신 TFT, 분임조, 제안제도 운영 실적 등), 3년 이상의 품질 혁신 프로그램을 운영하여 조직 문화로 자리잡고 지속적인 성과를 창출하고 있고(정기 품질 혁신 성과 보고, 전사차원 목표 대비 실적 평가 관리), 모범이 되는 지속적인 우수 사례의 수평 전개 적용 실적이 향상되고 있다.

선진 회사의 경우는 품질 혁신 전담 조직을 구성하여 상시적으로 운영하고 있고, 전 부서가 참여하여 혁신 활동을 실시하고 연 2회 등 혁신활동 성과 발표회, 우수 사례에 대한 시상 등을 운영하고 있다. 혁신활동 프로그램은 제안제도, 품질분임조, 6시그마 활동 등 부서별, 개인별 목표를 설정하여 개선활동을 추진하고 있다. 혁신활동에 대한 내용은 전산시스템을 활용하여 계획, 진행사항, 완료 결과에 대한 내용을 확인이 가능하도록 관리하고 있다.

2) 목적

전사 차원의 지속적인 품질 혁신 프로그램이 개발되고, 혁신활동을 운영하는 것을 목적으로 한다.

3) 입력물(Input)

- 연간 사업계획서
- 부서별 성과지표 목표

- 전사 품질분임조 편성 현황
- 전사 제안 목표

4) 프로세스(Process)

(1) 계획(Plan)

- 지속적 개선 프로세스에 품질혁신 전담 조직의 업무, 혁신활동 프로그램의 종류별 업무 절차, 혁신활동 진행 관리, 혁신활동 관련 성과 포상에 대한 내용을 포함하여 작성한다.
- 전사 품질 혁신 전담 조직은 풀질조직에서 수행하며 연간 계획을 수립하여 부서별로 송부한다.
- 부서별, 개인별 연간 혁신활동 목표를 포함하여 계획을 작성한다.

(2) 실시(Do)

- 전사 품질 혁신 계획에 수립된 내용의 계획대비 실적을 월(분기) 단위로 평가 관리를 실시한다.
- 전사 품질 혁신 프로그램은 제안활동, 품질분임조 활동, 6시그마 활동, TPM, TPS, 3정 5S활동 중에서 부서별 특성에 맞도록 운영한다.
- 품질 혁신 활동에 대해서는 월별(분기별) 진행사항을 점검하고 관련부문에 공유한다.
- 품질 혁신 활동 추진 결과에 대하여 전사 차원으로 공유할 수 있도록 품질혁신 성과발표회를 개최하여 우수 사례에 대하여 포상을 실시한다.
- 필요시 우수 품질 혁신 사례는 사외 품질대회에 참여하여 회사 품질 혁신 활동의 우수성을 알릴 수 있도록 한다.

(3) 확인(Check)

- 지속적 개선 관리 관련 성과지표에 대한 품질 목표를 모니터링하여 목표 대비 실적이 부진할 경우 개선 대책을 실시한다.
- 지속적 개선 관리에 대한 성과지표는 인당 제안 건수, 품질분임조 목표 달성률, 개선활동 효과 금액 등으로 관리할 수 있다.

(4) 조치(Action)

지속적 개선 관리 관련 부족한 부분에 대한 중점 개선 과제를 설정하여 지속적으로 성과개선 관리한다.

5) 출력물(Output)

- 품질 혁신 활동 운영 제도
- TFT, 분임조 및 제안제도 운영 실적
- 성과 보고서
- 전사 차원의 목표 대비 실적

Q 3.16 지속적 개선활동 체계

전사적으로 예방 중심의 관리시스템을 운영하고 있으며, 경영자(품명 책임자)가 주기적 회의체를 운영하여 품질 문제를 발굴하고 이를 개선하며 모니터링하고 있는가?

1) 개요

지속적 개선활동 체계는 전사적으로 예방 중심의 관리시스템을 운영해야 한다. 예방 중심의 관리는 고객 불만 발생, 검사(입고, 공정, 출하)시 발생된 부적합에 대한 시정조치 활동을 말하는 것이 아니라, 문제점에 대하여 사전에 찾아서 예방적으로 활동하는 것을 말한다. 이는 품질혁신 활동 프로그램을 운영하는 것과 같으며 또한 사업 계획에서 수립한 KPI 품질 목표에 대하여 목표 대비 실적 관리를 실시하고 목표를 초과 달성하기 위한 추가 노력을 품질혁신 활동과 연계하여 추진하는 것을 말한다. 품질혁신 활동을 실무자 차원으로 실행하면 실무자의 직급 수준으로 활용이 전개 되는데, 최고경영자가 직접 참여하여 전사적으로 활동을 주도적으로 실시해야 효과가 크게 나타도록 관리해야 한다. 현실은 최고경영자가 참여한 조직은 활성화가 되어 있고 그렇지 않은 조직은 형식적인 관리가 이루어지고 있다.

경영자 주도 하에 지속적인 개선활동 계획을 수립하고, 계획 대비 실적의 평가 관리를 적절히 수행하여 개선 성과를 달성해야 한다.(품질, 비용, 납기, 생산성, 안전 등 측정치 개선 실적 등), 3년 이상의 지속적인 개선활동 프로그램을 운영하여 사내 문화로 자리를 잡고 지속적인 성과를 창출하고 있으며(지속적 개선 활동 성과 보고, 전사 목표 대비 실적 평가 관리), 모범이 되는 지속적인 개선활동 및 개선 실적 등(우수 사례의 수평 전개 적용 실적) 성과가 향상되어야 한다.

선진 회사의 경우는 최고경영자가 품질혁신 활동을 주도적으로 관여하여 활동을 추진하고 있고, 그 결과 전사적인 활동으로 전개되어 효과가 크게 나타나고 있다. 예방적 개선 활동에 대하여 월간 단위 품질 회의체를 운영하여 KPI 품질 목표 대비 실적 및 만회 대책을 확인하고, 사전 예방 활동을 과제화하여 개선활동에 대한 이행 여부를 점검하고 필요한 사항을 지원해주고 있다.

2) 목적

전사적으로 예방 중심의 관리시스템을 운영해야 하며, 경영자(품명 책임자)가 주기적 회의체를 운영하여 품질 문제를 발굴하고 이를 개선하며 모니터링하는 것을 목적으로 한다.

3) 입력물(Input)

- 연간 사업계획서
- 전사적 품질혁신 개선 결과물
- KPI 품질 목표

4) 프로세스(Process)

(1) 계획(Plan)

- 지속적 개선 프로세스에 지속적 개선활동 계획수립, 개선활동 계획 대비 실적 평가 관리, 우수 사례에 대한 수평 전개 활동에 대한 내용을 포함하여 작성한다.
- 전사적인 KPI 품질 목표를 설정하고 부서별 추진 계획을 수립한다.
- 품질 목표는 품질, 비용, 납기, 생산성, 안전, 종업원 만족도 등이 포함되도록 작성한다.

(2) 실시(Do)

- 전사적인 품질 목표(품질, 비용, 납기, 생산성, 안전, 종업원 만족도 등)를 월(분기) 단위로 진행 사항을 확인하여 목표 대비 실적을 집계한다.
- 목표가 미달된 항목에 대해서는 시정조치 활동을 실시한다.
- 목표가 반복적으로 재발되거나 품질 수준을 더 높이기 위해 품질혁신 활동과 연계하여 예방적 활동 과제를 선정하고 개선활동을 실시한다.
- 월(분기)별로 최고경영자가 참여하는 품질 회의체를 개최하여 진행사항을 공유하고 필요한 지원을 실시한다.
- 최고경영자가 참여한 품질 회의체 회의록을 작성하고 지시사항에 대한 이행 여부를 관리한다.

(3) 확인(Check)

- 지속적 개선 관리 관련 성과지표에 대한 품질 목표를 모니터링하여 목표 대비 실적이 부진할 경우 개선 대책을 실시한다.
- 지속적개선 관리에 대한 성과지표는 인당 제안건수, 품질분임조 목표 달성률, 개선 활동 효과 금액 등 관리할 수 있다.

(4) 조치(Action)

지속적 개선 관리 관련 부족한 부분에 대한 중점 개선 과제를 설정하여 지속적으로 성과개선 관리한다.

5) 출력물(Output)

- 경영자(품명 책임자)가 주도하는 품질관련 회의록

- 전사적 품질 개선 활동 보고서

- 품질, 비용, 납기, 생산성, 안전, 종업원 만족도 등 측정치의 경향에 대한 지속적 개선 실적

Q 3.17 고객만족도 조사

고객만족도 향상을 위해 고객만족도 조사가 수행되고 부족한 부분에 대해 보완 조치되고 있는가?

1) 개요

고객만족도 조사는 고객의 관점에서 우리 회사를 어떻게 보고 있는지 조사하여 파악하고, 이를 개선하여 궁극적으로는 매출을 확대하고 이익을 증가시키는 활동이다. 고객만족도를 실제적으로 파악하는 것에 어려움이 있는데, 고객 방문 시 의견 청취, 설문조사, 전화 상담 및 고객 불만 접수, 고객 납품 시 부적합품률, 고객 클레임 등 다양한 방법으로 조사하여 현상을 파악하는 것이 중요하다. 이를 분석하여 개선점을 도출하여 전사적으로 적용하여 개선하는 것이 필요하다.

주기적으로 전사 고객만족도 조사 계획을 수립/실시하고 있으며, 그 결과를 분석하여 고객의 의견을 적극 반영하고 경영 성과가 개선되어야 한다. 3년 이상의 고객만족도 조사 및 혁신프로그램 운영을 조직 문화로 자리 잡게 하고 지속적인 성과를 창출해야 하며, 모범이 되는 고객 만족 활동/소통 개선 실적이 향상되어야 한다.

선진 회사의 경우는 고객의 요구사항을 파악하기 위해 VOC 전산시스템을 구축하여 고객 상담 등 방문 시, 제품 납품 시, 고객 상담 센터를 운영하여 VOC를 파악하고 전산에 등록하여 개선 대책 관리를 실시하고 있다. 고객의 품질 성과를 접수받아 전사적으로 개선 대책을 실시하고 개선 결과를 고객과 공유하고 있다. 고객만족도는 자체 조사 및 외부 전문기관을 활용, 조사하여 개선 대책을 전사적으로 실시하고 있다.

2) 목적

고객만족도 향상을 위해 고객만족도 조사를 실시하고, 부족한 부분에 대해 보완조치 하는 것을 목적으로 한다.

3) 입력물(Input)

- 고객 불만 현황
- 고객 납품 실적
- 고객 현황 및 요구사항

4) 프로세스(Process)

(1) 계획(Plan)

- 고객만족관리 절차서에 다양한 고객의 소리(VOC)를 청취할 수 있는 관리 절차, 고객만족도 조사 방법, 고객만족도 조사 결과 분석 및 개선 절차에 대한 내용을 포함하여 작성한다.
- 고객만족도 조사 대상, 시기, 방법 등 연간 고객만족도 조사 계획을 작성한다.

(2) 실시(Do)

- 고객만족도 조사는 다양한 고객의 소리(VOC)를 통하여 파악된 내용을 포함하여 설문지를 작성한다.
- 고객만족도 조사 대상 고객에게 고객 만족 설문지를 송부하여 고객만족도 조사를 실시한다.
- 고객만족도 조사 설문지를 회수하여 집계 및 분석을 실시한다.
- 고객만족도 분석 결과 장점과 부족한 점을 분류하여 부족한 부분에 대한 개선대책을 전사적으로 실시한다.
- 고개만족도 조사 결과에 대한 개선대책 내용은 필요 시 고객에게 통지하여 개선되고 있는 모습을 제시한다.
- 내부 고객만족도 조사를 실시하여 조사 결과에 대한 개선을 실시한다.

(3) 확인(Check)

- 고객 품질 관리에 대한 성과지표에 대한 품질 목표를 모니터링하여 목표 대비 실적이 부진할 경우 개선 대책을 실시한다.
- 고객 품질 관리에 대한 성과 지표는 고객만족도 실시율, 고객만족도 점수 개선율 등으로 관리할 수 있다.

(4) 조치(Action)

고객 품질 관리 관련 부족한 부분에 대한 중점 개선 과제를 설정하여 지속적으로 성과개선 관리한다.

5) 출력물(Output)

- 고객만족도 조사의 주기적 실시
- 고객만족도 조사서
- 고객만족도 조사 결과 환류 및 개선 실적
- 내부 고객만족도 조사 및 결과 반영 시 가점 처리

Q 3.18 내부 심사

내부 심사 부서가 정해져 있고 이를 통하여 조직 내에서 설정한 품질경영시스템, 생산 공정 관리 등이 효과적으로 실행되고 있는가를 감시 및 검증하고 있는가?

1) 개요

내부 심사는 ISO 9001 품질경영시스템 측면의 관리가 이루어지고 있는데, 이는 품질보증조달물품에 대한 요구사항들이 많이 누락되게 되는데, 품질보증 요구사항에 모두가 포함되도록 내부 심사 체크시트를 개발하여 실시해야 한다. 생산 공정의 내부 심사는 관리계획서에 포함된 내용들이 준수되고 있는지 확인되어야 하는데 이 부분에 대한 공정 심사 이력이 부족한 실정이다. 최고경영자가 관심을 가지고 내부 심사의 계획 및 심사 결과 보고, 시정 조치에 대한 이행을 확인해야 한다. 내부 심사를 실시하지 않으면 품질보증조달물품에 대한 이해와 실행이 부족하게 되어 형식적인 사항으로 치우치게 된다. 지속적인 실행과 성과 향상을 위해 필요한 사항이다.

전담부서와 적격성을 갖춘 심사원을 확보하고 내부 심사 계획을 수립/실시하여 후속 조치를 취해야 한다. 3년 이상 내부 심사를 실시하여 표준 준수를 조직문화로 자리 잡도록 하고 지속적인 성과를 창출하고 있어야 하며, 모범이 되는 사내규정/표준 준수 실적이 향상되어야 한다.

선진 회사의 경우 내부 심사는 품질조직에서 주관하여 사무직 전 직원을 내부 심사원으로 양성하여 심사 자원을 관리하고 있고, 부서별 역량이 있는 심사원을 선발하여 부서별 내부 심사 계획을 수립하고 타 부서 인원에 의해 심사원을 배정하여 내부 심사를 실시한다. 심사 보고서 및 부적합에 대한 시정조치는 전산시스템을 활용하여 등록, 진행 사항 확인, 유효성 확인 가능하도록 시정조치 관리 시스템을 운영하고 있다.

2) 목적

내부 심사 부서가 정해져 있고, 이를 통해 조직 내에서 설정한 품질경영시스템, 생산 공정 관리 등이 효과적으로 실행되고 있는가를 감시 및 검증하는 것을 목적으로 한다.

3) 입력물(Input)

- 고객 불만 현황
- 내부 품질(입고 공정, 출하) 현황
- 전년도 심사 부적합 시정조치보고서

4) 프로세스(Process)

(1) 계획(Plan)

- 내부 심사 관리 프로세스에 내부 심사 계획서 작성, 내부 심사보고서 작성, 부적합 보고서 작성, 시정조치 활동, 내부 심사 결과 환류 및 개선에 대한 내용을 포함하여 작성한다.
- 내부 심사원을 대상으로 교육을 실시하고 자격을 부여하고 자격관리 대장을 작성한다.
- 연간 내부 심사 계획을 품질보증조달물품 이행, 납품 품명별로 제조공정별 이행 심사 계획서를 작성한다.

(2) 실시(Do)

- 연간 내부 심사 계획서에 따라 품질보증조달물품에 대한 이행 상태 확인을 위한 내부 심사를 실시하고, 품명별 관리계획서에 대한 준수 상태 확인을 위한 공장 심사를 실시한다.
- 내부 심사를 실시하고 부적합 내용을 포함한 심사 보고서를 작성한다.
- 부적합 내용은 시정조치 요구서를 방행하고 해당 부서에서 개선 대책을 실시하고 품질 조직에서 그 효과성을 확인한다.
- 내부 심사 결과는 최고경영자에 보고하여 문제점 및 장기적 개선 방향에 대해 보고하고 최고경영자의 의견에 대하여 추가 조치를 실시한다.

(3) 확인(Check)

- 내부 심사 관리에 대한 성과지표에 대한 품질 목표를 모니터링하여 목표 대비 실적이 부진할 경우 개선 대책을 실시한다.
- 내부 심사 관리에 대한 성과지표는 내부 심사 실시율, 부적합 시정조치 완료율, 시정조치 개선기간 등 관리할 수 있다.

(4) 조치(Action)

내부 심사 관리에 대해 부족한 부분에 대한 중점 개선 과제를 설정하여 지속적으로 성과개선 관리한다.

5) 출력물(Output)

- 내부 심사의 주기적 실시(연 1회)
- 내부 심사 계획서, 내부 심사 보고서, 부적합 보고서, 시정조치 보고서
- 내부 심사 결과 환류 및 개선 실적

3.1.9 교육

Q 3.19 교육 훈련 계획

전 직원에 대한 교육계획이 수립되어 있는가? 품질에 영향을 미치는 주요 인원에 대한 역량을 향상하기 위한 프로그램이 수립되고 있는가? 교육 실적 분석·평가 및 개선 결과를 반영하여 교육 계획이 수립되고 있는가?

1) 개요

교육 훈련 계획은 전 직원을 대상으로 계층별, 직무별, 품질 교육 등을 포함하여 수립해야 한다. 그러나 품질에 영향을 미치는 주요 인원의 역량을 고려하지 않고 임의적으로 연간 부서별 사내 교육과 외부 교육에 대한 계획만을 수립하여 교육을 간헐적으로 실시하고 있다. 또한 교육의 실적을 분석하여 개선 결과를 반영하고 전사적인 차원에서 품질 목표와 연계된 교육 계획을 수립해야 하지만 현실적으로 실행 가능한 내용을 중심으로 교육 계획을 수립하고 있다.

연간 교육 계획이 계층별, 직무별로 수립되어 있으며, 부서별 교육 수요 조사, 주요 인원 역량 분석을 실시하고 있다. 교육 훈련을 실시하여 경영성과로 연결하고 종업원 만족도가 높게 나타나고 있고, 교육을 통한 역량 향상과 경쟁력 제고의 모델을 제시하여 성과가 향상되고 있다.

선진 회사의 경우는 회사의 조직문화에 부합하도록 계층별, 직무별로 교육 계획을 필수 과정, 선택 과정으로 개발하여 운영하고 있다. 전사적인 교육 과정에 따라 연간 부서별 필요한 교육 계획을 수립하여 개인별로 교육을 계획하여 실시하고 있다. 교육 과정은 사내 교육, 외부 교육, 집합 교육, 이러닝, 동영상 교육 등 다양하게 운영하고 있고, 교육 신청, 진행, 결과 보고 등에 대한 HRD 전산 시스템을 구축하여 관리하고 있다. 개인별 교육 목표제를 운영하여 교육의 실행력을 높이고 있다.

2) 목적

전 직원에 대한 교육 훈련 계획이 수립되어야 하고, 품질에 영향을 미치는 주요 인원에 대한 역량을 향상하기 위한 프로그램을 수립하여야 한다. 교육 실적 분석·평가 및 개선 결과를 반영하여 교육 계획을 수립하는 것을 목적으로 한다.

3) 입력물(Input)

- 중장기 교육 훈련 계획
- 전사 교육 훈련 프로그램

4) 프로세스(Process)

(1) 계획(Plan)

- 인적 자원 관리 프로세스에 전사 계층별, 직무별 교육 과정 운영, 부서별 교육 요구 사항 반영 및 교육 과정 개발, 교육 계획 수립, 교육 실시, 교육 효과성 파악에 대한 내용을 포함하여 작성한다.
- 부서별 교육 니즈를 파악하여 교육 과정을 설계하고 개설한다.
- 연간 부서별 교육 계획을 수립하고, 취합하여 전사적 교육 계획을 수립한다.

(2) 실시(Do)

- 연간 교육 계획에 따라 교육을 실시하며, 교육은 계획된 방식으로 집체 교육, 외부 교육, 이러닝 교육, 동영상 교육 등 다양하게 실시한다.
- 교육 과정별, 개인별 교육 실시 결과는 교육 실시 보고서를 작성한다.
- 교육 결과 보고에는 교육 효과성이 파악되도록 설문조사 등을 실시하여 파악하고 부족한 부분에 대해서는 개선 조치한다.
- 교육 실시 결과는 월(분기) 단위로 집계하며, 계획 대비 실적을 관리한다.
- 교육 실적 분석 결과 개선 결과를 반영하여 향후 교육 계획에 반영하여 실시한다.

(3) 확인(Check)

- 교육 훈련 관리에 대한 성과지표에 대한 품질 목표를 모니터링하여 목표 대비 실적이 부진할 경우 개선 대책을 실시한다.
- 교육 훈련 관리에 대한 성과지표는 교육 실시율. 교육 목표 이수 점수, 교육 만족 점수 등으로 관리할 수 있다.

(4) 조치(Action)

교육 훈련 관리 관련 부족한 부분에 대한 중점 개선 과제를 설정하여 지속적으로 성과 개선 관리한다.

5) 출력물(Output)

- 연간 교육 계획(계층별, 직무별, 품질 교육 등)
- 부서별 교육 수요 조사, 주요 인원 역량 분석의 교육 계획 반영
- 교육 실적 분석 및 평가 결과의 교육 계획 반영

조달품질	작업자 다기능 숙련도 현황표				결재	담당	검토	승인

2019년 08월 01일

구 분	No	성 명	직위	입사일자	담당업무 근무년수	숙 련 도 현 황					교육 NEEDS파악
						조립	세척	프레스	제품검사	제품포장	
프레스	1	홍길동	부장	1997-01-17	18년3월	④①③②	④①③②	④①③②	④①③②	④①③②	
프레스	2	일지매	차장	1995-08-02	20년8월	④①③②	④①③②	④①③②	④①③②	④①③②	
프레스	3	김좌진	사원	2001-04-23	15년	④①③②	④①③②	④①③②	④①③②	④①③②	
프레스	4	이순신	사원	2003-04-07	13년	④①③②	④①③②	④①③②	④①③②	④①③②	

④①③② 준비단계(업무수행불가)
④①③② 단위작업 및 주요단계에 준비단계에 대해 인지하고 있음 (업무수행불가)
④①③② 약간의 도움으로 업무수행 가능
④①③② 필요한 교육훈련 완료 및 경험 보유한 수준
④①③② 타인지도 및 Trouble 조치 가능한 수준

[그림 3-5] 작업자 다기능 숙련도 현황표 사례

Q 3.20 교육 훈련 실행 및 평가

교육에 대한 이행 실적을 분석하고 보완하는가? 품질에 영향을 미치는 주요 인원에 대한 교육을 실시하며 역량을 분석 및 평가하고 있는가?

1) 개요

교육 훈련 실행 및 평가는 연간 교육훈련 계획에 따라 교육을 실시하여 교육 결과 보고서를 작성해야 하며 이 부분은 적합하게 관리되고 있다. 추가적으로 품질에 영향을 미치는 인원 즉 검사원에 대한 자격 부여, 특별 공정에 대한 자격 부여, 내부 심사원 자격 부여, 개발 인력 자격 부여를 실시하고 자격 부여 이력에 대한 관리가 필요하다.

직원 및 관리자에 대해 직무 역량 평가를 통한 역량/적격성 평가를 실시하고 목표 수준 대비하여 부족한 역량에 대하여 교육 계획과 연계하여 역량 향상하는 내용은 실행이 부족한 실정이다.

연간 교육 훈련 계획에 의하여 교육을 실시하고 교육 결과를 분석/평가해야 하며(교육 훈련 보고서, 내부 이수 교육 등), 직무별, 역량별 교육 훈련을 운영해야 한다. 신규 입사자, 직무 변경자 등 별도의 프로그램 운영(직원 및 관리자의 적격성 평가 및 직무 역량 평가 실적, 연 1회) 해야 하며, 멘티/멘토, 학습 조직 및 개선 실적(교육 계획 대비 실적 분석을 통한 직원 개선 적용 실적)이 향상되어야 한다.

선진 회사의 경우는 직원 및 관리자에 대한 개인별 직무 역량 향상 전산프로그램을 개발하여 관리하고 있다. 업무 수행을 위한 직무 기능을 분류하여 개인별 현재의 수준을 파악하고 목표 수준을 결정하여 부족한 부분은 연간 교육 계획에 반영하여 실시하도록 운영하고 있다. 직무별 필요한 교육 과정은 사내외 교육 과정을 사전 개발하여 제공하며 개인별로 역량 향상이 필요한 교육 과정을 신청하여 교육을 실시한다. 교육 실시 후 개인별 역량/적격성 평가를 실시하여 도달 여부를 연 1회 실시한다.

2) 목적

교육에 대한 이행 실적을 분석하고 보완하여야 하며, 품질에 영향을 미치는 주요 인원에 대한 교육을 실시하여야 하며, 역량을 분석 및 평가하는 것을 목적으로 한다.

3) 입력물(Input)

• 연간 교육 훈련 계획서

- 교육 실적
- 기능별 직무분류표

4) 프로세스(Process)

(1) 계획(Plan)

- 인적 자원 관리 프로세스에 직원 및 관리자(경영자, 관리책임자, 품질관리 직원 등)에 대한 적격성 평가 및 직무 역량 평가 방법, 직원별 역량 향상을 위한 교육 훈련 (OJT, 학습 조직, 멘티/멘토, 자격증 취득, 위탁 교육 등) 운영, 신규직원 및 직무 변경자에 대한 교육 프로그램 운영, 교육계획 대비 실적 분석 절차에 대한 내용을 포함하여 작성한다.
- 개인별 역량/적격성 파악을 위한 평가 기준 및 평가표를 작성한다.

(2) 실시(Do)

- 개인별 역량/적격성 평가 연 1회 실시하여 직무 기능별 목표 수준을 달성하는지를 파악한다.(5점 척도 또는 10점 척도 등)
- 직무 기능별 목표 수준에 도달하지 않은 항목에 대해서는 연간 교육계획을 수립하여 교육을 실시한다.
- 직원별 역량 향상을 위한 교육 훈련(OJT, 학습 조직, 멘티/멘토, 자격증 취득, 위탁 교육 등)을 다양하게 실시한다.
- 신입사원 입사 시, 경력사원 전환 배치 시 부서별 OJT 교육 훈련 계획에 따라 교육을 실시한다.
- 검사원(입고, 공정, 출하, 신뢰성), 특별 공정 작업자, 내부 심사원, 제품개발인력에 대한 자격인증을 실시한다.
- 연간 교육대비 실적을 집계하여 분석하고, 성과를 향상할 수 있도록 개선 계획을 수립하여 대책을 실시한다.

(3) 확인(Check)

- 교육 훈련 관리 관련 성과지표에 대한 품질 목표를 모니터링하여 목표 대비 실적이 부진할 경우 개선 대책을 실시한다.
- 교육 훈련 관리에 대한 성과지표는 교육 실시율. 교육 목표 이수 점수, 교육 만족 점수 등으로 관리할 수 있다.

(4) 조치(Action)

교육 훈련 관리 관련 부족한 부분에 대한 중점 개선 과제를 설정하여 지속적으로 성과개선 관리한다.

5) 출력물(Output)

- 직원 및 관리자(경영자, 관리책임자, 품질관리 직원 등)의 교육 실적
- 직원 및 관리자의 적격성 평가 및 직무 역량 평가 실적
- 직원별 역량 향상을 위한 교육 훈련(OJT, 학습조직, 멘티/멘토, 자격증 취득, 위탁 교육 등) 제도 운영 실적
- 신규 직원 및 직무 변경자에 대한 교육 프로그램 운영 및 실적(외주인력 포함)
- 교육 계획 대비 실적 분석 및 개선 결과

3.2 생산공정

3.2.1 개발 프로세스

Q 3.21 개발 프로세스의 구축 및 성과 관리

개발 프로세스를 구축하고, 지속적으로 성과를 창출하고 있는가?

1) 개요

KS제품, 단체표준 등 표준 품목을 생산하는 기업은 개발 프로세스가 소홀히 관리하고 있는 경향이 있어 체계적인 관리가 미흡한 실정이다. 개발 절차서가 구비되어 있다 하더라도 개발 단계의 산출물 관리가 안 되거나 부분적으로 운영되고 있어 현장 평가 시 개발 프로세스 평가 점수가 대부분 낮게 나타나고 있다.

제품 개발의 단계를 구분하고 각 단계별 산출물을 결정하여, 신청 품명별로 개발 단계별 산출물을 관리해야 한다. 개발 산출물에 대해서는 검증, 검토, 타당성 등을 확인하며, 개발 성과를 분석하여 개선 활동 자료로 활용해야 한다.

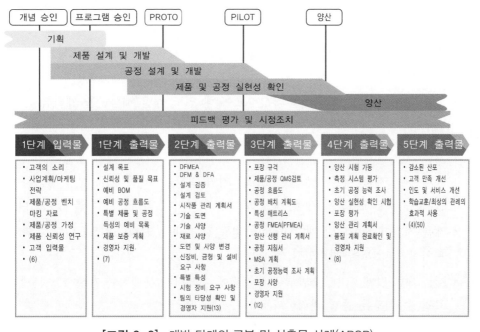

[그림 3-6] 개발 단계의 구분 및 산출물 사례(APQP)

우수한 기업의 경우 PDM(Product Development Management) 전산 시스템을 활용하여 필수 산출물과 선택 산출물을 사전에 선정하여 관리하고 있고 필수 문서가 등록되지 않으면 다음 단계로 진행되지 않거나 담당자에게 문자 메시지 등 사전 경고를 주는 시스템을 운영하고 있다.

2) 목적

개발 단계를 구분하고 각 단계별로 어느 부서에서, 어떠한 업무를 수행할 것인가를 결정하고 개발 산출물을 설정하여 관리해야 한다. 개발 단계 산출물은 신청 품명의 개발 산출물을 관리하는 것을 목적으로 한다.

3) 입력물(Input)

- 고객 요구사항 및 판매 계획
- 중장기 및 당해 연도 제품 개발 로드맵
- 선행 제품 개발 실적

4) 프로세스(Process)

(1) 계획(Plan)

- 제품 개발 프로세스를 작성하며, 포함 내용으로는 개발 단계를 구분하고 각 단계를 PDCA 관점으로 업무 순서와 관련 부서간의 연계성, 입력물, 부서별 업무 내용, 출력물에 대한 내용을 결정한다.
- 제품 개발 단계에 대한 필수 산출물, 선택 산출물을 구분하여 관리할 수 있도록 제품 개발 프로세스에 반영한다.
- 중장기 제품 개발 로드맵을 작성하고 당해 연도 개발 제품군을 계획한다.

(2) 실시(Do)

- 제품 개발 단계별로 설정된 산출물에 대하여 신청 품명에 대한 제품 개발 산출물을 유지한다. 제품 개발 산출물은 PDM, 기업 전산 서버 등 공유 방에 등록하여 정보를 공유한다. 필요 시 제품 개발 보안을 위하여 접속자는 권한을 부여한다.
- 제품 개발이 진행되면 개발 단계별 검증(검사 또는 시험), 검토, 타당성 확인이 이루어질 수 있도록 관리한다.
- 제품 개발 단계 이행 시 발생된 문제점에 대해서는 문제점을 개선하고 문제점이 완료될 수 있도록 종결 관리한다.

(3) 확인(Check)

- 제품 개발 성과 관리를 위하여 성과지표를 설정하여 월별(분기별) 모니터링을 실시하고 목표 대비 부진 실적에 대해서는 개선 대책 관리를 실시한다.
- 제품 개발 성과지표로는 개발 목표 달성률(계획 대비 실적), 개발 리드타임, 개발 문제점 건수, ECO 발행 건수 등을 설정 관리한다.

(4) 조치(Action)

- 제품 개발 시 관리되고 있는 품질 목표에 대해 관련 부분과 협의하여 핵심 과제를 설정하여 지속적으로 개선 관리한다.
- 제품 개발에 필요한 경쟁사 제품 벤치마킹을 통해 차별화된 제품을 개발하고 중장기 로드맵을 개정한다.

5) 출력물(Output)

- 제품 개발 프로세스
- 개발 인력 자격 인증 현황
- 개발 출력물의 합부 판정 근거(개발 단계별 보고서)
- 지속적인 기술 개발 여부(문제점 개선 결과, 과거 실패 사례 적용 실적)

Q 3.22 개발 단계별 품질, 환경, 안전에 대한 목표 관리

개발 단계에서 품질, 환경, 안전을 고려한 제품의 목표(품질 목표, 환경 목표, 안전 목표 설정 등) 반영이 가능하고, 설정된 목표를 달성하기 위한 활동을 수행하고 있는가?

1) 개요

신청 품명별로 제품 개발 단계에서 품질 환경, 안전 목표를 설정하여 관리해야 하지만 회사 차원으로 품질 목표는 품질 부서에서, 환경 및 안전 목표는 환경 관리 또는 경영 지원 부서에서 관리하고 있는 실정인데, 회사 정체적인 차원이 아니라 신청 품명별로 설계 목표를 설정해야 한다.

품명별 설계 품질(품질, 환경, 안전) 목표를 설정하고, 제품 개발 활동을 실시한다. 개발 진행 과정에서 목표 달성 여부를 확인하고, 목표를 달성할 수 있도록 개선 관리해야 한다.

선진 기업의 경우 해당 품명별로 개발계획서에 관련 목표를 설정하여 PDM 전산 시스템에서 목표 대비 실적을 관리하고 있고, 목표 미달 시 다시 제품을 개발하여 목표를 달성 시까지 진행하여 목표를 달성하고 있다.

2) 목적

품명별 설계 품질(품질, 환경, 안전) 목표를 설정하고, 개발 진행 과정에서 목표 달성 여부를 확인하고 목표를 달성할 수 있도록 개선 관리하는 것을 목적으로 한다.

3) 입력물(Input)

- 신청 품명 제품 개발 계획서
- 선행 품명 품질, 환경, 안전 실적

4) 프로세스(Process)

(1) 계획(Plan)

- 중장기 제품 개발 로드맵, 경쟁사 제품 벤치마킹 분석 자료를 기반으로 하여 제품별 기본 품질, 환경, 안전 목표를 설정한다.
- 해당 품명에 대하여 개발 계획서 작성 시 품질 목표(부적합품률, 공정능력, 신뢰성 목표 등), 환경 목표(Rohs, MSDS, 폐기물 관리 등), 안전 목표(제품안전에 관련된 법적 규제적 요구사항, 작업장 안전규제 요구사항 반영)를 포함하여 작성한다.

(2) 실시(Do)

- 제품 개발 계획서에 설정된 품질 목표, 환경 목표, 안전 목표를 고려하여 제품을 개발하며 개발된 결과를 설정된 단계별로 검증, 검토, 타당성 확인을 실시한다.
- 제품 개발 과정에서 발생된 문제점에 대해서는 시정조치를 실시하여 문제가 없도록 개선한다.

(3) 확인(Check)

제품 개발 시 설정된 품질 목표, 환경 목표, 안전 목표를 모니터링하여 목표 대비 실적이 부진할 경우 개선 대책을 실시한다.

(4) 조치(Action)

제품 개발 시 관리되고 있는 설계 목표(품질, 환경, 안전)에 대하여 관련 부분과 협의하여 핵심 과제를 설정하여 지속적으로 개선 관리한다.

5) 출력물(Output)

- 품질 목표(부적합품률, 신뢰성, 내구성 등)
- 환경, 안전 설정 목표
- 품질, 환경, 안전 목표 운영 결과
- 설계 목표(품질, 환경, 안전) 개선 과제화 및 개선 실적

작성일자 : 2019년 08월 01일

| 품질, 환경, 안전목표 | | 업체명 | | 품 목 | |
| | | 제품분류 | | 품 번 | |

| 순서 | 항목 | 품명 | | 신제품 | | 비고 |
		구분	실적(이전제품)	목표(개발모델)	달성案(구체적으로 기압)	
1	수입검사 부적합품률(PPM)		8,000	7,000		
2	공정 부적합품률(PPM)		6,000	5,000		
3	출하 검사 부적합품률(PPM)		100	80		
4	AS율(PPM)		3,000	2,500		
5	공정능력지수(CPK)	내전압	1.67	1.67		
6	환경 목표	ROHS	없음	없을 것		
6	안전 목표	KC 인증	양산전 인증	양산전 인증		

[그림 3-7] 설계 목표(품질, 환경, 안전) 목표 예시

Q 3.23 개발 단계별 개발 제품 검증 및 개선 대책 관리

개발 제품에 대하여 고객 및 시험 기준에 맞도록 개발되었는지 검토, 검증, 타당성을 확인할 수 있는 방법이 있고, 발견된 문제점에 대해서는 효과적인 개선 대책을 실시하고 있는가?

1) 개요

제품 개발 단계에서 제품 검증(검사 및 시험)은 대부분 진행되고 있고, 발생된 부적합 사항에 대한 개선 조치를 실시하고 있으나 이를 문서화된 정보로 보유하고 있지 않은 실정이다. 개발 단계에서 발생된 문제에 대해서는 개선 결과를 확인하고 재평가하여 문제가 없음을 관리해야 하지만 실행만 있을 뿐 개선 결과에 대한 이력이 관리되고 있지 않다.

제품 개발 품명에 대해 고객 및 시험 기준에 맞도록 개발되었는지를 개발 단계별로 검증, 검토, 타당성 확인을 할 수 있도록 구분하고, 각 단계별로 평가 기준을 결정해서 실시해야 한다. 개발 단계별로 평가 기준을 확인하며, 발견된 문제점에 대해 효과적인 개선 대책을 실시해야 한다.

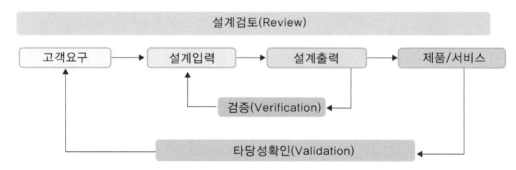

[그림 3-8] 개발 단계 검증. 설계 검토. 타당성 확인 개념

선진 조직에서는 개발 단계에서 발생된 문제점에 대해 문제점을 PDM 전산 시스템에서 목록을 관리하고 있고 중요도에 따라 시정조치 보고서(8D Report)를 작성하여 종결 (Close Loop) 관리하고 있다.

2) 목적

제품 개발 품명에 대해 고객 및 시험 기준에 맞도록 개발되었는지를 검증, 검토, 타당성 확인을 할 수 있도록 단계별로 평가 기준을 결정하여 평가하고, 발견된 문제점에 대해 효과적인 개선 대책을 실시하고 있는지 확인하는 것을 목적으로 한다.

3) 입력물(Input)

- 신청 품명 제품 개발 계획서
- 선행 품명 품질, 환경, 안전 목표 및 실적

4) 프로세스(Process)

(1) 계획(Plan)

- 제품 개발 단계별로 해당 품명에 대한 제품 규격, 검사 기준, 불량 형태 대책 적용 방안 등을 고려하여 평가 기준을 설정한다.
- 제품 개발 단계는 검증(Verification), 설계 검토(Review), 타당성 검토(Validation)가 포함되도록 관리한다.

(2) 실시(Do)

- 제품 개발 단계별 검증(검사 및 시험) 결과에 대한 검증 보고서를 작성한다.
- 관련 부분 회의체(단계 이행심의 등)를 통해 검증 결과 및 관련 자료를 검토하여 다음 단계 진행 여부를 결정한다.
- 고객 요구사항 및 고객 환경에서의 타당성 확인(제품 시험 및 인증 승인 등)을 실시한다.
- 발생된 문제점에 대해서는 개선 대책을 수립하여 관리한다.

(3) 확인(Check)

- 제품 개발 시 설정된 품질 목표를 모니터링하여 목표 대비 실적이 부진할 경우 개선 대책을 실시한다.
- 품질 목표는 부적합품률(공정, 출하), 품질관리 요소에 설정되어 있는 공정능력지수를 산출한다.

(4) 조치(Action)

- 제품 개발 시 관리되고 있는 품질 목표에 대하여 관련 부분과 협의하여 핵심 과제를 설정하여 지속적으로 개선 관리한다.

• 제품에 대해 설계 FMEA 등 문제점에 대한 설계 예방 및 관리 방법을 결정하여 개정 이력을 작성하고 차기 개발 시에 활용한다.

5) 출력물(Output)

• 개발 제품 검증, 검토, 타당성 확인
• 개발 제품 시험 보고서
• 유관부서 회의를 통한 문제점 등 의견 도출 및 개선 진행·관리 실적

Q 3.24 양산을 위한 생산용 기술표준 제정

양산을 위한 생산용 기술표준 문서를 구비하고 있고, 기술표준의 관련 부서 검토 및 사전 교육을 통해 관리되고 있는가?

1) 개요

양산을 위한 생산용 기술문서 작성 및 관리는 핵심품질에 해당되는 중요한 항목이지만, 품질보증조달물품 신청 초기의 기업이나, 준비하는 기업의 경우 관리 계획서(Control Plan)에 대한 이해나 작성 방법을 모르는 경우가 대부분이다. KS 기업은 QC 공정도를 작성하여 관리하고 있으나, 특별 특성, 관리 방법, 이상 발생 시 조치하는 항목이 부족한데 이 부분 또는 문제로 대두되고 있어 개선이 필요한 실정이다. 기술문서는 양산이 진행되고 난 이후 나중에 작성되고 있으며 사전에 작성하는 것이 취지이다.

양산을 위한 생산용 기술표준 문서[제품별 관리 계획서(Control Plan, QC 공정도), 작업 표준서(또는 설비표준서), 검사 기준서 등]이 현장 적용에 효과적으로 수립되고, 해당 기술표준이 실행되도록 관련 부서 배포 또는 표준 사용 인력이 숙지하고 있어야 한다. 기술표준이 적기에 배포되었는지 확인하고 있으며, 현장에 활용이 용이하게 제정되어야 한다.

선진 기업의 경우 개발 단계에서 양산을 위한 관련 부서와 협력하여 사전에 기술문서를 작성하고 관련자 교육을 실시하고 있으며, PDM 전산 시스템에 등록하여 정보를 공유하고 있다.

2) 목적

제품 개발 시 양산을 위한 생산용 기술표준 문서를 양산 전에 구비하여야 하고, 기술표준을 관련 부서 검토 및 관련자에게 사전 교육 실시 이력을 유지하는 것을 목적으로 한다.

3) 입력물(Input)

- 신청 품명 제품 개발 계획서
- 선행 품명 품질, 환경, 안전 목표 및 실적
- 신청 물품 개발 검증, 검토, 타당성 확인 보고서

4) 프로세스(Process)

(1) 계획(Plan)

- 제품개발 프로세스에 개발 단계별 산출물에 양산을 위한 생산용 기술표준 문서를 포함하여 관리한다.
- 관리계획서(Control Plan) 또는 QC 공정도는 개발 부서 또는 품질 부서에서 작성한다. 주관 부서가 다를 수 있으나 품질보증조달물품에서는 관리계획서를 품질부서에서 작성하는 것을 권고한다.

[1] 시작품 양산선행 양산	달당자/전화번호[7]	최초 작성일자[11]	개정일자[10]
관리계획 번호[2]			
부품번호/최신변경 수준[8]	핵심 팀[8]	고객 기술 승인/일자재(요구서)[12]	
부품명 / 설명[4]	공급자/공장 승인/일자[9]	고객 품질 승인/일자(요구서)[13]	
공급자/공장[5] 공급자 코드[6]	기타 승인/일자(요구서)[14]	기타 승인/일자(요구서)[14]	

부품/공정번호[15]	공정명/작업설명[161]	제조를 위한 기계.장치, 지그 공구[17]	특성			특별특성분류[21]	제품/공정사양/공재[22]	평가측정방법[23]	샘플		관리방법[25]	시정조치계획[26]
			번호[18]	제품[19]	공정[201]				크기	주기		

[그림 3-9] 관리계획서 양식

- 관리계획서 및 작업표준서에는 품질 관리 요소에 포함되어 있거나, 자체적으로 중요한 제품 특성 및 공정 특성에 대해 특별특성 항목으로 결정하고 해당 문서에 추가하여 관리하며 공정능력지수를 집계하여 관리한다.
- 작업표준서는 생산부서에서 작성하며 양산 이전에 작성한다.

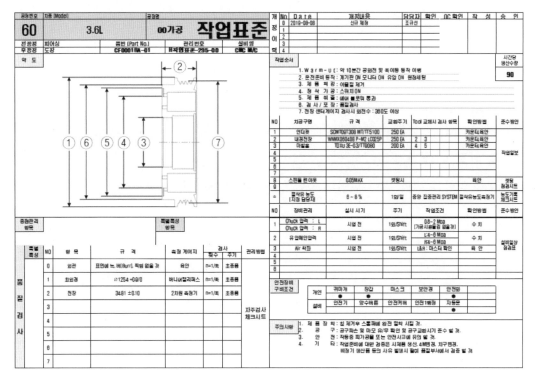

[그림 3-10] 작업표준서 작성 예시

- 검사기준서는 품질부서에서 작성하며 양산 이전에 작성한다.

(2) 실시(Do)

- 기술문서(관리계획서, 작업표준서, 검사기준서 등)는 관련된 부서와 사전 협의하여 작성하며, 작성된 기술문서는 PDM 또는 PC 서버 등록 또는 문서 배포 등 관련자에게 공유한다.

- 기술문서에 대한 내용은 양산 이전에 작업자와 관련자에게 교육을 실시하고 그 이력을 유지한다. 교육 이력은 교육 훈련 보고서나 해당 문서에 서명하여 관리한다.

- 양산 이후 문서는 문서 관리 절차에 따라 최신본의 기술문서가 현장에서 가용하도록 게시 등 관리한다.

(3) 확인(Check)

- 제품 개발 시 설정된 품질 목표를 모니터링하여 목표 대비 실적이 부진할 경우 개선 대책을 실시한다.

- 품질 목표는 기술문서 작성률(작성 건수/대상 건수), 기술문서 적시 작성률(양산 이전 작성 건수/대상 건수) 등 회사 실정에 맞도록 관리한다.

(4) 조치(Action)

제품 개발 시 관리되고 있는 품질 목표에 대하여 관련 부분과 협의하여 핵심 과제를 설정하여 지속적으로 개선 관리한다.

5) 출력물(Output)

- 제품별 관리계획서(Control Plan, QC 공정도), 작업표준서(또는 설비표준서), 검사기준서 등 〈핵심품질〉
- 제품 양산을 위한 관련 인원의 양산 능력 보유(교육 실적보고서)

3.2.2 자재/부품 관리

Q 3.25 인수검사 기준 설정 및 검사성적서 관리

해당 품명에 대한 부품별 인수검사 또는 신뢰성 시험 기준을 설정하고 있고, 해당 품명에 대한 검사 및 시험을 적합하게 실시하고 있는가? 단, 무검사 품목인 경우에는 타당한 근거가 제시되고 있고, 적합하게 운영되고 있는가?

1) 개요

인수검사 기준 설정 및 검사성적서는 KS 업체, 단체표준 업체는 명확하게 관리되고 있음을 확인하고 있다. 다만 일부 고객이 명확하게 요구하지 않는 업체에서는 인수검사를 수량 중심의 검사 관리나 형식적으로 관리하고 있는 것이 사실이다. 부품 품질은 전체 AS 데이터의 60%~70% 정도를 차지하고 있는데 입고 시 이를 잘 관리하는 것이 무엇보다 중요하다.

표준품 등 무검사 품목인 경우에 부적합품이 발생하지 않은 실적 제시 등 타당한 근거를 제시해야 하지만 그렇지 않은 경우가 많이 발생하고 있다. 이는 가능하면 무검사 품목 없이 인수검사 항목에 포함하여 관리하는 것이 바람직하다.

자재 및 부품별 인수검사 기준(해당하는 경우 타당성이 입증된 무검사 기준 포함)을 수립해야 하며, 해당 검사가 실행되고, 검사 기록을 유지해야 한다. 검사 신뢰성 향상을 위한 검사의 기준, 검사 방법, 기록 등을 모니터링하며, 인수품질의 개선 성과를 달성해야 한다.

선진 회사의 경우에는 인수검사 기준서 및 검사성적서를 수기로 작성하지 않고 전산 시스템을 활용하여 검사 항목, 검사 기준, 검사 내용 등을 실시간 입력하여 관리하고 있으며 검사성적서는 입력된 데이터를 기반으로 출력할 수 있도록 시스템을 운영하고 있다.

2) 목적

해당 품명에 대한 부품별 인수검사 또는 신뢰성 시험 기준을 작성하여 관리해야 하며, 해당 품명에 대한 검사 및 시험을 적합하게 실시하여 그 이력을 관리하고 있는지를 확인하는 것을 목적으로 한다.

3) 입력물(Input)

- 해당 품명에 대한 부품별 인수검사 기준
- 인수검사 성적서 양식
- 해당 품명 부품에 사용할 측정기

4) 프로세스(Process)

(1) 계획(Plan)

- 검사 및 시험 업무 프로세스를 인수검사 기준, 검사 방법, 검사성적서 관리 내용을 포함하여 작성한다.
- 부품별 검사기준서와 검사성적서 양식을 작성하여 검사 시 활용한다.
- 부품별 검사 항목 및 기준은 부품승인원과 일치되도록 관리한다.
- 부품별 검사에 사용된 측정기들은 정해진 교정주기에 부합되도록 공인기관에서 교정을 실시하여 측정기 검사 준비를 실시한다.

(2) 실시(Do)

- 검사 및 시험 업무 프로세스에 따라 인수검사 기준의 검사항목과 판정기준에 따라 인수검사를 실시한다.
- 인수검사 시 발생된 부적합품에 대해서는 부적합품을 식별하여 부적합품 보관장소에 보관하며, 부적합품에 대한 시정 조치를 실시한다.
- 인수부품에 대한 검사가 어려운 품질보증방법(협력업체 현지 검증, 협력업체 시험성적서 또는 공인기관 성적서 확인, 자사 제조 공정에서 확인 등)을 결정하여 관리한다.
- 신뢰성이 필요한 항목에 대해서는 부품 단위의 신뢰성 시험을 실시한다.
- 인수검사를 하지 않은 무검사 품목에 대해서는 시장불량, 공정불량 등 과거 부적합 이력이 없음을 입증하거나, 기술적이거나 과학적인 객관적 사유를 파악하여 관리한다.
- 인수검사 결과에 대해서는 품명별, 업체별 부적합품 실적을 집계 및 분석을 실시하고 문제점에 대한 개선대책 관리를 실시한다.

(3) 확인(Check)

인수검사 시 설정된 품질 목표(인수검사 부적합품률)를 모니터링하여 목표 대비 실적이 부진할 경우 개선 대책을 실시한다.

(4) 조치(Action)

인수검사 부적합품률에 대해 관련 부분과 협의하여 가장 문제가 있는 부적합 사항에 대해 개선 과제를 설정하여 지속적으로 개선 관리한다.

5) 출력물(Output)

- 인수검사 기준 및 인수검사 성적서[자재(부품)별 검사 항목]〈핵심품질〉
- 업체별, 품목별 인수검사 실적
- 초도품에 대한 신뢰성 및 검사성적서
- 무검사 품목 선정 및 운영 방안의 적절성

Q 3.26 인수검사 부적합품 처리

인수검사 시 부적합품에 대한 처리 절차를 구비하고 있고, 부적합품에 대한 판정, 처리, 개선 대책을 관리하고 있는가?

1) 개요

인수검사를 실시하면서 예기치 않게 부적합품이 발생하는데 이럴 경우 협력 업체와 1:1로 부품을 교체하여 관리하고 있는 경우 아무런 이력이 남아 있지 않게 된다. 인수검사 시 부적합품에 대한 태그, 라벨, 부적합품 보관 장소 등을 구비하여 관리해야 하지만 부적합품이 양품과 내부 특정 인원만 확인이 가능한 상태로 관리하는 것은 문제가 발생할 소지가 많이 있다. 부적합품에 대한 협력 업체의 개선을 유도하고 향후 재발하지 않도록 개선 대책 관리를 실시해야 하지만 관리 실적이 미흡한 현황이다.

인수검사 부적합품에 대한 처리 기준이 작성되어 있고, 부적합품에 대한 식별, 판정, 처리를 기준대로 유지해야 한다. 부적합품에 대한 관리 상태를 확인하고, 개선활동을 실행하여 효과적인 개선 성과가 달성되고 있어야 한다.

선진 회사의 경우는 인수검사 시 부적합이 발생되면 발생된 모든 부적합을 구매 포털 전산시스템에 등록하고 모든 부적합에 대해 개선 대책을 요구하여, 개선대책서를 검토 확인하여 종결하는 시스템을 유지하고 있다. 실물 부적합품에 대해서는 양품(녹색), 판정대기품(노랑), 부적합품(빨강)에 대한 식별표를 운영하여 양품과 부적합품을 명확하게 구분 관리하고 있다.

2) 목적

인수검사 시 부적합품에 대한 식별, 처리에 대한 절차가 마련되어 있는지 확인하고, 부적합품에 대한 판정, 처리와 개선대책서 관리가 효과적인지를 확인하는 것을 목적으로 한다.

3) 입력물(Input)

• 해당 품명에 대한 부품별 인수검사 기준
• 인수검사 성적서 양식

4) 프로세스(Process)

(1) 계획(Plan)

- 부적합품 처리절차서에 부적합품의 식별 관리 방법을 구분하여 관리 방법을 구체화하여 작성한다. 부적합 식별표를 작성하여 빨강색은 부적합품으로 식별이 가능하도록 관리한다.

부적합(빨강)   검사대기(노랑)   합격(녹색)

[그림 3-11] 부적합품 식별표 사례

- 부적합품에 대한 판정, 처리는 품질 조직에서 수행하며 관련 부분과 협의하여 결정하며 재작업, 수리가 가능하면 재검사 후 재사용하며, 사용하지 못하는 경우에는 처리하도록 절차서에 포함한다.

(2) 실시(Do)

- 부적합품이 발생되면 부적합태그 또는 부적합품식별표를 부착하고 부적합 보관장소에 보관한다.
- 부적합품에 대한 판정, 처리는 생산 부서 또는 품질 조직에서 수행하며 관련 부분과 협의하여 처리 방법(재작업, 수리, 폐기 등)을 결정하며 재작업 및 수리품은 재검사 후 현장에 투입한다.
- 부적합품이 자주 발생하거나 중요한 사항에 대해서는 개선대책서를 발행하여 협력업체에 통보하고 근본 원인 분석 및 시정 조치를 요청한다.
- 협력 업체에서 실시한 시정조치보고서는 검증을 실시하여 종결 여부를 결정하고, 유효성 확인을 실시한다.

(3) 확인(Check)

인수검사 시 설정된 품질 목표(인수검사 부적합품률)를 모니터링하여 목표 대비 실적이 부진할 경우 개선 대책을 실시한다.

(4) 조치(Action)

인수검사 부적합품률에 대해 관련 부분과 협의하여 가장 문제가 있는 부적합사항에 대해 개선 과제를 설정하여 지속적으로 개선 관리한다.

5) 출력물(Output)

- 부적합품 처리 절차서
- 부적합 개선 대책 보고서

Q 3.27 공급자 인수 부품 성과 측정 및 관리

인수 부품에 대하여 자사 공정 품질 성과를 업체별 정기적으로 집계 분석하고 있고, 그 실적을 지속적으로 향상하기 위하여 인수 부품 성과 측정 및 관리 프로그램을 운영하고 있는가?

1) 개요

인수 부품에 대해 검사를 실시하고 검사성적서를 적합하게 관리하고 있는 회사들도 업체별, 부품별로 부적합품률 및 부적적합 원인 등 실적을 월별(분기별)로 집계 분석하여 부품 품질 개선활동을 전개하여야 하지만 인수 검사 중심으로 1차적인 활동에 주력하고 있다. 공급자에 대한 인수부품 부적합품률 등 성과측정을 실시하여 개선활동 자료로 활용하는 것이 부족한 실정인데 이 부분에 대한 개선이 필요한 상황이다.

인수 부품별, 업체별 인수 품질 성과 측정을 위한 계획을 수립하고 월별(분기별) 실적을 집계해야 한다. 인수 부적합 성과지표를 모니터링 운영하고 있으며, 개선 조치 결과 인수 품질 성과를 효과적으로 달성해야 한다.

선진 회사의 경우는 공급자 인수 부품 성과를 월 단위로 측정하여 해당 협력업체에 대한 피드백을 구매 포털을 활용하여 실시하고 있으며, 해당 월에 실적이 가장 좋지 않은 업체에 대해서는 개선대책 발표회를 실시하는 부품 품질 개선 프로그램을 운영하고 있다.

2) 목적

인수 부품에 대해 자사공정 품질 성과를 업체별로 정기적으로 집계 분석하고 있는가를 확인하며, 그 실적을 지속적으로 향상하기 위해 인수부품 성과 측정을 하고 있고 관리할 수 있는 프로그램을 운영하고 있는가를 확인하는 것을 목적으로 한다.

3) 입력물(Input)

- 인수검사 성적서
- 인수검사 부적합 개선 대책보고서
- 납품서

4) 프로세스(Process)

(1) 계획(Plan)

- 검사 및 시험 업무 프로세스에 공급자별 인수 부적합품률 집계 방법, 부품별 인수 부적합품률 집계 방법, 공급자별 부품 품질 목표 관리 제도 운영 내용을 포함하여 관리한다.

- 인수 부적합품률에 대한 실적 집계 방법을 전산으로 할 것인지, 수작업으로 할 것인지를 결정한다.

- 가장 평가가 나쁜 부품 업체에 대하여 개선대책 발표회 개최 중 연초에 협약을 체결하여 공급사와 사전 협의를 진행한다.

(2) 실시(Do)

- 인수 검사를 실시하면 검사성적서를 전산시스템상에서 추진하는 경우에는 검사성적서 내용을 인수 부적합품률 집계 방식을 결정하여 자동 집계 및 조회할 수 있도록 관리한다.

입고품질

입고 검사 성적서

1차 가공 (Excel)

성과지표	단위	업체명	품명	LOTNO	검사일자	분모 (대상수량)	분자 (부적합수량)	불량율 (ppm)	A (미인식)	B (외관)	C
수입검사 부적합률	ppm	납품업체	CPU	190601	2019-06-01	1000	50	50000	30	15	5

2차 가공 (it)   업체별   품명별   검사일자 2019-01-01~2019-06-30   조회구분: 일/주/월

[그림 3-12] 인수검사 부적합품률에 대한 집계 및 분석 방법

- 인수 검사를 수작업으로 검사정적서를 작성하면 Excel로 공급사별, 부품별, 검사수량, 검사불합격 수량, 검사 불합격내용 등 관리 내용을 별도 입력하여 인수 부적합이 집계 분석되도록 관리한다.

- 공급자(업체별) 및 부품별로 인수 부적합품률을 집계하여 인수 부적합품률을 집계하고, 주요 부적합에 대한 내용을 산출한다.

구분			계	2019년 1월	2019년 2월	2019년 3월	2019년 4월	2019년 5월	2019년 6월	2019년 7월	2019년 8월	2019년 9월	2019년 10월	2019년 11월	2019년 12월
인수검사	검사 로트		432	56	119	150	107							
	합격 로트		431	56	119	149	107							
	불합격 로트		1	0	0	1	0							
	로트 크기		69,787	13,319	10,618	29,115	16,735							
	시료 검사수		2,209	286	603	796	524							
	시료 불량수		5	0	0	5	0							
	로트 부적합률	목표(ppm)	10,000	10,000	10,000	10,000	10,000							
		실적(ppm)	2,315	0	0	6,667	0							
		달성(%)	177%			133%								
	샘플링 부적합률	목표(ppm)	10,000	10,000	10,000	10,000	10,000							
		실적(ppm)	2,263	0	0	6,281	0							
		달성(%)	177%			137%								
	불량항목(ppm)	도금Burr	0	0	0	0	0							
		도금무늬	0	0	0	0	0							
		도금표면애멀젼(무광)	0	0	0	0	0							
		도금표면애멀젼(유광)	0	0	0	0	0							
		핀홀	2,263	0	0	6,281	0							
		부식(녹)	0	0	0	0	0							
		변형	0	0	0	0	0							
		불가공불량(홀직경)	0	0	0	0	0							
		불가공불량(성형)	0	0	0	0	0							
		도금두께애당	0	0	0	0	0							
		도장두께애당	0	0	0	0	0							
		치수불량(전장)	0	0	0	0	0							
		치수불량(유)	0	0	0	0	0							
		치수불량(두께)	0	0	0	0	0							
		치수불량(중간격)	0	0	0	0	0							
		치수불량(홀크기)	0	0	0	0	0							
		치수불량(직경)	0	0	0	0	0							
		기타	0	0	0	0	0							
	오염별(ppm)	칠체 가드레일	2,263	0	0	6,281	0							
		열후이늄 방호책	0	0	0	0	0							
		단부커버시설	0	0	0	0	0							
		디자인월출타리	0	0	0	0	0							

[그림 3-13] 인수검사 부적합품률 월별 실적집계 및 분석 결과

- 가장 좋지 않은 평가를 받은 업체에 대해서는 월별(분기별) 개선대책 발표회를 실시하고 부적합이 발생하지 않도록 협력하여 노력한다.

(3) 확인(Check)

인수검사 시 설정된 품질 목표(인수검사 부적합품률)를 모니터링하여 목표 대비 실적이 부진할 경우 개선 대책을 실시한다.

(4) 조치(Action)

인수검사 부적합품률에 대해 관련 부분과 협의하여 가장 좋지 않은 평가를 받은 부적합 사항에 대해 개선 과제를 설정하여 지속적으로 개선 관리한다.

5) 출력물(Output)

- 인수 부적합품률 성과 측정 경향(부품별, 업체별 등)
- 공정 부적합품률 성과 측정 경향(부품별, 업체별 등)
- 정기적인 회의체 운영, 개선대책 발표 결과

3.2.3 공정관리

Q 3.28 작업표준서 작성 및 최신본 관리 상태

작업표준서를 핵심 공정 및 제품 특성을 포함하고 있는 관리계획서(Control Plan)에 정의된 항목과 일치하도록 적절하게 제·개정하고 있고, 작업표준서는 현장에서 최신본을 유지하고 있는가?

1) 개요

제조 현장에 해당되는 작업표준서를 게시하고 있으나 형식적인 측면이 있고, 작업표준서 변경이 되지 않아 몇 년 전에 제정한 자료가 현장에 게시되고 있는 것이 많이 발견되고 있다. 이는 품질문제가 발생하여 개선을 실시한 결과 작업조건이 변경되었을 때 관리계획서와 작업표준서를 동시에 변경해야 하지만 작성 부서가 대부분 다르게 되어 있어 함께 협의하여 작성하기보다는 협의 없이 개별 부서에서 작성하다 보니 차이가 발생하는 것이 근본 이유가 되고 있다.

관리계획서와 작업표준서의 관리 조건이 일치하도록 작성해야 하며, 작성된 작업표준서 최신본(유효본)을 현장 게시해야 한다. 작업표준서 최신본 게시 여부를 주기적으로 모니터링해야 하며, 표준 관리 상태를 지속적으로 개선(개정, 게시 등)해야 한다.

선진 회사의 경우는 작업표준서를 개발 단계에서 관련 부분과 협의 하에 작성하여 전산에 등록하여 관리하고 있고 작업 현장에서는 해당 품명 생산 시 선택만 하면 해당되는 작업표준서가 모니터에 자동으로 나타나게 관리하고 있다.

2) 목적

관리계획서(Control Plan)에 정의된 항목과 일치하도록 작업표준서를 핵심 공정 및 제품 특성을 포함하여 일치되도록 최신본으로 관리하고 있는지 여부를 확인하는 것을 목적으로 한다.

3) 입력물(Input)

- 관리계획서(Control Plan)
- 작업표준서
- 제품별 기술표준

4) 프로세스(Process)

(1) 계획(Plan)

- 생산관리 프로세스에 관리계획서 작성, 작업표준서 작성, 특별특성 관리 방법, 공정능력지수 산출 방법 등 내용을 포함하여 작성한다.
- 관리계획서의 관리 항목과 작업표준서의 관리 항목이 일치되도록 관련 부분(연구소, 생산, 품질, 구매, 설비)과 협의하여 결정한다.

(2) 실시(Do)

- 작업표준서는 현장에서 가용한 상태가 되도록 작업자가 확인 가능한 작업대 위에 게시하는 것을 원칙으로 한다.

[그림 3-14] 작업표준서 현장 게시 작용 사례(상단 모니터, 하단 종이시트)

- 작업표준서를 모니터로 관리하는 경우 모든 공정에 함께 변경되도록 사전 준비하여 모델 변경 시 동시에 적용한다.
- 작업표준서를 종이시트로 관리하는 경우에도 작업자가 확인이 가능하도록 가동성 및 보이는 관리가 가능하도록 게시한다.

(3) 확인(Check)

공정검사 시 설정된 품질 목표(공정검사 부적합품률)를 모니터링하여 목표 대비 실적이 부진할 경우 개선 대책을 실시한다.

(4) 조치(Action)

공정검사 부적합품률에 대하여 관련 부분과 협의하여 가장 낮은 평가를 받은 부적합 사항에 대해 개선 과제를 설정하여 지속적으로 개선 관리한다.

5) 출력물(Output)

- 관리계획서와 작업표준서 일치 여부
- 작업표준서의 최신본 관리
- 눈으로 보는 관리(현장 게시물)

Q 3.29 작업 조건 준수 및 작업 조건 변경 시 검증 활동

작업표준서 또는 설비표준서에 정의된 작업 조건이 있고, 이를 준수하는가? 또한 작업 조건 변경 시 조건 변경을 확인하는 방법이 있으며 현장에 적용되고 있는가?

1) 개요

작업표준서에 설정되어 있는 작업조건이 품질 문제 발생으로 개선을 실시하게 되는데 개선 결과를 반영하여 작업표준서를 개정해야 하는데 이를 실시하지 않아 나타나는 현상이 대부분이다. 이를 예방하기 위해 별도의 공정 감사 인원을 할당하여 확인을 해야 하지만 인력 부족 또는 인식 부족으로 실시하고 있지 않아 발행하는 현상이다.

공정별 작업표준서의 관리 조건이 일치되게 준수할 수 있는 방안을 수립해야 하며, 작업 조건 변경 시 확인 방법을 수립하여 실행해야 한다. 준수 상태를 모니터링해야 하며, 개선된 결과가 효과적인 성과를 달성해야 한다.

선진 회사의 경우는 작업표준서의 작업 조건을 확인하는 방법을 반장 또는 별도의 공정 Patrol 인원에 의해 작업 시작 전이나, 정해진 시간(초, 중, 종 등)에 점검하고 있다. 정기적인 작업 조건 준수에 대한 공정 감사를 실시하여 조건을 준수하고 있지 않으면 시정 조치 활동을 실시하고 있다. 까다로운 고객이 있는 경우는 고객이 직접 제조 공정 감사를 정기적으로 실시하여 실행력이 높게 나타나고 있다.

2) 목적

작업표준서 또는 설비표준서에 정의된 작업 조건을 준수하고 있는지를 확인하고 있는지, 작업 조건 변경 시 조건 변경을 확인하여 현장에 적용 여부를 확인하는 것을 목적으로 한다.

3) 입력물(Input)

- 관리계획서(Control Plan)
- 작업표준서
- 제품별 기술표준

4) 프로세스(Process)

(1) 계획(Plan)

- 생산관리 프로세스에 작업표준서 작업 조건 준수를 위해 공정 감사 실시, 작업 조건 변경 시 임의 변경 없이 관련 부분과 협의하여 결정, 작업시작 전후(초, 중, 종 등)에 중요 관리점에 대한 점검 실시, 공정 Patrol 점검 체크시트 관리 내용이 포함되도록 작성한다.
- 작업 시작 전 초물 검사를 실시할 수 있도록 측정기, 점검 기준 및 체크시트를 사전에 준비한다.

(2) 실시(Do)

- 작업자는 작업표준서의 작업 조건을 준수하여 생산을 진행한다.
- 작업상 품질 문제가 발생되어 작업 조건을 변경해야 하는 경우 관련 부서와 협의하여 검토하고 개정한다.
- 작업조건 준수가 되지 않을 경우에 경고등 등 안돈 시스템을 설치하여 작업자에게 의지하기보다는 설비로서 검증할 수 있도록 관리한다.
- 작업 조건이 검증 체크시트와 작업표준서와 관리계획서가 일치하는지를 월별(분기별) 공정 감사원 또는 공정 Patrol 인원에 의해 공정 감사를 실시한다,

(3) 확인(Check)

공정검사 시 설정된 품질 목표(공정검사 부적합품률)를 모니터링하여 목표 대비 실적이 부진할 경우 개선 대책을 실시한다.

(4) 조치(Action)

공정검사 부적합품률에 대해 관련 부분과 협의하여 가장 좋지 않은 평가를 받은 부적합 사항에 대하여 개선 과제를 설정하여 지속적으로 개선 관리한다.

5) 출력물(Output)

- 공정별 작업 표준서
- 작업 조건 변경 확인 방법(초, 중, 종물 등)
- 작업 현장 방문

Q 3.30 제품 또는 공정에 대한 중요 특성 항목 선정, 관리 상태

품질에 영향을 미치는 공정, 설비, 제품의 중요 특성을 선정하고 있고, 중요 특성을 모니터링하며 중요 특성을 모두 포함하여 관리하고 있는가?

1) 개요

품질에 영향을 미치는 제품의 중요 특성을 개발 단계에서 설정하여 관련 부서가 공통으로 관리해야 하는데 중요 특성을 무엇으로 해야 하는지를 알지 못하는 것이 문제이다. 중요 특성은 관리계획서 및 작업표준서에 식별하고 중점적으로 관리해야 하는데 대부분의 회사의 기술문서에 누락되어 있다. 몇몇 회사들이 중요 특성에 대해서는 관리도를 운영하며 공정의 이상 상태를 지속 모니터링 및 개선해야 하는데 형식적인 심사용으로 관리되고 있는 실정이다.

관리계획서, 작업표준서, 설비표준서에 품질에 영향을 미치는 공정, 설비, 제품의 중요 특성을 선정해야 한다. 중요 특성에 대한 관리 기준에 따라 실행해야 한다. 중요 특성의 모니터링 데이터를 활용하여야 하며, 중요 특성의 효과적인 개선 실적을 확인하여야 한다.

선진 회사의 경우는 개발 단계부터 중요 특성에 대해 품명별로 선정하여 관리 방법을 결정하고 있으며, 양산 진행 시에도 제품 특성(치수, 무게, 중량 등 제품 규격), 공정 특성(설비의 온도, 압력 시간 등)에 대한 관리도 및 공정능력지수를 파악하여 Ppk 1.33 이상으로 지속 유지하고 있으며 이상 발생 시 시정조치 활동을 전개하고 있다.

2) 목적

품질에 영향을 미치는 공정, 설비, 제품의 중요 특성을 사전에 선정하고 있는지를 확인하고, 선정된 중요 특성 모두를 포함하여 관리도를 활용하여 모니터링 및 이상 발생 시 시정조치 활동을 체계적으로 수행하고 있는지 확인하는 것을 목적으로 한다.

3) 입력물(Input)

- 제품 개발 계획서의 중요 특성 선정 결과
- 과거 제품 중요 특성 분석결과
- 해당 품명 관리계획서
- 해당 품평 작업표준서
- 기존 제품안전 및 법규 요구사항

4) 프로세스(Process)

(1) 계획(Plan)

- 제품 개발 프로세스에 해당 품명에 대한 중요 특성(제품특성, 공정특성)에 대하여 사전 선정, 중요 특별 관리 방안 결정, 양산 시 관리도 및 공정능력지수 관리 방안 결정 등의 내용을 포함하여 작성한다.
- 특별 특성(제품특성, 공정특성)에 대하여 선정 및 관리계획서, 작업표준서에 특별 특성 기호 식별하고, 관리 방안(자동, 샘플링 측정 등)을 설정하여 관리한다.

특별특성 정의	제품 Semi Assy	리스크평가 심각도	리스크평가 발생도	리스크평가 검출도	RPN	등급	고객 고객명	고객 기호	조달회사 기호	식별대상문서 도면	식별대상문서 문제점FMEA	식별대상문서 표준/WORK	식별대상문서 관리계획서	식별대상문서 작업표준서	관리방법 전수검사 자동	관리방법 전수검사 수동/사람	관리방법 샘플링 자동	관리방법 샘플링 수동/사람	Error Proofing	SPC(공정능력)
Safety & regulation	NA	9	1	5	45	안전&법규	CC critical characteris	▽S/R	SR	○	○	○	○	○						
Safety only	NA	9	1	5	45	안전항목	CC Safety	▽S	S	○	○	○	○	○						
Regulation only	NA	8	1	5	40	법규항목	CC Regulation	▽R	R	○	○	○	○	○						
치수	○	8	1	3	24	제품특성	SC special characteris	◆	✦	○	○	○	○	○	○	○			○	○
성능 1	○	8	1	3	24	제품특성	SC special characteris	◆	✦	○	○	○	○	○	○	○			○	○
성능 2	○	9	1	3	27	제품특성	SC special characteris	◆	✦	○	○	○	○	○			○	○		○
외관	○	4	1	3	12	제품특성	FD functional dimension	◇F	◈F	○	○	○	○	○		○				○
오븐온도	○	4	1	3	12	공정특성	FD functional dimension	◇F	◈F	○	○	○	○	○		○				○

[그림 3-15] 특별 특성 선정 및 관리방안 결정표

- 특별 특성은 개발, 생산, 품질, 구매, 설비 부서가 함께 모여서 협의하여 결정한다.
- 특별 특성 선정 시 법규 및 규제 요구사항을 포함하여 관리한다. 법규 및 규제 요구사항은 사람의 안전과 관련이 있어 보다 까다롭게 관리하는 것이 필요하다.

(2) 실시(Do)

- 특별 특성에 선정되면 양산 시 관리도(X bar R)를 작성하여 모니터링하며 이상 발생 시 시정조치를 실시한다.
- 통계적 공정관리(SPC : Statistical Process Control)는 전산시스템을 활용하는 것이 바람직하다.
- 관리도는 Excel 프로그램, eZ SPC, Minitab을 활용하여 작성한다.
- 특별 특성에 대한 공정능력을 산출하며 Ppk 1.33 이하인 경우에는 시정조치 활동을 실시한다.

(3) 확인(Check)

특별 특성에 대한 품질 목표(품질관리 요소의 공정능력관리 항목)를 모니터링하여 목표 대비 실적이 부진할 경우 개선 대책을 실시한다.

(4) 조치(Action)

공정능력지수에 대하여 관련 부분과 협의하여 Ppk가 1.33 이상으로 관리될 수 있도록 중점 개선 과제를 설정하여 지속적으로 성과개선 관리한다.

5) 출력물(Output)

- 제품별/공정별/설비별 특별 특성 설정
- 관리계획서, 작업표준서, 설비표준서 확인
- 제품/공정 특성 목록표
- 제품안전 및 법규 요구사항

Q 3.31 공정관리(제품 특별 특성 제1~5 공정)–자체생산

공정 및 제품 특별 특성에 대하여 생산되는 제품에 품질특성 예측이 가능한 체계가 구축되어 있으며, 공정능력지수를 모니터링하고 이를 향상하기 위한 노력을 하고 있는가?

1) 개요

제조 공정은 공정별로 구분하여 4M1E(Man, Machine, Material, Method, Environment) 관점과 중요 특성을 중심으로 관리해야 하는데, 이러한 인식보다는 작업자 또는 설비에 의존한 생산을 진행하고 있다. 공정별 관리보다는 생산 전체적인 관점으로 관리하여 세부적으로 어느 공정에 문제가 있는지 구체적으로 파악하여 관리가 되지 않고 있는 실정이다.

관리계획서, 작업표준서, 설비표준서에 따라 작업을 진행해야 하지만 작업자의 경험과 직관에 의한 생산이 주로 진행되고 있고, 공정별 부적합품률을 집계, 공정별 특별 특성(제품, 공정)에 대한 관리도 및 공정능력지수 산출이 안 되고 있는 실정이다.

제 1공정부터 제 5공정의 공정 또는 제품 특별 특성에 대해 품질특성이 예측 가능한 체계를 구축하여야 하며, 공정을 적절하게 관리해야 한다. 공정 또는 제품 특성에 대한 공정 능력지수를 모니터링하고, 개선된 결과는 성과가 향상되고 있어야 한다.

선진 회사의 경우는 제조 공정에 대해 공정별로 4M1E 관점으로 보이는 관리를 실시하고 있고, 공정별 생산 현황 및 부적합 발생 현황을 실시간 모니터링하여 품질 문제점을 경고 및 개선 관리하고 있다. 보이는 관리는 현장에 모니터를 통하여 작업표준서, 생산 진행 현황 및 공정 능력이 실시간으로 모니터링되도록 관리하고 있다. 공정별, 설비별 작업자 숙련도 평가를 통하여 자격 부여된 인원에 의해 작업을 수행하고 있다.

2) 목적

공정관리는 공정 및 제품 특별 특성에 대해 생산되는 제품에 품질 특성이 예측 가능한 체계가 구축되어 운영되고 있는지를 확인하며, 공정능력지수를 모니터링하여 향상하기 위한 지속적 개선 노력을 확인하는 것을 목적으로 한다.

3) 입력물(Input)

- 해당 품명 관리계획서
- 해당 품명 작업표준서

- 설비표준서
- 검사기준서

4) 프로세스(Process)

(1) 계획(Plan)

- 생산관리 프로세스에 제조 공정 1~5개 공정으로 구분하여 관리계획서 및 작업표준서에 반영, 공정별 부적합품률 집계 및 분석, 관리도 활용 및 공정능력지수 산출하여 품질이상 발생 시 시정조치 활동 전개 등 내용을 포함하여 작성한다.
- 제조 공정은 품질관리요소에 정의되어 있는 내용을 기본으로 하여, 공정명을 관리하고 작업표준서에 포함할 내용, 관리해야 할 공정능력지수 항목을 결정하여 관리계획서 및 작업표준서에 작성한다.

순번	물품 분류번호	물품 분류명	세부 품명번호	세부 품명	기준 유형	공정명		작업표준서	공정 능력지수	품질관리요소 (3,2,3~ 3.2.6)
8	39111501	형광등 기구	3911150101	매입형 형광등 기구	나형	2.3.4	철심가공 (절단, 프레싱 등)	겉모양. 치수, 금형의 교환시기 등	치수 등	3.3.3 광특정 (휘도) 3.3.4 온도 3.3.5 절연저항 3.3.6 내열성
						2.3.5	철판 표면처리	겉모양 등	치수 등	
						2.3.6	건조	온도, 시간 등	온도 등	
						2.3.7	도장	겉모양, 도막두께, 내식성, 온도, 시간 등	도막두께 등	
						2.3.8	종합조립	겉모양, 치수, 절연저항 등 등	치수, 절연저항 등	

[그림 3-16] 품명별 품질관리요소 적용 사례

- 제조 공정은 세부 공정이 많거나, 적은 경우에도 5개 공정으로 층별하여 관리한다.

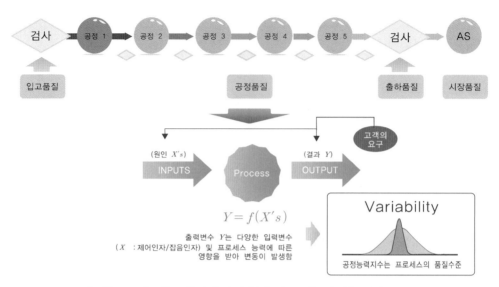

[그림 3-17] 제조 공정의 관리 형태 및 공정능력지수 관리 구조

(2) 실시(Do)

- 공정 품질을 관리하기 위하여 품질관리 요소에서 결정한 5개 공정별로 구분하여 공정 부적합품률을 집계한다.
- 5개 공정별 파악된 특별 특성(제품, 공정)에 대하여 관리도를 작성하여 이상 여부를 확인하고, 공정능력지수를 산출한다.
- 관리도 이상 발생 시 공정능력지수 Ppk 1.33 이하인 경우에는 시정조치를 실시한다.
- 공정별, 설비별 작업자에 대한 숙련도 평가를 실시하고 작업자 자격 부여를 실시한다.
- 생산 실적은 생산일보에 일 단위로 작성한다.
- 주요 설비에 대한 일상점검에 대하여 작업자가 실시한다.
- 공정 이상 발생 시 부적합품 처리 및 시정조치 활동을 실시한다.

(3) 확인(Check)

특별 특성 품질관리 요소의 공정 능력 관리 항목, 공정부적합품률에 대한 품질 목표를 모니터링하여 목표 대비 실적이 부진할 경우 개선 대책을 실시한다.

(4) 조치(Action)

- 공정능력지수 관련 부분에 대해 협의하여 Ppk가 1.33 이상으로 관리될 수 있도록 중점 개선 과제를 설정하여 지속적으로 성과개선 관리한다.
- 공정 부적합 분석 결과 가장 나쁜 평가를 받은 항목에 대한 개선활동을 지속적으로 실시한다.

5) 출력물(Output)

- 제 1~5 공정 작업표준서(공정별 품질관리요소는 공고하거나 심사 전 업체에 통보)
- 관리도
- 공정능력지수〈핵심품질〉(공정별 품질관리요소는 공고하거나 심사 전 업체에 통보)
- 개선대책보고서(부적합 보고서, 시정 및 예방조치 보고서 등)
- 현장 방문
- 작업표준서의 자재, 설비, 작업 방법, 작업 환경 등 구비
- 작업표준서, 설비점검표 등 현장게시 수준
- 작업자에 대한 숙련도 향상 계획 및 결과

Q&A

Q 3.32 공정관리(제품 특별 특성 제 1~5 공정)–협력업체 생산
상기 공정을 협력업체에 외주 위탁 생산하는 경우, 생산된 제품의 인수품질 공정능력지수를 관리하고 이를 향상하기 위한 노력을 하고 있는가?

1) 개요

기존의 품질경영시스템에서는 외주 위탁 생산하는 경우에는 협력업체를 분류하여 품질경영 수준 평가를 신규, 정기적으로 실시하면 되었으나 품질보증조달품 제도에서는 내부에서 생산한 것과 동일하게 관리해야 한다. 이는 품명별로 동일한 조건에서 품질보증을 실시하기 위함이며 5개 공정에서 1개 공정(예, 포장)만 내작으로 진행하는 업체와 5개 공정 모두를 생산하여 품질관리하는 업체의 차이가 발생할 수 있으며 5개 공정 모두를 생산하는 것을 권고하고 있다.

제1 공정부터 제 5 공정을 외주 위탁 생산하는 경우 인수 품질을 관리하기 위해 공정 또는 제품 특성에 대한 공정능력지수를 설정하고, 그 성과를 모니터링해야 하며, 그 관리된 성과가 지속적으로 향상되어야 한다.

선진 회사의 경우는 외주 위탁 생산 공정에 대하여 생산 진행 현황 및 공정능력을 실시간으로 모니터링이 되도록 관리하고 있다. 전산시스템을 활용하여 생산계획 및 생산 실적을 모기업과 협력기업이 공유하고 있으며 공정별 부적합품률, 공정능력지수에 대한 실적을 공유하고 있다.

2) 목적

공급사(협력업체)에서 생산 공정을 외주 위탁하는 경우, 생산된 제품의 인수품질 공정능력지수를 모니터링하여 향상하기 위한 지속적 개선노력을 확인하는 것을 목적으로 한다.

3) 입력물(Input)

- 해당 품명 관리계획서
- 해당 품명 작업표준서
- 설비표준서
- 검사기준서

4) 프로세스(Process)

(1) 계획(Plan)

- 생산관리 프로세스에 제조 공정 중에 외주 위탁 생산하는 1~5개 공정 중에 구분하

여 관리계획서 및 작업표준서에 반영, 공정별 부적합품률 집계 및 분석, 관리도 활용 및 공정능력지수를 산출하여 품질 이상 발생 시 시정조치 활동 전개 등 내용을 포함하여 작성한다.

- 외주 위탁 생산하는 공정에 대하여 사전 협력업체 평가 기준에 따라 신규 및 정기 평가된 업체를 활용하여 생산한다.
- 외주 위탁 생산하는 업체와 공정품질(부적합품률), 주요 특성(제품, 공정)에 대한 공정능력지수 제출을 협의하여야 한다.

(2) 실시(Do)

- 공정품질을 관리하기 위하여 외주 위탁 생산하는 공정별로 구분하여 공정 부적합품률을 집계한다.
- 외주 위탁생산하는 공정별 파악된 주요 특성(제품, 공정)에 대하여 공정능력지수 산출 결과를 확인한다.
- 공정능력지수가 Ppk 1.33 이하 인 경우에는 시정조치를 요구한다.
- 외주 위탁생산 업체에 공정 이상 발생 시 부적합품 처리 및 시정조치를 요구하고 개선대책 결과에 대한 유효성 확인을 실시한다.

(3) 확인(Check)

특별 특성 품질관리 요소의 공정능력관리 항목, 공정부적합품률에 대한 품질 목표를 모니터링하여 목표 대비 실적이 부진할 경우 개선 대책을 실시한다.

(4) 조치(Action)

- 공정능력지수 관련 부분과 협의하여 Ppk가 1.33 이상으로 관리될 수 있도록 중점 개선 과제를 설정하여 지속적으로 성과개선 관리한다.
- 공정 부적합 분석결과 Worst 항목에 대한 개선활동을 지속적으로 실시한다.

5) 출력물(Output)

- 해당 제품의 인수품질 데이터 집계 분석, 보고서
- 인수품질 특별 특성에 대한 관리도 및 공정능력지수 관리〈핵심품질〉

  ※ 공정 1 ~ 5의 항목의 공정관리는 5개 항목을 선정하여 품명에 공통으로 적용하는 것이 원칙이나 심사기준의 오류 등 부득이한 경우 사전에 심사기관과 협의한 후 공정관리항목을 조정하여 55점 범위 내에서 점수를 부여할 수 있다.

3.2.4 **작업현장 관리**

Q 3.33 작업장 3정(정위치, 정품, 정량) 5S(정리, 정돈, 청소, 청결, 습관화) 및 청정 생산 실시 상태

생산 작업장의 현장 3정 5S 활동에 대한 체계와 청정 생산을 위한 기반 시설 및 환경을 구축하고 있고, 작업장의 5S 활동을 지속적으로 수행하고 있는가?

1) 개요

생산 작업장의 현장 3정 5S 활동은 모든 회사가 실시하고 있으나, 진정으로 실시되고 있는 회사는 소수에 불과한 편이다. 현장의 청결 상태는 직원들의 마음가짐으로 인식되고 있어 5S 활동이 잘되고 있으면 품질 및 생산성이 높게 나타나고 있기 때문이다. 이러한 이유로 고객들이 협력 회사 평가 시 5S 활동 평가를 실시하고 있다. 5S 활동을 심사에 임박하여 실시하는 것은 바람직하지 않으며 평소에 체질화되어 관리되는 것이 필요하다.

생산 작업장의 현장 3정 5S 활동에 대한 체계와 청정 생산을 위한 기반 시설 및 환경을 구축하여야 하고, 작업장의 5S 활동을 지속적으로 실행하여야 한다. 5S 활동 실행 여부를 모니터링하여야 하며, 5S 활동의 개선 결과가 효과적으로 성과가 입증되어야 한다.

선진 회사의 경우는 작업장의 3정 5S 활동을 경영자 주도로 실시하고 연간 사용 예산을 정액 결정하여 사전 지원하여 필요한 활동을 전개하고 있으며 연말 우수부서 시상을 3정 5S 활동의 결과로 실시하고 있고 전 직원의 3정 5S에 대한 인식과 관리 수준이 고도화되어 있다.

2) 목적

생산 작업장의 현장 3정(정위치, 정품, 정량), 5S(정리, 정돈, 청소, 청결, 습관화) 활동에 대한 관리 체계가 있고 효과적으로 운영하는지를 확인하고, 청정 생산을 위한 기반시설 및 환경을 구축하고 있는지 확인해야 하며, 작업장의 5S 활동을 지속적으로 유지하고 있는지를 확인하는 것을 목적으로 한다.

3) 입력물(Input)

- 3정 5S 추진계획서
- 작업장 환경규제 조사 결과(해당 시)
- 5S 활동 점검 Check sheet 양식

4) 프로세스(Process)

(1) 계획(Plan)

3정 5S 추진 계획서를 적용 범위, 추진 순서(정리, 정돈, 청소, 청결, 습관화), 청소 담당 구역별 담당자 선정, 추진 일정 등을 포함하여 작성한다.

(2) 실시(Do)

- 정리는 불필요한 것을 버리는 것으로 정리 대상 범위로 제조현장, 창고(원자재, 재공, 완제품 창고), 사무실 등을 결정하여 정리 대상 목록을 작성하고 불필요한 물건들을 폐기한다.

폐자재 분리/폐기 및 정리/정돈 개선결과

창고 랙 정리/정돈 개선결과

[그림 3-18] 5S 활동 정리(정돈) 사례 연구

- 정돈은 불필요한 물건이 없이 필요한 것들로만 구성되어 있는 것을 3정(정위치, 정품, 정량) 형태로 바로 사용할 수 있도록 배치한다.

[그림 3-19] 5S 활동 정돈 사례 연구

- 청소는 청소할 대상과 구획을 결정하여 청소 담당자를 선정하고, 청소 시간, 청소 방법을 결정하여 주기적으로 청소를 실시한다.

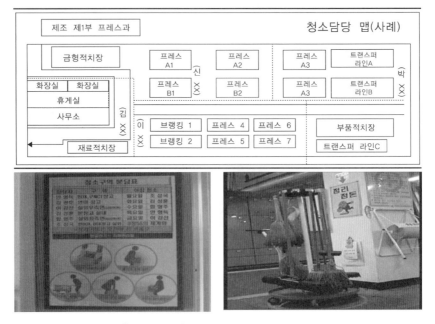

[그림 3-20] 5S 활동 청소 사례 연구

- 청결은 정돈하지 않아도 정돈될 수 있는 방안을 고려하고, 청소의 개소가 적게 할 수 있도록 방법을 고려하여 사람의 일손을 적게 할 수 있도록 관리한다.

[그림 3-21] 5S 활동 청결 사례 연구

- 습관화는 월별(분기별) 품질 조직에서 3정 5S에 대한 실시 결과를 평가하고 우수 부서에 시상하는 제도를 도입하여 운영한다.

(3) 확인(Check)

3정 5S 점수 중 성과지표에 대한 품질 목표를 모니터링하여 목표 대비 실적이 부진할 경우 개선 대책을 실시한다.

(4) 조치(Action)

3정 5S 점수 및 인프라에 대하여 부족한 부분에 대한 중점 개선 과제를 설정하여 지속적으로 성과개선 관리한다.

5) 출력물(Output)

- 작업장 5S 활동 점검 체크시트
- 작업장 5S 활동(정리, 정돈, 청소, 청결, 습관화)
- 작업장 이물관리 체계
- 작업장 환경 규제 적용 결과(해당되는 경우)

Q 3.34 제품에 대한 취급 관리, LOT 추적성 관리

제품에 대한 취급을 위해 투입시점부터 출하하기까지의 전 단계에 걸쳐 추적성을 관리할 수 있는 체계가 있고, 제품별로 LOT가 관리되고 있는가?

1) 개요

제품에 대한 취급은 설비 중심의 회사의 경우에는 생산 구역을 설정하여 생산의 단계를 관리하고 있고, 조립 제품의 경우에는 공정이동전표를 활용하여 해당 로트별로 관리하는 것이 일반적인 회사의 모습이다. 생산 현장의 레이아웃으로 구분하여 관리하는 것보다는 제품별로 로트 넘버를 부여하고 생산 진행 이력이 관리될 수 있도록 하는 것이 필요하다.

제품에 대한 취급 기준이 수립되어 실행하고 있으며, 해당되는 경우 투입 시점부터 출하하기까지의 전 단계에 걸쳐 추적성을 관리할 수 있는 체계가 있어야 한다. 제품별로 로트 관리의 실행 상태를 모니터링해야 하며, 개선의 결과가 효과적으로 달성되어야 한다.

선진 회사의 경우는 생산 계획을 MES 전산 시스템으로 관리하고 실물 제품은 로트를 구성하고 로트별로 RFID 또는 로트 카드를 활용하여 바코드로 모든 공정을 거치면서 확인하여 생산 공정 단계별로 실시간 생산 이력이 관리되도록 운영하고 있다.

2) 목적

제품에 대한 취급을 위하여 투입 시점부터 출하하기까지의 전 단계에 걸쳐 추적성을 관리할 수 있도록 체계를 갖추었는지 확인하고, 제품별로 로트가 관리되고 있는지 확인하는 것을 목적으로 한다.

3) 입력물(Input)

- 제품 생산 계획
- 제품별 로트 관리 기준

4) 프로세스(Process)

(1) 계획(Plan)

- 제품 추적 및 식별 절차서에 로트 번호 부여 기준, 제품 취급 방법, 부적합품 식별 방법 내용을 포함하여 작성한다.

- 생산 공정에 대한 전체 레이아웃을 작성하여 작업 구역과 제품 보관 구역, 제품의 물류 이동 동선에 대하여 관리한다.
- 제품 식별 및 추적성을 위한 로트 번호 부여 기준, 공정이동전표, 공정별 관리 항목을 결정하여 생산 시 활용한다.

(2) 실시(Do)

- 생산 현장에 공장 레이아웃도를 게시하고 전체적은 공정의 흐름을 알 수 있도록 한다.
- 생산 공정별로 제품의 투입품 보관 장소, 생산 장소, 생산 후 보관 장소, 부적합품 보관 장소, 완제품 보관 장소에 대하여 구획을 식별하여 관리한다.
- 로트번호는 생산 계획 시 발행하며 생산 단위(예, 300개 등)를 결정하고 로트별 생산 진행 이력이 관리되도록 공정 식별표를 관리한다.

(3) 확인(Check)

- 제품 취급 관리에 대한 성과지표의 품질 목표를 모니터링하여 목표 대비 실적이 부진할 경우 개선 대책을 실시한다.
- 제품 취급 관리에 대한 성과지표는 로트번호 오관리율, 출하검사 로트번호 표시 부적합품률 등으로 관리할 수 있다.

(4) 조치(Action)

제품 취급 관리에 대하여 부족한 부분에 대한 중점 개선 과제를 설정하여 지속적으로 성과개선 관리한다.

5) 출력물(Output)

- 제품 취급 기준
- 작업장 레이아웃 배치도(공정 식별, 작업/보관 구역 식별 등)
- 제품 추적 및 식별 관리 방법
- 로트 추적 관리

Q 3.35 작업 환경 개선, 작업자 안전 대책

작업장 환경은 법규 준수 및 작업자의 안전 대책을 위한 시설 및 설비가 구비되어 있고, 작업자의 안전을 위해 필요한 사항을 조치하고 있는가?

1) 개요

작업장 환경에 대한 법규 준수는 정부 기관의 관리 감독의 영향과 기업의 인식으로 대부분의 업체가 준수 상태가 양호한 상태로 파악된다. 작업자의 안전과 관련된 사항에 대하여 물질안전보건자료(MSDS : Material Safety Data sheet)에 제시하고 있는 개인보호구에 대한 관리 실태를 세부적으로 확인하면 누락된 개인보호구가 있거나 관리 이력을 확인할 수 없는 경우가 발생하고 있다. 작업자의 안전을 위해 필요한 개인보호구 구비 및 환경을 구비하여 생산을 진행하는 것이 필요하다.

작업장 환경은 법규를 준수해야 하며, 작업자의 안전 대책을 위한 시설 및 설비가 구비되어 있어야 한다. 작업자의 안전을 위해 필요한 사항을 조치하고 있어야 하며, 작업장 안전 개선에 대한 성과가 효과적으로 달성되어야 한다.

선진 회사의 경우는 작업장 환경에 대한 관리를 ISO 45001 안전경영관리시스템을 구축하여 운영하고, 작업장 안전 평가를 실시하여 위험 요소별로 개선 대책을 수립하여 관리하고 있다. 중소기업의 경우에도 작업장에 대한 레이아웃을 토대로 작업자 안전 대상을 식별하고 해당 지역에 개인 보호 장비를 비치하거나, 개인별로 개인보장구를 지급하여 안전 대책에 만전을 기하고 있다.

2) 목적

작업장 환경은 법규 준수 및 작업자의 안전 대책을 위한 시설 및 설비가 구비되어 있는지를 확인하는 것을 목적으로 한다.

3) 입력물(Input)

- 작업자 안전관련 법규 및 규제적 요구사항
- 물질안전보건자료(MSDS : Material Safety Data sheet) 관리 기준
- 작업장 안전 측정 계획

4) 프로세스(Process)

(1) 계획(Plan)

- 작업장 안전 절차서에 작업자 안전에 대한 법규 및 규제적 요구사항에 대한 파악 및 관리 방법, 작업자 안전 리스크 파악 및 관리 방법, 개인보호구 지급 및 관리 방법 내용을 포함하여 작성한다.
- 법규 및 규제적 요구사항에 대해 회사의 사항을 준수 평가표를 활용하여 파악하고 관리 방안을 설정한다.
- 작업장 위험 구역을 식별하고 레이아웃을 설정하여 관리 방안을 계획한다.

(2) 실시(Do)

- 작업장 위험 구역으로 설정된 구역에 대하여 작업자 안전을 위한 개인보호구를 비치한다.
- 작업자 안전을 위한 개인보호구는 안전 지역별 또는 개인별로 지급하고 개인보호구 관리대장을 활용하여 지급 이력을 관리한다.
- 작업장 안전의 측정은 법으로 정한 기준대로 실시하고 그 결과에 대한 보고서 이력을 유지하며, 문제점 발생 시는 개선 대책을 수립하여 문제가 없도록 한다.

(3) 확인(Check)

- 작업장 안전관리 관련 성과지표에 대한 품질 목표를 모니터링하여 목표 대비 실적이 부진할 경우 개선 대책을 실시한다.
- 작업장 안전관리에 대한 성과지표는 로트번호 오관리율, 출하검사 로트번호 표시 부적합품률 등 관리할 수 있다.

(4) 조치(Action)

작업장 안전관리에 대하여 부족한 부분에 대한 중점 개선 과제를 설정하여 지속적으로 성과개선 관리한다.

5) 출력물(Output)

- 법규에 만족하는 시설 및 설비 구비(위험물의 구역 구분 등)
- MSDS에서 제시한 개인보호장구 구비
- 정기적인 작업장 안전 측정 및 개선대책 관리

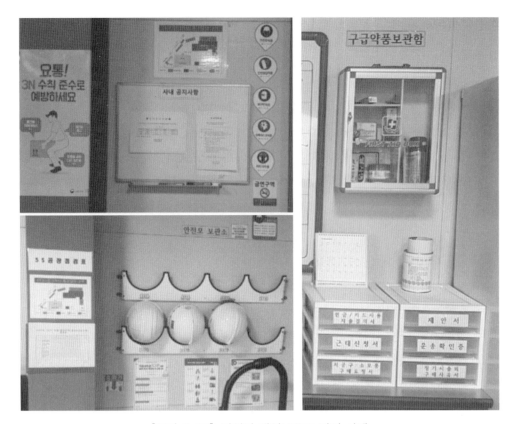

[그림 3-22] 작업자 개인보호구 관리 사례

3.2.5 설비관리

> **Q 3.36** 설비 운용 및 정기점검 관리
>
> 제품 생산에 적합한 설비를 운용하고 있으며 설비별로 정기적인 점검 관리할 수 있는
> 체계가 구축되어 있고, 설비의 정기적인 점검관리를 실시하고 있는가?

1) 개요

제품 생산에 적합한 설비를 구비하여 생산을 진행하고 있으나, 제품 생산의 개념이 자동화 측면으로 확대되어 가고 있어 설비관리의 중요성이 강조되고 있다. 반면 설비에 대하여 예방 차원으로 점검 계획을 수립하고 관리해야 하지만 설비가 고장이 난 이후 사후 보전을 하는 경우가 대부분이다.

제품 생산에 적합한 설비를 구비하여 설비별로 정기적인 점검관리를 할 수 있는 체계가 구축되어 있고, 설비의 정기적인 점검 결과를 관리해야 한다. 점검 결과는 정기적으로 점검 관리하고, 개선 성과가 효과적으로 달성되고 있어야 한다.

선진 회사의 경우는 설비 예방 계획을 전산 시스템을 활용하여 모든 설비에 대하여 TBM(Time Base Maintenance) 계획을 수립하고, 계획된 예방점검 일정에 설비 점검 항목과 기준에 따라 점검을 실시하여 전산상에 이력을 유지하고 있다. 설비 점검은 CBM(Condition Base Maintenance) 개념으로 설비 조건의 준수 여부를 관리하고 있다.

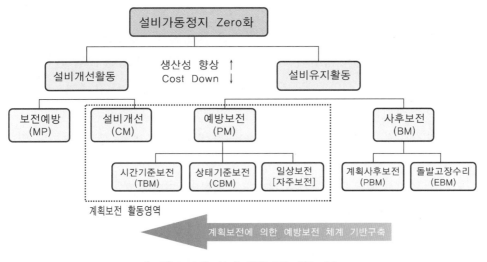

[그림 3-23] 설비 예방보전 계획 개요

> **[용어정의]**
>
> - PM(preventive maintenance) : 예측(predictive)활동을 포함하는 계획보전활동
> - TBM(time based maintenance) : 시간을 기준으로 정기적인 설비 점검, 교체 활동
> - CBM(condition based maintenance) : 마모도, 진동, 소음, 유체분석 등 상태를 관찰하는 예방활동
> - PBM(plan based maintenance) : 고장 난 설비를 보수하기 위해 계획된 정비활동
> - EBM(emergency based maintenance) : 돌발 고장에 대한 복구 수리
> - CM(corrective maintenance) : 예방차원에서 설비를 사전에 수리
> - MP(maintenance prevention) : 설비를 개보수하는 일상 활동

2) 목적

제품 생산에 적합한 설비를 구비하고 있어야 하며, 설비별로 정기적인 점검관리를 할 수 있도록 설비 관리 체계(예방점검 계획, 설비점검 관리 대장, 설비점검표 등)를 구축해야 하며, 설비의 정기적인 점검관리 업무를 수행하는 것을 목적으로 한다.

3) 입력물(Input)

- 연간 설비 예방점검 계획
- 설비별 설비관리 이력 대장
- 설비점검 이력 및 개선 설적

4) 프로세스(Process)

(1) 계획(Plan)

- 설비관리 프로세스에 설비 관리대장 관리, 예방점검 계획 대비 실적 관리, 설비 점검 관리 기준, 설비 등급 관리, 예비 부품 관리 방안 내용을 포함하여 작성한다.
- 설비관리 대장에 설비의 등급을 결정하고 설비 점검 항목, 점검 주기, 점검 및 수리 이력을 관리할 수 있도록 구성하여 작성한다.
- 설비 예방점검 계획은 설비등급별 설비 점검 주기를(6개월, 분기, 월, 주, 일) 결정한다.
- 설비 점검은 정성적인 점검과 정량적(수치화된) 점검을 할 수 있도록 누락 없이 점검 기준을 설정한다.

(2) 실시(Do)

- 설비별 점검 기준에 따라 설비 점검 시트를 활용하여 계획된 주기별로 점검을 실시한다.

- 설비 점검은 TBM, CBM에 적합하도록 실시한다.

- 설비 점검 이력은 계획된 주기와 조건을 만족하도록 점검하고 문제점이 발생되면 개선 조치를 실시한다.

- 설비 문제점과 개선점은 설비 점검 체크시트에 반영하고 재발되지 않도록 점검 항목을 추가한다.

(3) 확인(Check)

- 설비관리 관련 성과지표에 대한 품질 목표를 모니터링하여 목표 대비 실적이 부진할 경우 개선 대책을 실시한다.

- 설비관리에 대한 성과지표는 OEE(Overall Equipment Efficiency, 종합설비효율), MTBF(Mean Time Between To Failure, 평균고장시간간격), MTTR(Mean Time To Repair, 평균 수리시간) 등을 관리할 수 있다.

(4) 조치(Action)

설비관리 관련 부족한 부분에 대한 중점 개선 과제를 설정하여 지속적으로 성과개선 관리한다.

5) 출력물(Output)

- 제품에 적합한 설비 운용(공정에 따른 설비종류, 용량 등)
- 설비별 정기적인 점검 관리(설비특성 수치화된 점검관리)
- 설비별 관리이력대장 및 수리이력 관리

Q 3.37 예방 정비 및 예비 부품 확보

주요 설비에 대하여 고장을 예방할 수 있도록 예방 정비 계획을 수립하고 정기적인 예방 정비를 하고 있는가? 또한 주요 소모성 예비부품은 확보하고 있는가?

1) 개요

설비에 대한 연간 예방점검 계획 대비 실적을 간단하게(예, 8월 계획 ○, 실시 ● 등) 관리하고 있고, 설비별로 어떠한 항목을 점검해야 하는지 명확하게 기준이 작성되지 않은 상태에서 관리하고 있는 회사가 존재한다. 설비 점검 시 예비 부품을 가용해야 바로 교체가 가능한데, 안전재고에 대한 기준이 없거나 현재고가 없는 경우에 한하여 예비 부품을 발주하고 있는데 이는 예비 부품을 구매하지 못하는 경우(업체 부도, 해외 거래로 장기간 소요, 업체 재고 없음 등)가 발생하면 바로 대응할 수 없게 되어 설비를 비가동 상태로 오래 방치해야 한다. 사전 안전재고 수준을 결정하여 현재고 수준을 관리하여 설비 가동 시간을 높여야 한다.

주요 설비에 대해 고장을 예방할 수 있도록 예방 정비 계획을 수립하고, 정기적인 예방 정비를 실행해야 한다. 예방 정비 결과를 모니터링하고, 목표한 설비 관리 성과가 효과적으로 달성되고 있어야 한다.

선진 회사의 경우는 주요 설비에 대해 설비 등급을 설정하여 점검 주기를 결정하여 예방 계획을 수립하고 계획된 주기별로 점검을 실시하고 있으며, 점검 시 활용되는 예비 부품에 대한 안전재고를 설정하여 현재고 대비 부족하지 않게 관리하고 있다.

2) 목적

주요 설비에 대해 고장을 예방할 수 있도록 예방 정비 계획을 수립하고 정기적인 예방 정비를 실시해야 한다, 또한 주요 소모성 예비 부품을 확보하는 것을 목적으로 한다.

3) 입력물(Input)

- 연간 설비 예방 점검 계획
- 설비별 설비관리 이력 대장

4) 프로세스(Process)

(1) 계획(Plan)

- 설비관리 프로세스에 설비별 예방점검 계획 대비 실적 관리, 예비부품의 안전재고 기준 설정 및 재고 관리 방안 내용을 포함하여 작성한다.
- 설비별 예방 점검 항목 및 점검 기준을 설정하고 설비 점검 시트를 작성한다.
- 설비에 사용되는 예비 부품의 안전재고를 설정한다.

(2) 실시(Do)

- 연간 예방 점검 계획에 따라 설비별로 예방 점검을 실시하고 설비 점검 시트에 실적을 기록한다.
- 설비 점검을 전산으로 이력을 유지하는 경우에는 이상이 발생되는 경우 경고를 줄 수 있도록 프로그램하여 관리한다.
- 예비 부품은 안전재고 기준 이상으로 현 수준을 관리할 수 있도록 사전에 발주하여 안전재고를 확보한다.
- 설비 점검 관련 이상 발생에 대한 개선 대책을 실시하고 개선 이력을 관리한다.

(3) 확인(Check)

- 설비관리 관련 성과지표에 대한 품질 목표를 모니터링하여 목표 대비 실적이 부진할 경우 개선 대책을 실시한다.
- 설비관리에 대한 성과지표는 설비 점검 실시율, 예비 부품 안전재고 확보율 등으로 관리할 수 있다.

(4) 조치(Action)

설비관리 관련 부족한 부분에 대한 중점 개선 과제를 설정하여 지속적으로 성과 개선 관리한다.

5) 출력물(Output)

- 연간 예방 정비 계획 대비 실적
- 예비 부품 재고 운영 현황

Q 3.38 금형, 소모성 치공구 및 설비 점검 상태
생산 시 사용되는 금형, 소모성 치공구를 적절하게 보유하고 관리하고 있는가?

1) 개요

생산 시 사용되는 금형, 소모성 치공구에 대하여 유효 수명을 관리하지 않아 생산 제품에 영향을 주고 있는데도 불구하고 관리상 문제가 없는 것으로 인식되어 생산을 계속 진행하고 있으며, 이는 품질상의 여러 문제가 발생하거나 잠재적인 발생 가능성이 존재하고 있다. 금형 및 치공구에 대하여 관리 기준을 설정하고 항시 가용한 상태가 되도록 관리하는 것이 필요하다.

생산 시 사용되는 금형, 소모성 치공구를 적절하게 보유해야 하고, 관리 상태를 가용한 상태로 유지 및 적정 재고를 유지하고 있어야 한다. 주기적인 점검 관리를 실시하여, 품질 또는 생산성 향상 등의 성과가 향상되고 있어야 한다.

선진 회사의 경우는 금형의 경우 타발 수를 전산상에서 생산 실적을 실시간으로 계산하고 있으며, 사전 경고 구간 기준에 따라 정상 여부를 관리하며 관리 기준이 초과되면 설비가 멈추는 시스템을 운영하고 있다. 치공구에 대해서는 설비관리 대장과 같이 치공구 관리 대장을 구비하여 정기적으로 점검 관리하여 수명관리를 실시하고 있다

2) 목적

생산 시 사용되는 금형, 소모성 치공구 적절하게 보유하고 가용한 상태로 관리하는 것을 목적으로 한다.

3) 입력물(Input)

- 금형, 소모성 치공구 목록표
- 소모성 치공구 안전재고 관리 실적

4) 프로세스(Process)

(1) 계획(Plan)

- 설비관리 프로세스에 금형, 치공구 발주 계획, 입고 검수 방안, 유효 수명 및 치공구 가용 상태 관리, 안전재고 관리에 대한 내용을 작성한다.

- 금형이 있는 경우 금형 목록표를 작성하고 타발 수를 관리하도록 관리대장을 작성한다. 전산으로 타발 수 이력을 관리하는 경우에는 유효 수명 이전에 경고를 줄 수 있도록 기준을 설정한다.
- 생산을 보조할 수 있는 치공구 설계 및 점검 기준을 작성한다.

(2) 실시(Do)

- 금형에 대하여 생산 타발 수를 작성하여 수명 기간이 넘지 않도록 점검 대장 또는 전산 시스템으로 이력을 관리한다.
- 치공구에 대해서는 주기적인 점검 관리를 하고 항상 가용한 상태를 유지한다.
- 치공구에 대한 안전재고 기준에 부합되도록 현재고를 관리한다.

(3) 확인(Check)

- 치공구 관리 관련 성과지표에 대한 품질 목표를 모니터링하여 목표 대비 실적이 부진할 경우 개선 대책을 실시한다.
- 치공구 관리에 대한 성과지표는 금형 및 치공구 점검 실시율, 치공구 안전재고 확보율 등으로 관리할 수 있다.

(4) 조치(Action)

치공구 관리에 대하여 부족한 부분에 대한 중점 개선 과제를 설정하여 지속적으로 성과 개선 관리한다.

5) 출력물(Output)

- 금형, 소모성 치공구 목록표
- 소모성 치공구의 적정재고 유지

3.2.6 포장/창고 관리

Q 3.39 재고 및 창고 관리(환경, 운영체계)

부품, 재공품, 완제품의 적정 재고량을 이해하고 적정한 수준을 유지하고 있으며, 제품에 적합한 창고를 보유하고 양호한 상태를 유지하고 있는가?

1) 개요

부품, 재공품, 완제품에 대한 적정 재고량을 관리해야 하지만 현재의 재고 수준이 적절한지 파악이 어렵고, 가동률을 높이기 위해 사전 생산을 진행하여 많은 양의 재고를 보유하고 있는 경우가 존재한다. 이는 악성 재고 및 장기재고로 남게 된다. 반면 안전재고가 없이 생산을 진행하면 여러 사유에 의해 생산이 지연되고 고객 납품이 지연되는 경우가 발생한다. 이를 만족하기 위하여 적정 재고량을 산정하여 관리하고 이를 보관하는 창고(부품, 재공품, 완제품)의 양호한 상태를 관리할 수 있도록 인프라를 구축하여 운영해야 한다.

부품, 재공품, 완제품을 이해하고 적정한 수준을 유지하고 있으며, 제품에 적합한 창고 보유 및 환경 관리(온도, 습도 등)를 양호하게 관리해야 한다. 창고 환경 및 재고 회전율 등의 성과를 모니터링하고, 개선된 성과가 지속적으로 실행되고 있어야 한다.

선진 회사의 경우는 창고(부품, 재공품, 완제품)의 인프라를 자동화가 가능하도록 창고를 효과적으로 관리하고 있고, 창고의 온·습도 관리를 자동으로 통제할 수 있도록 관리하고 있으며 재고 수준이 실시간으로 파악되도록 창고 관리 전산시스템을 효과적으로 운영하고 있다. 창고의 재공 재고 실적은 전산으로 실시간 확인이 가능하도록 관리하고 있다.

2) 목적

부품, 재공품, 완제품의 적정 재고량을 이해하고 적정한 수준으로 유지해야 하며, 제품에 적합한 창고를 보유하여 양호한 상태를 유지하는 것을 목적으로 한다.

3) 입력물(Input)

- 창고(부품, 재공품, 완제품) 레이아웃도
- 창고 관리 기준(온·습도 등)
- 재고 관리 실적

4) 프로세스(Process)

(1) 계획(Plan)

- 생산관리 프로세스에 부품, 재공품 및 완제품에 대한 창고 관리 기준, 선입선출, 재고관리 내용이 포함되도록 작성한다.
- 부품 창고에 대한 관리 기준은 부품 특성에 맞도록 환경(온도, 습도 등) 및 선입선출 관리 기준을 설정한다.
- 재공품에 대한 보관 장소 위치 식별, 보관 장소에 보관해야 할 대상 제품 및 수량 결정, 재공품의 사용 실적 관리 기준을 결정한다.
- 완제품 창고에 대한 관리 기준과 안전재고, 선입선출 관리 기준을 설정한다.

(2) 실시(Do)

- 부품 창고에 대한 레이아웃도를 작성하고 보관 구역별 위치를 식별하고 받침대(Rack) 등 기반 시설을 구비하고 창고 환경에 부합하도록 인프라를 구축한다.
- 재공품에 대한 생산 구역에 보관 구역을 식별하고 생산 투입 전·후에 대한 위치를 관리한다.
- 완제품에 창고에 대한 레이아웃도를 작성하고 보관 구역별로 위치를 식별하고 받침대(Rack) 등 기반 시설을 구비하고 창고 환경에 부합되도록 인프라를 구축한다.
- 창고(부품, 재공품, 완제품)의 환경이 관리 조건내로 운영되는지 정기적으로 점검 관리하고, 이상 발생 시 개선 조치한다.

(3) 확인(Check)

- 창고 관리 관련 성과지표에 대한 품질 목표를 모니터링하여 목표 대비 실적이 부진할 경우 개선 대책을 실시한다.
- 창고 관리에 대한 성과 지표는 재고 회전율, 장기재고 품질확인율 등으로 관리할 수 있다.

(4) 조치(Action)

창고 관리에 대하여 부족한 부분에 대한 중점 개선 과제를 설정하여 지속적으로 성과 개선 관리한다.

5) 출력물(Output)

- 창고의 환경 관리 기준(온도, 습도 등)
- 부품, 재공품, 완제품 적정재고량 유지 여부

Q 3.40 창고 선입선출, 3정(정위치, 정품, 정량) 관리

부품, 재공품, 완제품 관련 창고의 선입선출에 대한 창고관리 기준이 있고, 적합한 3정(정위치, 정품, 정량) 관리 방법을 효과적으로 운영하고 있는가?

1) 개요

창고(부품, 재공품, 완제품)의 선입선출 관리를 위해 관리 기준을 설정하여야 하지만 물건(부품, 재공품, 완제품)을 찾으려고 하면 담당 실무자만 확인이 가능하여 해당 인원 부재 시 생산 및 납품을 못하게 되는 경우가 발생한다. 물건의 선입선출 활동을 실시하게 되면 장기재고를 최소화하고, 불필요한 물건(제품, 재공품, 완제품)을 구매하거나 생산하지 않을 수 있으며, 물건 찾는 시간을 단축할 수 있다. 창고의 보이는 관리 체계를 고도화하여 재고 관리 및 생산성을 높일 수 있다.

선입선출 관리 기준(해당되는 경우)을 설정하여야 하며, 부품, 재공품, 완제품에 대해 선입선출과 3정(정위치, 정품, 정량) 활동을 실행해야 한다. 선입선출에 대한 활동을 모니터링해야 하며, 개선을 통하여 지속적으로 실적을 개선해야 한다.

선진 회사의 경우는 창고(부품, 재공품, 완제품)의 선입선출 관리가 가능하도록 인프라(창고 환경, 시설구비 등)를 구축하고, 실물에 대한 바코드 시스템 및 RFID 시스템을 구축하여 선입선출 등 현재의 상황을 실시간으로 관리하고 있다. 창고는 레이아웃도를 작성하여 누구나 물건을 찾아갈 수 있도록 3정(정위치, 정품, 정량) 보이는 관리 체계가 구축되어 효과적으로 운영하고 있다.

2) 목적

부품, 재공품, 완제품에 대한 창고의 선입선출에 대한 창고관리 기준을 설정하여 운영하여야 하며, 적합한 3정(정위치, 정품, 정량)에 대한 관리 방법을 효과적으로 운영하는 것을 목적으로 한다.

3) 입력물(Input)

- 창고의 환경관리 기준(온도, 습도 등)
- 부품, 재공품, 완제품 적정재고 기준
- 선입선출 기준

4) 프로세스(Process)

(1) 계획(Plan)

- 생산관리 Process에 부품, 재공품, 완제품에 대한 선입선출에 대한 관리 기준 설정, 3정(정위치, 정품, 정량)에 대한 관리 방법, 장기재고에 대한 품질확인 내용을 포함하여 작성한다.
- 부품, 재공품, 완제품에 대한 창고 레이아웃을 작성하며 관리 구역을 식별한다.
- 선입선출에 대한 관리기준을 결정하여 창고에 게시한다.
- 부품, 재공품, 완제품에 대한 적정재고 기준을 결정한다.

(2) 실시(Do)

- 부품 창고의 선입선출을 위하여 정위치(정해진 구역, Rack 위치에 보관), 정품(해당 부품명 보관), 정량(설정된 안전재고 수준)에 맞도록 관리한다.
- 재공품은 보관구역에 보관하며 불출 시에 입고 및 출고 현황을 관리한다.
- 완제품 창고의 선입선출을 위하여 정위치(정해진 구역, Rack 위치에 보관), 정품(해당 부품명 보관), 정량(설정된 안전재고 수준)에 맞도록 관리한다.
- 수명 자재 및 장기 재고에 대해서는 부품 및 제품의 진부화를 방지하기 위하여 주기적인 품질 확인을 실시하고 부품은 생산 전, 완제품은 출하 전 검사를 실사하여 양품만 관리되도록 해야 한다.

(3) 확인(Check)

- 창고 선입선출 관련 성과지표에 대한 품질 목표를 모니터링하여 목표 대비 실적이 부진할 경우 개선 대책을 실시한다.
- 창고 선입선출 관리에 대한 성과지표는 재고회전율, 장기재고 품질확인율 등으로 관리할 수 있다.

(4) 조치(Action)

창고 선입선출 관리에 대하여 부족한 부분에 대한 중점 개선 과제를 설정하여 지속적으로 성과개선 관리한다.

5) 출력물(Output)

- 창고 레이아웃도
- 정기적인 실물 조사 및 재고 관리 기록
- 재고회전율 실적 집계 및 지속적인 개선활동 이력

Q 3.41 포장 규격, 신뢰성 및 포장 작업장 청결

제품 포장은 운송, 충격에 적합한 신뢰성 있는 규격 및 포장기준이 있고, 현장은 포장 작업하기에 청결하게 관리되고 있는가?

1) 개요

제품 포장은 운송 중에 충격을 견딜 수 있도록 규격을 설정하여 관리해야 한다. 생산된 제품을 야적장 등 장기간 야외에 보관하는 경우에도 제품의 변형이나 손상이 없도록 관리 방안을 운영해야 한다. 포장 공정을 생산 현장과 함께 운영하면 이물, 먼지가 발생하고, 소음 등 환경적 문제가 발생되는데 제품의 특성을 고려하여 포장 공정을 분리하여 운영하는 것이 바람직하다. 제품 포장 공정에서 내포장 시 구성품의 누락이나 오포장 등 문제가 발생하고 있고, 외포장 시의 고객 사양에 대한 오표기 및 오포장 문제가 발생되고 있는 실정이다.

제품 포장은 운송, 충격에 적합한 신뢰성 있는 규격 및 포장 기준을 마련해야 하고, 포장 작업 및 현장 포장 장소 청결 관리를 실행해야 한다. 정기적인 모니터링을 실시해야 하며, 개선을 효과적으로 실행하고 있어야 한다.

선진 회사의 경우는 제품 포장에 대한 신뢰성 기준을 구비하여 운송, 충격, 외부 환경에 부합되도록 평가하여 관리하고 있다. 포장 공정에 이물관리 및 청결관리를 위해 생산 현장과 구분하여 별도로 운영하고 있고, 청정도 클래스(Class) 관리 수준을 설정하여 환경 관리를 실시하며, 자동화된 포장 공정을 운영하고 있다. 작업 시 구성품의 누락 방지를 위하여 제품의 중량 측정, 화상 카라메를 활용하여 포장의 상태를 촬영하여 관리하고 있다.

2) 목적

제품 포장은 운송, 충격에 적합한 신뢰성 있는 규격 및 포장 기준을 구비하고, 현장의 포장 작업 하에 청결하게 관리하는 것을 목적으로 한다.

3) 입력물(Input)

- 제품 승인원
- 고객 요구사항

4) 프로세스(Process)

(1) 계획(Plan)

- 생산관리 프로세스 또는 포장 관리 절차서에 포장 제품에 대한 관리 규격, 내포장 (구성품 항목, 인입 수량), 외포장(규격, 고객 요구사항) 규격, 포장 공정관리 방안 내용을 포함하여 작성한다.
- 고객 요구사항을 만족하는 포장 규격(충격, 운송 등 신뢰성 측면을 반영)을 작성한다.
- 포장 공정 작업 환경 관리 기준을 결정한다.
- 포장 공정의 작업표준서를 작성한다.

(2) 실시(Do)

- 포장 공정은 생산 현장과 분리하여 운영하며, 포장 공정 작업표준서를 작성하여 현장에 게시한다.
- 포장은 내포장, 외포장 규격에 적합하게 포장을 실시한다.
- 포장 공정 작업 환경에 대해 정기적으로 환경 점검 이력을 유지한다.
- 포장 시 또는 포장 공정 환경 관리에 이상이 발생하면 개선 조치를 실시한다.

(3) 확인(Check)

- 제품 포장 관리 관련 성과지표에 대한 품질 목표를 모니터링하여 목표 대비 실적이 부진할 경우 개선 대책을 실시한다.
- 제품 포장 관리에 대한 성과지표는 포장 규격 신뢰성 부합률, 포장 공정 청결 목표 달성 등으로 관리할 수 있다.

(4) 조치(Action)

제품 포장 관리에 대해 부족한 부분에 대한 중점 개선 과제를 설정하여 지속적으로 성과개선 관리한다.

5) 출력물(Output)

- 제품 포장 규격(인박스, 아웃박스, 인입수, 구성품, 규격, 고객 요구사항 등)
- 포장 작업장 환경
- 포장 규격의 적절성(충격, 운송 등 신뢰성 측면)

3.2.7 검사 및 시험

Q 3.42 공정별 검사 기준 설정 및 지속적 개선

검사 대상 공정별 검사 기준이 설정되어 있고, 자가 검사를 적합하게 실시하고 있는가?
공정 개선을 위한 부적합품률을 집계하고 이를 개선하기 위한 활동을 실시하는가?

1) 개요

생산 공정은 모드 검사를 실시해야 하는 것은 아닐 수 있으나, 해당되는 공정검사 공정에
서는 검출력을 높이고 후공정으로 부적합품이 넘어가지 않도록 관리하는 것이 중요하다.
생산 제품의 부적합을 재작업, 수리하여 후공정으로 넘기고 있으나 부적합 내용을 관리
하지 않는 경우가 많이 발생하고 있다. 이 경우 공정의 부적합이 없다고 설명하는 경우가
있는데, 이는 공정별 검사를 실시하더라도 검사 결과를 기록하지 않거나 실적을 집계하
여 개선활동을 실시하지 못하는 환경에 해당된다. 핵심품질에 위배되어 품질보증조달물
품 선정이 되지 못하는 중요한 사항이다.

공정 검사 대상 공정별 검사 기준이 설정되어야 하며, 공정 검사를 기준대로 검사를 수행해야
한다. 부적합률 등을 분석하고, 그 결과를 활용하여 효과적인 개선을 실행해야 한다.

선진 회사의 경우는 공정 5개별로 생산 실적을 MES 전산시스템을 활용하여 생산 진행하
고 있으며, 생산 시 발생되는 부적합에 대해서는 바코드를 활용하거나, 부적합 내용을 전
산에 등록하여 공정 부적합에 대한 실적을 자동 집계하여 관리하고 있다. 공정 부적합품
률은 공정별로 현장에서 모니터에 자동으로 조회가 가능하도록 관리하고 있고, 산출된
내용을 층별하여 가장 나쁜 평가를 받은(Worst) 불량에 대한 개선 대책을 별도 집계하지
않고 전산으로 확인하고 개선활동을 실시하고 있다.

2) 목적

검사 대상 공정별 검사 기준을 설정하여 운영해야 하며, 자체 검사를 적합하게 실시해야
한다. 공정 개선을 위하여 부적합품률을 집계하여 개선활동을 실시하는 것을 목적으로
한다.

3) 입력물(Input)

- 공정별 검사 기준
- 제품 및 공정별 작업표준서
- 수입 검사 불합격품률
- 제품별 관리계획서

4) 프로세스(Process)

(1) 계획(Plan)

- 검사 및 시험 프로세스에 공정별 검사 기준, 공정별 검사 이력 관리, 공정별 부적합 내용 층별 관리, 가장 나쁜 평가를 받은(Worst) 부적합에 대한 지속적 개선활동 방법을 포함하여 작성한다.
- 공정별 검사기준을 작성하고 해당 공정별 부적합에 대한 내용을 층별할 수 있도록 부적합 내용을 코드화 및 작성 방법을 작성한다.
- 관리계획서와 작업표준서의 관리 기준과 일치하도록 공정별 검사기준을 작성한다.

(2) 실시(Do)

- 공정별 검사 기준에 따라 공정 검사를 실시하고 생산일보 또는 공정별 검사시트를 활용하여 검사 이력을 작성한다.
- 공정별 생산 실적을 MES를 활용하여 관리하는 경우 바코드 또는 전산상에 부적합 내용을 입력하여 실시간 관리한다.
- 공정별 부적합품률을 주기별로 집계하여 개선활동 자료로 활용한다.
- 공정별 부적합 내용은 원인계 내용을 층별할 수 있도록 부적합 내용을 작성한다.
- 공정 부적합품률이 단기간 증가하거나 반복적으로 발생되는 부적합에 대하여 개선 활동 과제로 선정하여 개선을 실시한다.

(3) 확인(Check)

- 공정 검사 관리에 대한 성과지표에 대한 품질 목표를 모니터링하여 목표 대비 실적이 부진할 경우 개선 대책을 실시한다.
- 공정검사 관리에 대한 성과지표는 공정 부적합품률, 공정 실패 비율 등으로 관리할 수 있다.

(4) 조치(Action)

공정 검사 관리 관련 부족한 부분에 대한 중점 개선 과제를 설정하여 지속적으로 성과 개선 관리한다.

5) 출력물(Output)

- 공정별 검사 기준
- 공정 검사 성적서
- 공정 검사 부적합품률 집계 및 지속적 개선활동 실적〈핵심품질〉

Q 3.43 완제품 또는 출하검사 검사기준 설정 및 시행

제품 생산 완료 이후 완제품/출하검사 기준이 있고, 완제품/출하검사를 적합하게 실시하고 있는가? 개선을 위한 부적합품률을 집계하고 이를 개선하기 위한 활동을 실시하는가?

1) 개요

제품 생산 완료 이후 완제품 검사 또는 출하검사를 실시하여 양품만이 고객에게 전달되도록 관리해야 한다. 공정 검사가 완료된 이후 출하검사를 추가적으로 실시해야 하는 것이 올바른 개념인데, 현실적으로 출하검사를 진행하고 있지 않은 업종이 있어 완제품 검사가 실적이 인정되는 구조로 되어 있으나 장기적으로는 공정 검사가 완료된 이후 출하검사만 인정되는 방향으로 개선이 필요하다. 출하검사에 대한 검사 기준이나 검사성적서 관리는 고객이 요청하는 수준으로 적합하게 관리되고 있으며, 재발 방지 및 출하 품질을 향상하기 위한 출하 부적합품률을 집계하고 개선활동을 지속적으로 수행하는 것이 중요하며 핵심품질로 선정되어 있다.

완제품 검사 또는 출하검사 대상 공정별 검사 기준이 설정되어야 하며, 완제품 검사 또는 출하검사를 수행해야 한다. 부적합률 등을 분석하고, 그 결과를 활용하여 효과적인 개선을 실행하여 성과가 개선되어야 한다.

선진 회사의 경우는 완제품 검사는 전수로 생산 현장에서 자동화하여 전수 검사 설비로 진행하고 이후 출하검사를 샘플링으로 추가 실시한다. 출하검사 샘플링은 KS Q ISO 2859 표준에 따라 수행하고 있다. 출하검사 이력은 전산시스템을 활용하여 검사 항목 및 기준에 따라 검사 이력을 실시간으로 관리하고 있고, 출하검사 부적합품률은 실시간으로 모니터링이 가능하도록 관리하고 있다.

2) 목적

제품 생산 완료 이후 완제품 검사 또는 출하검사 기준을 작성하여, 완제품 검사 또는 출하검사를 적합하게 실시해야 한다. 개선을 위한 부적합품률을 집계하고 이를 개선하기 위한 활동을 실시하는 것을 목적으로 한다.

3) 입력물(Input)

- 출하검사 기준서
- 공정별 부적합품률 실적

4) 프로세스(Process)

(1) 계획(Plan)

- 검사 및 시험 프로세스에 출하검사 기준 관리, 출하검사 이력 관리, 출하검사 부적합 내용 층별 관리, 가장 낮은 평가를 받은(Worst) 부적합에 대한 지속적 개선활동 방법을 포함하여 작성한다.
- 출하검사 기준을 작성하고 해당 부적합에 대한 내용을 층별할 수 있도록 부적합 내용을 코드화하고 작성 방법을 작성한다.

(2) 실시(Do)

- 출하검사 기준에 따라 출하검사를 실시하고 출하검사시트 또는 출하검사 성적서를 활용하여 검사 이력을 작성한다.
- 출하검사 실적을 MES를 활용하여 관리하는 경우 바코드 또는 전산상에 부적합 내용을 입력하여 실시간 관리한다.
- 출하검사 부적합품률을 주기별로 집계하여 개선활동 자료로 활용한다.
- 출하검사 부적합 내용은 원인계 내용을 층별할 수 있도록 부적합 내용을 작성한다.
- 출하검사 부적합품률이 단기간 증가하거나 반복적으로 발생되는 부적합에 대해 개선활동 과제로 선정하여 개선을 실시한다.

(3) 확인(Check)

- 출하검사 관리 관련 성과지표에 대한 품질 목표를 모니터링하여 목표 대비 실적이 부진할 경우 개선 대책을 실시한다.
- 출하검사 관리에 대한 성과지표는 출하검사 부적합품률, 출하 실패 비율 등으로 관리할 수 있다.

(4) 조치(Action)

출하검사 관리 관련 부족한 부분에 대한 중점 개선 과제를 설정하여 지속적으로 성과 개선 관리한다.

5) 출력물(Output)

- 완제품/출하검사 기준
- 완제품/출하검사 성적서
- 완제품/출하검사 부적합품률 집계 및 지속적 개선활동 실적〈핵심품질〉

Q 3.44 검사용 측정기기의 확보, 검정 또는 교정 실시

제품 검사 및 시험에 적합한 측정기를 보유하고 있고, 측정기를 국제적인 소급성 유지를 위해 정해진 주기별로 공인기관에서의 검정 또는 교정을 실시하고 있는가?

1) 개요

제품 검사 및 시험에 필요한 측정기를 보유하고 있고 대부분 유효기간에 만족하도록 검정 및 교정을 실시하고 있다. 일부 회사에서는 교정비용 절감을 위하여 법정 교정주기를 1년에서 2년으로 적용하는 경우가 있는데 이는 핵심품질에 위배되는 사항이다. 저울 동 법정 교정주기가 1년으로 되어 있고 공인기관에서 교정을 실시해야 하는데 자체 점검을 실시하는 것도 문제이다.

제품 검사용 측정기기를 확보해야 하며, 법적 검정 또는 교정주기에 부합되도록 검정 또는 교정을 실시해야 한다. 검정 또는 교정 이력을 유지하고 있어야 하며, 측정 시스템의 개선 계획 수립 및 실행을 효과적으로 실행하여 성과가 향상되어야 한다.

선진 회사의 경우는 측정기에 대한 법정 검정 또는 교정주기를 전산상에서 사전 경고를 실시하여 주고, 유효 기간 이내에 실시하고 있고, 측정기에 대한 유효성을 제품 규격에 부합하도록 확인 관리하고 있다. 측정기를 사용하는 사람, 측정기, 측정 대상 부품의 오차를 확인하는 Gage R&R을 실시하여 검사원간 차이가 없도록 관리하고 있다.

2) 목적

제품 검사 및 시험에 적합한 측정기를 보유해야 하며, 측정기를 국제적인 소급성을 유지하기 위하여 정해진 법정 주기별로 공인기관에서 검증 또는 교정을 수행하는 것을 목적으로 한다.

3) 입력물(Input)

- 법정 측정기 교정주기표
- 시험 및 교정 공인기관 목록표

4) 프로세스(Process)

(1) 계획(Plan)

- 검사 및 시험 프로세스에 법정 교정주기에 만족하도록 검정 및 교정 측정기 교정주기 설정, 검정 및 교정 방법, 현장 측정기 식별 방법을 포함하여 작성한다.

- 법정 측정기 교정주기에 부합하도록 교정주기를 결정한다.
- 검정 또는 교정된 측정기 이력 방법을 결정한다.

(2) 실시(Do)

- 측정기의 검정 또는 교정은 번번 교정주기가 넘지 않도록 유효기간 이내에 실시하도록 관리대장 또는 전산 시스템을 활용하여 관리한다.
- 측정기는 국제적 소급이 가능하도록 공인기관에서 실시한다.
- 검정 또는 교정된 측정기는 제품 규격에 부합하는지(제품 규격서의 검사 및 시험항목 충족 여부) 검증한다.
- 검사 및 시험기기를 미보유한 경우에는 시험 항목의 전문시험기관에 의뢰하여 시험을 실시한다.
- 측정기에 교정 라벨을 부착(봉인상태 관리) 또는 별도 식별된 번호를 부착하여 교정 유효기간을 식별 관리한다.
- 측정 항목에 대하여 측정시스템(Gage R&R)을 실시하여 검출력을 높이는 활동을 실시한다.

(3) 확인(Check)

- 측정기 관리 관련 성과지표에 대한 품질 목표를 모니터링하여 목표 대비 실적이 부진할 경우 개선 대책을 실시한다.
- 측정기 관리에 대한 성과지표는 측정기 검정 및 교정 계획 대비 실적, 측정 항목 Gage R&R 실시율 등으로 관리할 수 있다.

(4) 조치(Action)

측정기 관리에 대하여 부족한 부분에 대한 중점 개선 과제를 설정하여 지속적으로 성과개선 관리한다.

5) 출력물(Output)

- 검사 및 측정기기 보유(제품규격서의 검사 및 시험항목 충족 여부)
- 검정 또는 교정 실시 이력〈핵심품질〉
- 검정 또는 교정 봉인상태 관리
- 검사 및 시험기기 미보유 시험항목의 전문시험기관 시험 의뢰

Q 3.45 검사원에 대한 자격 관리

인수검사, 완제품 검사, 신뢰성 시험 등에 대한 검사원의 수요를 파악하고 있고, 자격 보유 인력은 충분하게 확보하고 있는가?

1) 개요

자격을 갖춘 검사원에 의해 인수검사, 공정검사, 출하검사, 신뢰성 시험이 실시되어야 한다. 검사원 자격 부여를 위하여 교육 및 검사 역량이 있음을 확인하여 자격을 부여해야 한다. 그러나 검사원의 자격 부여에 대한 기준이 없거나 형식적인 자격관리를 실시한다면 검출력에 문제가 있고 양품을 불량품으로(생산자 위험), 불량품을 양품으로(소비자 위험) 판정하는 오류를 범하게 된다. 검사원에 대한 객관적인 자격 부여 기준에 따라 자격을 부여하고 지속적으로 역량을 향상하는 것이 필요하다.

검사원 자격인증기준을 수립하여, 검사원 자격인증을 하고 있어야 한다. 교육 실시 이력 등을 보유하고 있으며 주기적인 교육 실시 및 검사원 적격성을 모니터링해야 하며, 검사원의 능력 향상을 위한 개선활동을 효과적으로 실행하여 성과가 향상되어야 한다.

선진 회사의 경우는 검사원에 대한 자격관리를 전산시스템으로 이론 시험, 검사 실무 시험을 통하여 자격을 부여하고 자격 부여된 인원에 의해서만 검사가 가능하도록 관리하고 있다. 검사원에 대한 자격 부여는 한 번만 실시하는 것이 아니라 수준별로 자격 관리될 수 있도록 하고 인센티브 제도와 연계하여 관리하고 있다. 검사원의 검출력을 높이기 위한 방법으로 Gage R&R(계량형, 계수형)을 주기적으로 실시하고 있다.

2) 목적

인수검사, 완제품 검사, 신뢰성 시험 등에 대한 검사원의 수요를 파악하여 관리하고, 자격 보유 인력은 충분하게 확보하는 것을 목적으로 한다.

3) 입력물(Input)

- 연간 검사 계획
- 검사원 교육 실적
- 검사원 자격 부여 기준

4) 프로세스(Process)

(1) 계획(Plan)

- 검사 및 시험 프로세스에 검사원에 대한 자격 부여 기준을 설정, 검사원에 대한 역량 향상 방법, 측정시스템(Gage R&R) 관리 기준 및 방법을 포함하여 작성한다.
- 검사원은 연간 검사 계획을 고려하여 검사원 자격 대상 인원을 선정한다.
- 검사원 자격 부여를 위한 자격 부여 기준을 학력, 경력, 교육 훈련, 숙련도 등을 고려하여 설정한다.

(2) 실시(Do)

- 검사원 자격 부여는 필기시험(100점), 검사 실무(100점)를 평가하여 80점 이상인 인원을 대상으로 자격 부여를 실시한다.
- 자격 부여 관리 대장 및 자격 인증서를 발행한다.
- 검사 및 시험은 자격이 부여된 인원만 실시할 수 있도록 관리한다.
- 검사원의 역량 향상을 위하여 수준별 관리 기준과 자격 부여를 실시하고 동기부여를 위하여 인센티브 제도와 연계하여 실시한다.
- 검출력이 부족한 검사원에 대해서는 교육을 추가 실시하고 역량을 향상한다.

(3) 확인(Check)

- 검사원 자격 관리 관련 성과지표에 대한 품질 목표를 모니터링하여 목표 대비 실적이 부진할 경우 개선 대책을 실시한다.
- 검사원 자격 관리에 대한 성과지표는 검사원 자격인증률, 측정 항목 Gage R&R 실시율 등으로 관리할 수 있다.

(4) 조치(Action)

검사원 자격 관리 관련 부족한 부분에 대한 중점 개선 과제를 설정하여 지속적으로 성과개선 관리한다.

5) 출력물(Output)

- 검사원 자격인증 기준 및 보유 현황
- 검사원 교육 실시 이력

3.2.8 품질정보 관리

Q 3.46 공정별 품질 데이터 집계 체계(부적합 층별)

제품 생산 전 공정에 대해 공정품질 데이터를 집계 및 분석할 수 있는 체계가 있고, 개선활동에 사용할 수 있도록 부적합품 데이터를 관리하고 있는가? 또한 품질특성별 원인계 데이터를 집계하고 있는가?

1) 개요

공정별 품질 데이터를 집계하여 개선자료로 활용해야 하는데, 공정별 부적합 내용의 층별 기준이 없거나, 기준이 있다 하더라도 문서화하는 부분에 인력이 투입되어야 하는데 여력이 없어 관리를 못하고 있는 실정이다. 공정별 부적합 데이터가 집계되지 않으면 부적합을 개선할 수 없기 때문에 관리 인프라를 구축하는 것이 중요하게 대두되고 있다. 스마트공장과 연계되어 사람이 입력을 하기보다는 설비 또는 측정기에 센서를 부착 자동 측정, 바코드 스캔, 전산 입력 등을 통하여 인력 투입 없이 전산으로 자동적으로 관리하는 방법을 고려해야 한다.

생산 제품 전 공정에 대해 공정품질 데이터를 집계 및 분석할 수 있는 체계가 있고, 생산 제품 전 공정에 대하여 공정품질 데이터, 부적합품 데이터 및 품질특성별 원인계 데이터를 집계하여야 한다. 집계된 데이터를 모니터링하여 분석하고 있고, 시정 조치를 통해 공정이 효과적으로 개선되고 있어야 한다.

선진 회사의 경우는 생산 제품 전 공정에 대해 실시간으로 전산을 활용하여 생산 투입량, 부적합품 수량, 부적합 증상, 원인, 처리 결과, 수리 이력 등 바코드 스캔 또는 전산 코드 입력 등 실시간으로 관리하고 있다. 입력된 부적합 내용은 실시간으로 실적 집계되어 제품별, 공정별, 부적합 내용별로 관리되고 있고 개선이 가능한 자료로 활용되고 있다.

2) 목적

제품 생산 전 공정에 대하여 공정품질 데이터를 집계해야 하며, 부적합품 데이터 개선이 가능하도록 분석하여 개선활동을 실시해야 하고, 품질특성별 원인계 데이터를 집계하는 것을 목적으로 한다.

3) 입력물(Input)

• 제품 관리계획서

- 공정별 작업표준서
- 공정별 검사기준서
- 공정 부적합 원인계 분류 기준

4) 프로세스(Process)

(1) 계획(Plan)

- 검사 및 시험 프로세스 또는 데이터 관리 절차서에 공정별 검사 기준에 따라 부적 합 내용 층별 기준을 설정, 부적합 내용 입력 방법 결정, 부적합 내용에 대한 집계 및 분석, 부적합 내용에 대한 지속적 개선활동 전개에 대한 내용을 포함하여 작성 한다.
- 공정별 부적합 내용은 개선이 가능하도록 부적합 내용, 원인, 처리 내용 등으로 구 분하여 바코드 스캔, 전산 코드 등록 등 사전 준비한다.
- 공정별 부적합 내용은 관리계획서, 작업표준서, 검사기준서와 일치하도록 항목을 개정 관리해야 한다.

(2) 실시(Do)

- 공정별 부적합 내용은 사전 결정된 부적합 내용 특별 코드를 수기 또는 바코드 스 캔, 전산 입력을 통해 이력을 관리한다.
- 공정별 부적합 내용은 주기적으로(일, 주, 월 등) 실적 집계 및 분석이 가능하도록 관리한다(수기 또는 전산).
- 공정별 부적합 내용은 개선을 위한 실적 분석을 실시하고 관련 개선 TFT를 구성하 여 개선한다.
- 개선 실적은 목표를 달성할 수 있도록 지속 실시하며 정기적으로 진행사항을 관리 한다.
- 개선의 단계는 품질분임조 문제해결 10단계, 6시그마 DMAIC 단계별로 추진하며 개선 성과를 확인한다.

(3) 확인(Check)

- 공정품질 관리의 성과지표에 대한 품질목표를 모니터링하여 목표 대비 실적이 부진 할 경우 개선 대책을 실시한다.
- 공성품실 관리에 대한 성과지표는 공정 부적합품률, 공정 실패 비용 등으로 관리할 수 있다.

(4) 조치(Action)

공정품질 관리 관련 부족한 부분에 대한 중점 개선 과제를 설정하여 지속적으로 성과 개선 관리한다.

5) 출력물(Output)

- 공정별 품질 데이터 집계(공정별 부적합품률)
- 부적합품의 원인에 대한 데이터 관리
- 부적합에 대한 데이터 채집 수준

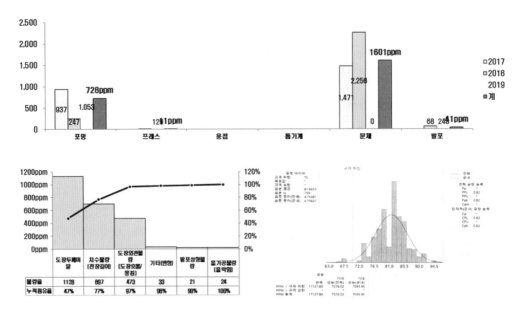

[그림 3-24] 공정별 부적합품률, 불량 원인분석, 공정능력 산출 사례

Q 3.47 중점관리 항목 관리(관리계획서 내에 설정된 공정 및 제품 특성)

제품 생산에 필요한 핵심 공정 및 제품 특성이 선정되어 있고, 중점관리 항목에 대한 모니터링 방법이 있으며 이에 따라 주기적으로 점검관리하고 있는가?

1) 개요

제품 생산에 필요한 핵심 공정 및 제품에 대한 특성 선정 관리를 대부분 운영하고 있지 않은 것이 현실이다. 이에 대한 관리 여부의 인식 또한 부족한 실정이다. 그리고 어떻게 관리해야 하는지 방법을 잘 모르고 있다. 검사 중심의 사고로 그동안 예방적인 산포관리 활동을 위한 방법에 대하여 이해하고 기반 구축과 관리 방법 연구가 필요한 상황이다. 스마트공장과 연계하여 통계적 공정관리 체계를 구축하는 것이 필요하다.

제품 생산에 필요한 핵심 공정 및 제품 특성이 선정되어야 하며, 중점관리 항목에 대한 모니터링 방법이 결정되어 있어야 한다. 이에 따라 주기적으로 점검관리하고 있으며, 개선활동 실행을 통하여 효과적으로 성과를 달성하고 실적이 향상되어야 한다.

선진 회사의 경우는 제품 생산 공정별로 특별 특성(공정특성, 제품특성)을 결정하여 관리계획서, 작업표준서의 식별 및 관리 방안을 작성하여, 통계적 공정관리 즉 관리도를 활용하여 실시간으로 측정된 데이터를 활용하여 안정된 관리 상태 여부를 확인하고 있고, 동시에 공정능력이 1.33. 이하인 경우에는 경고를 문자메시지 또는 메일로 연락을 주어 관련자들이 바로 회의를 실시하여 개선 대책을 수립하도록 관리하고 있다.

2) 목적

제품 생산에 필요한 핵심 공정 및 제품특성을 선정하여야 하며, 중점관리 항목에 대한 관리도 활용 등 모니터링 방법과 주기적으로 관리하는 것을 목적으로 한다.

3) 입력물(Input)

- 관리계획서 중점관리 항목(공정특성, 제품특성)
- 공정별 작업표준서

4) 프로세스(Process)

(1) 계획(Plan)

- 검사 및 시험 프로세스 또는 통계적 공정관리 절차서에 특별 특성(공정특성, 제품특성)을 선정하고 관리계획서, 작업표준서에 식별과 관리 방법 작성, 공정능력

지수 관리 기준 및 방법, 이상 발생 시 조치 방법에 대한 내용을 포함하여 작성한다.

- 공정별 특별 특성은 관리계획서와 작업표준서에 식별과 관리방안을 작성한다.
- 통계적 공정관리 이상 발생 시 처리 기준을 결정한다.

(2) 실시(Do)

- 공정별 특별 특성(공정특성, 제품특성)은 관리계획서와 작업표준서에 따라 주기적으로 점검 관리한다.
- 특별 특성 관련 이상 발생에 대한 관리 기준에 따라 개선 대책을 수립한다.
- 공정능력지수가 1.33 이하인 경우에도 개선 대책을 실시한다.
- 개선 대책 내용은 목표를 달성해야 하며 효과성을 확인해야 한다.

(3) 확인(Check)

- 공정 특별 특성 관리 관련 성과지표에 대한 품질 목표를 모니터링하여 목표 대비 실적이 부진할 경우 개선 대책을 실시한다.
- 공정 특별 특성 관리에 대한 성과지표는 공정별 공정능력지수, 공정별 실패비용 등으로 관리할 수 있다.

(4) 조치(Action)

공정 특별 특성 관련 부족한 부분에 대한 중점 개선 과제를 설정하여 지속적으로 성과개선 관리한다.

5) 출력물(Output)

- 관리계획서의 중점관리 항목(공정특성, 제품특성)
- 중점관리 항목 점검 체크시트
- 현장에서 사용 가능하도록 비치 및 전산 입력

Q 3.48 관리도 및 통계적 공정관리 수준

중점관리 항목에 대하여 관리도 및 통계적 기법이 적용되고 있고, 통계적 기법의 활용을 높일 수 있도록 전산화하여 지원하는가?

1) 개요

관리도 및 통계적 공정관리 수준은 대부분의 회사가 수작업 또는 엑셀을 활용하여 수행하고 있는 실정이다. 현재 공개되어 있는 통계적 공정관리 소프트웨어는 Minitab과 eZSPC으로 알려져 있으며, Minitab은 유료로 eZSPC는 무료로 활용되고 있다. 스마트 공장과 연계하여 설비나 측정기에 센서를 부착하여 자동으로 데이터를 저장하고 이를 가공하여 관리도 및 공정능력지수와 연계되도록 운영해야 한다. 다만 이를 위해서는 인프라에 대한 사전 투자가 수반되는 어려움이 있다.

중점관리 항목에 대하여 관리도 및 통계적 기법이 적용되어야 하며, 통계적 기법의 활용을 높일 수 있도록 전산화하여 관리해야 한다. 통계적 공정관리를 통하여 모니터링해야 하며, 개선에 활용하여 공정 개선이 효과적으로 실행되어 실적이 향상되어야 한다.

선진 회사의 경우는 관리도 및 통계적 공정관리 수준은 전 공정에 대하여 제품특성과 공정특성에 대하여 실시간으로 측정하여 전산상에 데이터를 저장하여 필요한 사항을 가공 분석하여, 실시간으로 제품 및 공정특성에 적합한 관리도를 활용하고 있으며, 공정의 안정상태를 관리하고 있고, 공정의 이상상태 기준을 설정하여 관련자들에게 통보하고 개선이 완료되기 전까지 생산을 중시하는 Inter Lock 시스템을 운영하고 있다.

2) 목적

중점관리 항목에 대해 관리도 및 통계적 기법이 적용되어야 하며, 통계적 기법의 활용을 높일 수 있도록 전산화하여 지원하는 것을 목적으로 한다.

3) 입력물(Input)

- 관리계획서의 중점관리 항목(공정특성, 제품특성)
- 중점관리 항목 점검 체크시트
- 현장에서 사용 가능하도록 비치 및 전산 입력

4) 프로세스(Process)

(1) 계획(Plan)

- 검사 및 시험 프로세스 또는 통계적 공정관리 절차서에 관리도 및 공정능력지수 관련 전산화 관리 방법에 대한 내용을 포함하여 작성한다.
- 통계적 공정관리 전산화 방안을 수립하여 단계적으로 추진 계획을 수립한다.

(2) 실시(Do)

- 공정별 특별 특성(공정특성, 제품특성)에 대한 측정 및 관리 방법을 결정한다.
- 특별 특성 관리는 엑셀 또는 상용 소프트웨어 또는 자체 전산시스템을 활용할 것인지를 결정한다.
- 관리도 및 통계적 공정관리 전산화 수준을 높이기 위해 지속적으로 전산화 추진 개선 계획을 보완한다.
- 통계적 관리 항목을 지속적으로 확대한다.

(3) 확인(Check)

- 공정품질 관리 관련 성과지표에 대한 품질 목표를 모니터링하여 목표 대비 실적이 부진할 경우 개선 대책을 실시한다.
- 공정품질 관리에 대한 성과지표는 공정능력지수 관리 개선율, 통계적 공정관리 전산화율 등으로 관리할 수 있다.

(4) 조치(Action)

공정품질 관리 관련 부족한 부분에 대한 중점 개선 과제를 설정하여 지속적으로 성과 개선 관리한다.

5) 출력물(Output)

- 통계적 기법의 파악(공정능력, 관리도 등)
- 통계적 도구 S/W 활용
- 통계적 도구 활용을 위한 전산화 수준

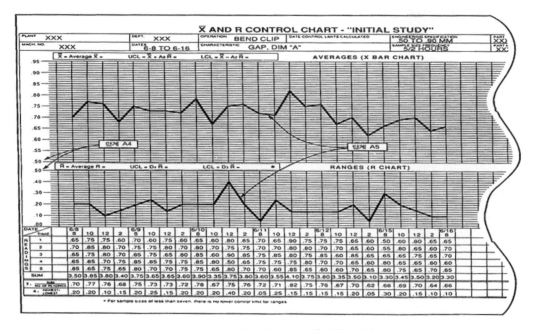

[그림 3-25] 관리도(X BAR R) 적용 사례

3.2.9 부적합품 관리

Q 3.49 부적합품 판정 및 처리

공정검사 및 출하검사 시 부적합품에 대한 처리 절차를 구비하고 있고, 부적합품에 대한 판정, 처리, 개선대책 관리를 하고 있는가?

1) 개요

공정검사 및 출하검사를 실시하고 부적합품에 대해서는 처리를 실제적으로 적합하게 관리하고 있는 것으로 확인되고 있으나, 부적합품을 처리 결과에 대한 이력이 없고 개선대책 관리가 형식적으로 이루어지고 있다. 부적합품 처리가 효과적이지 않으면 동일한 부적합이 반복하여 재발되는 경우가 많은데 부적합에 대한 근본 원인을 분석하고 개선대책을 수립하여 시행하고 그 효과성을 확인하는 절차의 보완이 필요한 실정이다.

공정 및 제품 검사 부적합품에 대한 처리 기준이 작성되어 있으며, 부적합품에 대한 식별, 판정, 처리가 기준대로 유지되고 있어야 한다. 개선대책 실행 결과를 확인해야 하고, 개선활동을 실행하여 효과적인 개선 성과가 달성되고 있어야 한다.

선진 회사의 경우는 공정검사 및 출하검사 시 발생한 부적합에 대한 내용이 전수 전산시스템에 등록되고 있으며, 이를 리스크 평가하여 리스크가 높은 항목에 대해서는 시정조치 활동을 실시하고 리스크가 낮은 항목은 바로 시정 활동을 실시하도록 관리하고 있다.

2) 목적

공정검사 및 출하검시 시 부적합품에 대한 처리 절차를 구비해야 하며, 부적합에 대한 판정, 처리, 개선대책 관리를 목적으로 한다.

3) 입력물(Input)

- 공정검사 성적서
- 출하검사 성적서
- 부적합 실적(공정검사, 출하검사)
- 부적합품 처리 절차서

4) 프로세스(Process)

(1) 계획(Plan)

- 부적합품 처리 절차서에 부적합품에 대한 식별, 격리, 판정, 처리 방법, 시정조치 요구 및 처리 방법 내용을 포함하여 작성한다.
- 부적합품에 대한 처리는 시정조치 보고서(8D Report)를 활용하여 작성한다.

(2) 실시(Do)

- 공정검사 시 발생한 부적합에 대하여 부적합품 관리대장에 발생 내용을 작성한다.
- 출하검사 시 발생한 부적합에 대하여 부적합품 관리대장에 발생 내용을 작성한다.
- 부적합품 관리대장에 작성된 내용을 리스크 평가하여 관리 방법을 결정한다.
- 리스크가 낮은 경우에는 부적합품 관리 대장을 활용하여 시정 활동을 실시한다.
- 리스크가 보통의 경우에는 시정조치 보고서를 작성하며 5D까지만 작성한다.
- 리스크가 큰 경우에는 시정조치 보고서를 8D까지 모두 작성한다.
- 시정조치는 근본 원인을 분석하고 개선 대책을 수립하여 실시하며, 개선 대책 이후 효과적으로 실행되는지 확인하여 이력을 유지한다.

(3) 확인(Check)

- 공정품질, 출하품질 관리 관련 성과지표에 대한 품질 목표를 모니터링하여 목표 대비 실적이 부진할 경우 개선 대책을 실시한다.
- 공정품질 관리에 대한 성과지표는 공정 부적합품률, 공정 실배피용 등으로 관리할 수 있다.
- 출하품질 관리에 대한 성과지표는 출하 부적합품률, 시장고장률 등으로 관리할 수 있다.

(4) 조치(Action)

공정품질 및 출하품질 관리 관련 부족한 부분에 대한 중점 개선 과제를 설정하여 지속적으로 성과개선 관리한다.

5) 출력물(Output)

- 부적합 처리 절차서(공정, 출하 등)
- 부적합 개선 대책 보고서
- 부적합품 식별 및 추적성 실적
- 불용, 부적합품 폐기 실적

Q 3.50 부적합품에 대한 취급관리

생산 현장 전 과정에서 부적합품에 대한 식별, 취급 및 보관 기준이 있고, 부적합품에 대한 관리를 적합하게 하고 있는가?

1) 개요

생산 현장에서 전 공정 중 부적합품을 식별 관리하는 것은 부적합품이 양품으로 인식되어 후공정 및 고객에게 전달되는 것을 방지하는 목적이 큰데, 많은 회사들이 부적합품에 대한 식별, 취급, 보관을 구분하여 관리하고 있다. 그러나 부적합품의 식별, 취급, 보관의 실행 내용이 형식적이거나 부분적인 실행을 하고 있다. 부적합품의 발생 단계부터 식별, 보관, 처리, 폐기까지의 전 과정에 걸쳐 일관되게 관리하는 것이 필요하다.

생산 현장 전 과정에서 발생한 부적합품에 대한 식별, 취급 및 보관 기준이 작성되어 있고, 부적합품에 대한 취급 관리를 실시해야 한다. 부적합품에 대한 취급 관리를 확인해야 하며, 부적합품 관련 개선활동을 통한 효과적인 개선 성과가 달성되어 향상 성과가 나타나야 한다.

선진 회사의 경우는 생산 전 과정에서 공정이동전표, 바코드활용 로트 번호 추적성을 관리하고 있으며, 부적합품에 대해서는 빨강색 태그 및 식별표, 부적합품통, 부적합 보관장소 등을 구분하여 관리하고 있다. 부적합품에 대한 판정을 실시하여 폐기 대상품에 대한 시건 장치 등 양품으로 사용되지 않도록 관리하고 있다. 부적합품의 식별은 양품(녹색), 판정대기(노랑색), 부적합품(빨강색) 등의 색상으로 식별하여 현재의 상태를 알 수 있도록 관리하고 있다.

2) 목적

생산 현장 전 과정에서 부적합품에 대한 식별, 취급 및 보관 기준을 마련하고, 부적합품에 대한 취급 관리를 적합하게 수행하는 것을 목적으로 한다.

3) 입력물(Input)

- 검사(입고, 공정, 출하) 부적합품 발생
- 부적합품 식별 태그, 식별표
- 공정이동전표

4) 프로세스(Process)

(1) 계획(Plan)

- 부적합품 처리절차서에 부적합품에 대한 식별, 취급, 보관 방법, 부적합품 처리 시 관리 방법에 대한 내용을 포함하여 작성한다.
- 부적합품 식별 태그, 부적합품 식별표, 부적합 보관 장소를 사전 준비한다.
- 부적합 식별표는 부적합품(빨강색). 판정 대기(노랑색), 양품(녹색)으로 규정하여 작성한다.

(2) 실시(Do)

- 부적합이 발생하면 부적합 태그(빨강색) 또는 부적합 식별표(빨강색)를 부착한다.
- 부적합품 판정을 바로 진행하기 어려운 사항은 판정 대기(노랑색)를 부착한다.
- 부적합품이 양품으로 판정된 경우 녹색 식별표를 부착한다(대부분의 회사가 양품에는 식별표를 부착하지 않음).
- 부적합품은 부적합 보관 장소에 별도로 보관한다.
- 부적합품에 대한 판정을 실시하고 처리 방법을 결정한다.
- 부적합품을 폐기 처리하는 경우 폐기 창고에 시건 장치를 하여 보관한다.

(3) 확인(Check)

- 공정품질 관리 관련 성과지표에 대한 품질 목표를 모니터링하여 목표 대비 실적이 부진할 경우 개선 대책을 실시한다.
- 공정품질 관리에 대한 성과지표는 공정 부적합품률, 공정 실패비용 등으로 관리할 수 있다.

(4) 조치(Action)

공정품질 관리에 대하여 부족한 부분에 대한 중점 개선 과제를 설정하여 지속적으로 성과개선 관리한다.

5) 출력물(Output)

- 부적합품에 대한 식별
- 부적합품 보관 장소 별도 관리(생산현장, 창고 등)

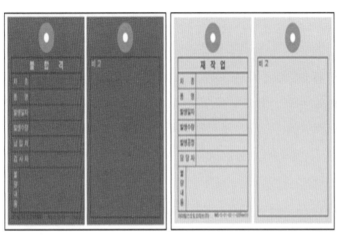

[그림 3-26] 부적합품 식별 및 보관 창고 관리

Q 3.51 부적합품에 대한 시정조치 결과 확인

공정검사 및 출하검사 시 발생한 부적합품에 대한 개선대책 수립이 되어 있고, 재발 방지를 위한 추가적인 노력을 하고 있는가?

1) 개요

검사 시 발생한 부적합품에 대한 개선대책 수립은 시정 및 예방조치 보고서를 활용하여 대부분 관리하고 있으나, 보고서의 관리 항목이 적고 근본 원인 분석이나, 개선대책 결과에 대한 표준화, 개선대책 내용의 효과성을 확인하는 항목이 없는 경우가 대부분이다. 근본 원인을 파악하여 개선하기 위한 노력, 개선 결과를 관리계획서, 작업표준서에 반영하여 관리, 개선 결과에 대한 실행 결과의 효과성을 파악하여 관리하는 것이 필요하다.

공정검사 및 출하검사 부적합품에 대한 개선대책 기준이 작성되어 있으며, 부적합품에 대한 개선대책을 실시해야 한다. 개선대책에 의한 재발 방지 이력을 분석하고 확인하며, 지속적인 개선 실행을 통해 효과적인 개선성과가 이루어져야 한다.

선진 회사의 경우는 부적합 발생 내용에 대하여 근본 원인을 파악하기 위하여 5Why 기법, 특성요인도, 4M 분석 등 기법을 활용하고 있으며, 근본 원인에 대한 개선대책을 수립하여 실시하며, 개선대책 실시 이후 1개월, 2개월, 3개월 시점에 실행 결과를 확인하여 효과성을 파악하고, 부족한 경우에는 추가 시정조치를 실시하고 있다. 부적합에 대하여 6시그마 DMAIC 문제해결 방법론을 활용하여 개선대책 활동을 전개하고 있다.

2) 목적

공정검사 및 출하검사 시 발생한 부적합품에 대한 개선대책 수립이 되어야 하며, 재발 방지를 위한 추가적인 노력을 실시하는 것을 목적으로 한다.

3) 입력물(Input)

- 공정검사 성적서
- 출하검사 성적서
- 부적합 실적(공정검사, 출하검사)
- 부적합품 처리 절차서
- 시정조치 보고서

4) 프로세스(Process)

(1) 계획(Plan)

- 부적합품 처리 절차서에 부적합품에 대한 식별, 격리, 판정, 처리 방법, 시정조치 요구 및 처리 방법 내용을 포함하여 작성한다.
- 부적합품에 대한 처리는 시정조치 보고서(8D Report)를 활용하여 작성한다.

(2) 실시(Do)

- 부적합품 관리대장에 작성된 내용을 리스크 평가하여 관리 방법을 결정한다.
- 리스크가 낮은 경우에는 부적합품 관리 대장을 활용하여 시정 활동을 실시한다.
- 리스크가 보통의 경우는 시정조치 보고서를 작성하며 5D까지만 작성한다.
- 리스크가 큰 경우에는 시정조치 보고서를 8D까지 모두 작성한다.
- 시정조치는 근본 원인을 분석하고 개선대책을 수립하여 실시하며, 개선대책 이후 효과적으로 실행되는지 확인하여 이력을 유지한다.
- 개선대책 결과 효과성이 파악되면 관리계획서, 작업표준서에 개선 내용을 반영하여 개정한다.

(3) 확인(Check)

- 공정품질, 출하품질 관리 관련 성과지표에 대한 품질 목표를 모니터링하여 목표 대비 실적이 부진할 경우 개선 대책을 실시한다.
- 공정품질 관리에 대한 성과지표는 공정 부적합품률, 공정 실배비용 등으로 관리할 수 있다.
- 출하품질 관리에 대한 성과지표는 출하 부적합품률, 시장고장률 등으로 관리할 수 있다.

(4) 조치(Action)

공정품질 및 출하품질 관리 관련 부족한 부분에 대한 중점 개선 과제를 설정하여 지속적으로 성과개선 관리한다.

5) 출력물(Output)

- 부적합품 개선대책 보고서
- 재발방지를 위한 활동 실적
- 불용, 부적합품 폐기 실적

KT주식회사	시정조치보고서(8D REPORT)	1. 개선 팀(Team)
Date : 0000-00-00		

2. 문제정의(Problem Definition)

7-W Questions	Description	
누가(who)		
모델(What)		
시간(When)		
장소(Where)		
불량현상(Why)		
수량(How many)		
빈도(How often)		

3. 봉쇄조치(Containment within 24hours following containment sheet)

4. 원인분석(Cause Analysis)

4-1.(발생원인)
1Why
2Why
3Why
4Why
5Why

4-2.(유출원인)
1Why
2Why
3Why
4Why
5Why

5. 개선대책(Countermeasure)

No.		조치내용	담당	완료일	적용일	상태
생산(발생)						
품질(유출)						

6. 검증(Verification): 조치사항에 대한 유효성 점검

1) 문제 재발이 되었는가?	Yes	No	검증날짜

개선대책 진척표시

- 1.문제파악
- 2.대책수립
- 3.대책실시
- 4.문제종결

7. 재발방지 및 습득교훈(Prevention)

표준	담당	완료	수평전개	담당	완료
PFMEA(공정고장형태)					
PCP(품질관리계획서)					
SOS(작업표준서)					
Drawing					
Error proofing					
교육일지					
체크 시트					

8. 검토 및 승인(Review & Confirm)

· 검토 결과 Comment :		작성	검토	승인
	서명			
	날짜			

[그림 3-27] 시정조치보고서(8D Report) 양식 사례

3.2.10 고객 불만 처리

Q 3.52 고객 불만 시정조치 관리

고객 불만에 대한 접수 및 처리 체계가 있고, 효과적으로 고객 불만에 대하여 처리 및 개선대책 관리를 하고 있는가?

1) 개요

고객 불만에 대해서 접수하여 개선대책하는 것은 기업의 생존과 직결되어 잘 관리되고 있다. 하지만 고객 불만에 대한 접수 및 처리, 개선대책 관리에 대한 실행 이력을 관리하는 방법에는 많은 차이가 있고, 체계적이지 않은 경우가 많다. 고객 불만을 처리한 실제 실행에 대하여 체계적으로 접수, 처리, 개선대책 이력을 관리할 수 있도록 보완하는 것이 필요하다.

고객 불만에 대한 접수 및 처리 기준이 작성되어 있으며, 고객 불만 처리 대장 및 개선대책 보고서 이력을 유지해야 한다. 고객 불만을 분석하여 지속적인 개선을 실행하여 효과적인 성과가 달성되어야 한다.

선진 회사의 경우는 고객이 B to B 고객의 경우 포털(Potal) 사이트를 활용하여 고객 불만 사항을 실시간으로 등록하여 고객이 정한 형식에 따라 불만 처리를 수행하고 고객이 승인하면 종결되는 시스템을 운영하고 있다. B to C의 경우에는 고객 불만에 대한 VOC(Voice Of Customer) 전산시스템을 구축하여 고객의 불만을 파악하고, 접수하고 처리, 개선대책 관리를 수행하고 있다.

2) 목적

고객 불만에 대한 접수 및 처리 체계를 갖추고, 효과적으로 고객 불만에 대하여 처리 및 개선대책 관리하는 것을 목적으로 한다.

3) 입력물(Input)

- 고객 요구사항
- 고객 불만 처리 기준
- 고객 불만 처리 양식

4) 프로세스(Process)

(1) 계획(Plan)

- 고객 불만 처리 절차서에 고객 불만 접수 방법, 접수 후 사내 의사소통 방법, 처리 방법, 개선대책 실시 및 고객 통지 방법에 대한 내용을 포함하여 작성한다.
- 고객 불만 내용을 접수할 수 있도록 접수 창구 및 방법, 접수 양식을 작성한다.

(2) 실시(Do)

- 고객 불만이 발생되면 영업 , 서비스, 품질 등 접수대장에 기록하고 사내 관련 부서에 내용을 통지한다.
- 품질 부서는 고객 불만 내용에 대하여 시정조치의 필요 여부를 결정하고 시정조치 요구서를 발행한다.
- 고객 불만 개선대책 부서는 개선대책을 실시하고 품질 부서의 검토를 받는다.
- 품질 부서는 개선대책의 효과성을 확인하고 효과적인 개선대책을 영업 부서에 제공하고 고객 승인을 얻는다.

(3) 확인(Check)

- 시장품질 관리 관련 성과지표에 대한 품질 목표를 모니터링하여 목표 대비 실적이 부진할 경우 개선 대책을 실시한다.
- 시장품질 관리에 대한 성과지표는 고객 불만 처리율, 고객 불만 처리 시간, AS율 등으로 관리할 수 있다.

(4) 조치(Action)

시장품질 관리에 대하여 부족한 부분에 대한 중점 개선 과제를 설정하여 지속적으로 성과개선 관리한다.

5) 출력물(Output)

- 고객 불만 처리 절차서
- 고객 불만 처리 관리 대장
- 고객 불만 처리 보고서

Q 3.53 지속적인 고객 불만 재발 방지 대책

고객 불만의 재발 방지를 위해 지속적으로 예방활동을 조직적으로 실시하고 있고, 근본 원인을 분석하여 재발을 방지하고 있는가?

1) 개요

고객 불만 관련 재발 방지를 위한 예방 활동은 지속적으로 실시해야 하는데, 예방 활동보다는 AS(After Service, 사후 서비스) 중심의 고객 대응 활동을 실시하고 관련 이력을 유지하고 있는 실정이다. 예방 활동을 전개하기 위해 고객 불만 사항에 대한 고품을 회수하여 분석하고, 개선대책을 현장에 게시하여 경각심을 부여하고, 근본적인 원인을 분석하여 자동화 또는 에러 방지(Error Proofing) 시스템을 도입하여 재발되지 않도록 개선해야 하지만 현실은 고객 불만(고장)에 대한 수리 등 단순 조치하여 처리하고 있는데, 고객 불만에 대한 처리 방법을 보완할 필요가 있다.

고객 불만의 재발 방지를 위한 근본 원인 분석에 대한 방법이 있고, 명확하게 분석하여 예방 활동을 조직적으로 실시해야 한다. 재발 방지에 대한 예방 활동 결과를 확인하고, 개선대책 내용의 효과적인 개선 성과가 달성되고 있어야 한다.

선진 회사의 경우는 고객 불만에 대하여 재발 방지를 위해 필드(Field) 고품을 수거하여 재현 테스트, 근본 원인을 분석하여 제품 개발 및 생산에 반영하여 관리하고 있다. 고객 불만 개선대책 보고서를 8D Report를 활용하여 개선 단계의 누락 없이 진행하고 있으며, 근본 원인 분석을 위하여 5Why, 4M분석, 특성요인도 등 분석 기법을 적용하고 있고, 개선대책을 단기·장기 개선 대책을 수립하여 에러 방지(Error Proofing) 장치를 적용하여 재발하지 않도록 개선하고, 개선된 결과가 효과적인지 개선 이후에 확인하여 검증하고 있다. 시장에서 발생되고 있는 주요 문제점에 대하여 과제화하여 개선하고 생산 및 제품 개발 시에 반영하여 품질 성과 향상 노력을 기울이고 있다.

2) 목적

고객 불만의 재발 방지를 위해 지속적으로 예방 활동을 관련 부서와 조직적으로 실시하여야 하며, 근본 원인을 분석하여 재발 방지하는 것을 목적으로 한다.

3) 입력물(Input)

- 고객 요구사항
- 고객 불만 접수 대장
- 고객 불만 처리 기준

4) 프로세스(Process)

(1) 계획(Plan)

- 고객 불만 처리 절차서에 고객 불만 제품(고품) 회수 및 분석 절차, 근본 원인 분석 기법 적용, 개선대책 수립 방법, 에러 방지(Error Proofing) 적용 방법, 생산 및 제품 개발 반영 방법에 대한 내용을 포함하여 작성한다.
- 고객 불만에 해당되는 고품을 접수할 수 있도록 접수 방법, 고품 분석 접수 양식을 작성한다.

(2) 실시(Do)

- 고객 불만 발생 시 개선이 필요한 제품(고품)에 대해 공장으로 회수하여 고품분석 관리 대장에 기록한다.
- 고품의 테스트 및 분석은 문제점의 현상과 근본 원인을 분석하며, 근본 원인 분석은 5Why, 특성요인도, 4M(Man, Material, Machine, Method) 등 상황에 맞게 활용한다.
- 고품분석 결과 근본 원인에 부합되는 개선대책을 수립하며, 근본적인 대책은 에러 방지(Error Proofing) 장치를 도입하여 적용한다.
- 고품은 현장에 게시하여 관련 인원에 경각심을 불러일으키는 교육용 교보재로 활용한다.
- 고객 불만에 대한 개선대책과 관련하여 반품된 제품에 국한하지 말고 주요 문제점에 대하여 과제화하고 지속적인 개선활동을 실시한다.

(3) 확인(Check)

- 시장품질 관리 관련 성과지표에 대한 품질 목표를 모니터링하여 목표 대비 실적이 부진할 경우 개선대책을 실시한다.
- 시장품질 관리에 대한 성과지표는 고객 불만 처리율, 고객 불만 처리 시간, AS율 등으로 관리할 수 있다.

(4) 조치(Action)

시장품질 관리 관련 부족한 부분에 대한 중점 개선 과제를 설정하여 지속적으로 성과 개선 관리한다.

5) 출력물(Output)

- 고객 불만 개선대책 보고서
- 고객 반품제품 현장 현물 게시 확인
- 재발방지를 위한 활동 사례
- 고객 불만 제품에 대한 테스트 및 분석

Q 3.54 클레임에 대한 대책

클레임 발생 시 처리할 수 있는 절차가 있고, 클레임에 대한 대응 계획을 수립하고, 훈련하여 부족한 부분을 보완하고 있는가?

1) 개요

고객 클레임 발생에 대하여 고객 대응은 상황에 맞도록 실시하고 있으나, 고객의 불만이 큰 경우에 대응하기 위한 심리적, 물질적 보상에 대한 처리 기준을 사전에 보유하지 않으면 처리가 어렵고, 당황하여 신속하고 정확한 처리가 어렵게 된다. 리콜의 경우는 발생 빈도가 적지만 발생하면 회사에 큰 피해를 줄 수 있기 때문에 사전 비상대응 계획서를 작성하여 리콜 발생 시 신속하게 처리할 수 있도록 훈련하는 것이 필요하다.

클레임 처리 기준이 마련되어 있고, 클레임에 대한 처리 기록이 유지되어야 한다. 클레임 처리 결과를 확인하고, 개선활동을 실행하여 효과적인 성과가 달성되어야 한다.

리콜(해당하는 경우) 대응 계획을 수립하고, 대응 계획의 훈련 실행 기록, 훈련 보완사항 기록이 유지되어야 한다. 개선활동 실행 결과를 확인하며, 개선된 성과가 효과적으로 달성되어야 한다.

선진 회사의 경우는 클레임에 대한 처리 절차는 AS 처리, 클레임 처리, 리콜 처리로 구분하여 처리 절차를 관리하고 있고 개선대책은 시정조치 보고서(8D Report)를 활용하여 실시하고 있다. 리콜에 대한 비상대응 계획을 수립하여 연단위로 가상적인 훈련을 실시하고 훈련 보고서를 작성하며 부족한 부분에 대하여 비상대응 계획서를 보완하고 있다.

2) 목적

클레임 발생 시 처리할 수 있는 절차를 구비하고, 클레임에 대한 처리 계획을 수립하고, 훈련하여 부족한 부분을 보완하는 것을 목적으로 한다.

3) 입력물(Input)

- 클레임 접수대장
- 클레임 처리 기준
- 리콜 처리 절차 및 비상대응 계획

4) 프로세스(Process)

(1) 계획(Plan)

- 고객 불만 처리 절차서에 고객 클레임 접수 및 처리 절차, 근본 원인 분석 및 개선 대책 수립 방법, 리콜 발생 처리 절차, 리콜 비상대응 계획서 작성에 대한 내용을 포함하여 작성한다.
- 고객 클레임 내용을 접수할 수 있도록 접수 방법, 클레임 접수 양식을 작성한다.

(2) 실시(Do)

- 고객 클레임 발생 시 클레임 유형에 부합되도록 대응하여 처리한다.
- 고객 클레임은 근본 원인을 분석하여 개선대책을 수립 적용한다.
- 클레임 처리 사례는 관련 부문에 피드백하여 재발방지 활동을 실시한다.
- 리콜 발생 시 처리 방법에 대하여 비상대응 계획서를 관련 부문과 협의하여 작성한다.
- 리콜 비상대응 계획서는 연 1회 관련 이해관계자와 훈련을 실시하며, 훈련보고서를 작성하고 훈련 시 발생된 문제점을 보완하여 리콜 비상대응 계획을 개정한다.

(3) 확인(Check)

- 시장품질 관리 관련 성과지표에 대한 품질 목표를 모니터링하여 목표 대비 실적이 부진할 경우 개선대책을 실시한다.
- 시장품질 관리에 대한 성과지표는 고객 클레임 처리율, 고객 클레임 처리 시간 등으로 관리할 수 있다.

(4) 조치(Action)

시장품질 관리에 대하여 부족한 부분에 대한 중점 개선 과제를 설정하여 지속적으로 성과개선 관리한다.

5) 출력물(Output)

- 클레임 처리 절차서
- 클레임 처리 사례
- 리콜 처리에 대한 절차, 대응 시나리오 및 사례가 있는 경우 가점

3.3 성과지표

3.3.1 연구/개선 성과

Q 3.55 지속적 개선활동 성과율
지속적 개선활동 성과율은 어떻게 산출하나요?

1) 개요

지속적 개선활동 성과율은 품질 목표에 대한 성과지표 개선을 위해 과제화하여 추진한 실적, 분임조 실적, 6시그마 활동 실적, 제안 실적, 자체 혁신활동 실적을 유형효과로 파악하여 제시해야 한다. 중소기업은 개선의 실적은 많이 있으나 이를 문서화하지 않거나, 유형효과 금액으로 산출하지 않아서 점수를 못 받는 경우가 많다.

따라서 지속적 개선활동 성과에 대하여 개선 보고서를 작성하고 개선의 유형효과 금액을 산출해야 하며, 객관적인 산출 근거를 포함하여 제시해야 한다.

지속적인 개선 성과를 조직문화로 관리하는 조직이 늘어나고 있는 추세인데, 유형효과로 금액을 산출하고 성과를 낸 부서(또는 개인)에게 인센티브 제도와 연계하여 효과 금액의 일부를(예 10%/유형효과 금액) 금전적으로 제공하여 평가의 객관성을 확보하기 위한 노력을 다양하게 추진하고 있다.

품질보증조달물품 성과지표는 품질경영시스템, 생산 공정 각 심사 요구사항에 대한 성과를 정량적으로 평가하게 되며, 회사의 상황에 맞는 핵심성과지표(KPI)와는 다르게, 관리해야 할 성과지표의 항목을 사전 결정하며 이를 집계, 모니터링하여 4시그마 이상의 품질 수준으로 지속적인 개선활동을 전개해야 한다.

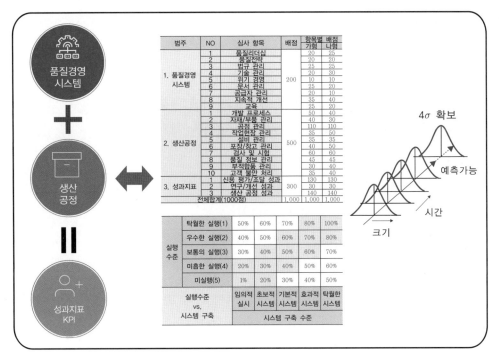

[그림 3-28] 품질보증조달물품의 성과지표 관리 체계

2) 목적

지속적 개선활동 성과율은 최근 1년간 실적을 산출하며, 개선의 결과를 유형효과로 산출하여 개선의 결과에 대하여 점수를 부여하는 것을 목적으로 한다.

3) 입력물(Input)

- 품질 목표 개선 실적
- 분임조 활동 실적
- 6시그마 개선활동 실적
- 제안 실적
- 개선활동 보고서

4) 프로세스(Process)

(1) 산출식

　※ 최근 1년간 실적 기준

- 산출식 : 개선활동 성과율 = 유형효과 금액/매출액×100
- 평점 산출식 : 개선활동 성과율/10×배점

(2) 평점 기준

　※ 개선활동 성과율을 %단위로 입력

- 개선활동 성과율 10% 이상 시 만점
- 개선활동 성과율 실적 미관리 시 '0'점

(3) 가이드라인

　※ 해당 품명을 기준으로 하되 품명별 실적이 관리 및 식별되지 않을 경우 예외적으로 회사 전체 실적에 대해 검토할 수 있다.

- 최근 1년간 실적 기준
- 최근 연도 또는 분기의 검증 가능한 공식적이고 공증된 자료가 있는 최근 기간으로 검증

예 2019년 5월 심사 시 2018년도 결산 회계자료
- 매출액 증빙자료
  - 최근 회계연도 재무제표(세무서 보고 자료)
- 개선활동 성과 대상 심사 항목
  - 신규 특허 관련 매출 변화 금액
  - 제안 활동을 통한 효과금액(공정 단순화, 품질 개선)
  - 신제품 개발을 통한 성과 비교 자료(매출 변화 금액 등)
  - 연간 개선계획 실행의 결과로 달성된 성과 기록

---

5) 출력물(Output)

- 지속적 개선활동 성과율 집계표
- 개선활동 개별 보고서 및 유형효과 산출 근거

Q 3.56 매출액 대비 R&D 투자

매출액 대비 R&D 투자 비율은 어떻게 산출하나요?

1) 개요

영속적인 기업의 공통점 중의 하나가 R&D 투자를 지속적으로 한 기업이라는 점이 많이 나타나고 있으며, 반면 OEM 생산 중심의 기업은 경쟁력을 점진적으로 상실하여 기업의 경영 환경이 나쁜 것이 일반적이다.

따라서 매출액 대비 R&D 투자 비율을 확대하여 기업의 기술력 확보와 장기적인 경쟁력을 확보할 수 있도록 유도하고 3개년 간의 R&D 투자 실적을 관리해야 한다.

기업의 지속 성장을 위하여 매출액 대비 R&D 투자 비율을 8% 이상 지속 투자하여 기업의 경쟁력을 확보하는 기업이 늘어나고 있다.

2) 목적

매출액 대비 R&D 투자 비율 실적은 선행적으로 R&D에 투자하여 기술력을 높이고 그 결과 기업의 경쟁력을 확보할 수 있는 여건을 만드는 것을 목적으로 한다.

3) 입력물(Input)

- 3개년 R&D 투자 실적
- 3개년 매출액 실적

4) 프로세스(Process)

(1) 산출식

- 산출식 : 매출액 대비 R&D 투자 비율 = 연간 R&D 투자비 / 연간 총 매출액 ×100 (최근 3년 실적)
- 평점 산출식 : 매출액 대비 R&D 투자 비율/8×배점

(2) 평점 기준

※ 매출액 대비 R&D 투자 비율을 %단위로 입력

- 매출액 대비 R&D 투자 비율 8.0% 이상 만점
- 매출액 대비 R&D 투자비율 미관리 시 '0'점

(3) 가이드라인

- 최근 3년간 실적 기준
  - 최근 연도 또는 분기의 검증 가능한 공식적이고 공증된 자료가 있는 최근 기간으로 검증
- 매출액 및 R&D 투자 비용 산출 근거
  - 최근 3년 결산 재무제표(세무서 보고 자료) 중 연구개발비 항목 적용

5) 출력물(Output)

매출액 대비 R&D 투자 비율 실적

Q 3.57 전사인원 대비 R&D 부문 인력

전사인원 대비 R&D 부문 인력은 어떻게 산출하나요?

1) 개요

R&D 부문 인력을 중시하는 것은 R&D 투자 비율의 경우와 마찬가지로 기업의 기술력과 경쟁력 확보를 위해 기업의 기술연구소 인력을 확충해야 하는 필요성 때문이다. 그러나 현실적으로는 R&D 전담 인력이 부족한 실정이며 품질, 영업, 생산 부서의 인력이 부분적인 연구 업무를 수행하는 것은 문제로 나타나고 있다. 따라서 기업의 연구소를 설립하거나 연구 전담 인력을 확보하는 것이 필요하다.

R&D 부문 인력 확대를 위하여 기업부설연구소 설립, 정부 과제와 연계하여 사업을 지속하는 기업이 있는데 이 방법도 고려할 수 있는 방법 중의 하나일 것이다.

2) 목적

전사인원 대비 R&D 인력 비율을 산출하여 관리함으로써 기업의 기술력과 경쟁력을 위해 적절한 R&D 인력의 확보하게 하는 것을 목적으로 한다.

3) 입력물(Input)

- 최근 1년간 전사인원 대비 R&D 인력 비율
- R&D 부문 조직도

4) 프로세스(Process)

(1) 산출식

※ 최근 1년간 실적 기준

- 산출식 : 전사인원 대비 R&D 부문 인력 비율 = 연구개발부문 인력(연구지원부문 포함)/전사 평균 인원×100
- 평점 산출식 : 전사인원 대비 R&D 부문 인력 비율/8×배점

(2) 평점 기준

※ 전사인원 대비 R&D 부문 인력 비율을 %단위로 입력

- 전사인원 대비 R&D 부문 인력 8.0% 이상시 만점
- 전사인원 대비 R&D 부분 인력 미관리 시 '0'점

(3) 가이드라인

- 최근 1년간 실적 기준
  - 최근 연도 또는 분기의 검증 가능한 공식적이고 공증된 자료가 있는 최근 기간으로 검증
- 인원
  - 4대 보험 가입 실적 기준(총원)
  - 조직표, 인사명령서(R&D 부문 인력)

5) 출력물(Output)

- 전사인원 대비 R&D 부문 인력 비율 현황(예시, 3개년)

No.	Process	성과항목	단위	담당	구분	3개년 평균	2017년 (a)	2018년 (b)	2019년(c)													
									계	1월	2월	3월	4월	5월	6월	7월	8월	9월	10월	11월	12월	평균
1	인적자원관리	전사인원대비 R&D부분인력 비율	%	경영지원	목표	2	2	2	24	2	2	2	2	2	2	2	2	2	2	2	2	2
					실적	44	43	45	552	46	46	46	46	46	46	46	46	46	46	46	46	46
					달성율	4.5%	4.7%	4.4%	4.3%	4.3%	4.3%	4.3%	4.3%	4.3%	4.3%	4.3%	4.3%	4.3%	4.3%	4.3%	4.3%	4.3%
2		교육참석률 (품질보증조달물품 교육)	%		목표	6	2	2	2						2							2
					실적	6	2	2	2						2							2
					달성율	100%	100%	100%	100%						100%							100%

- 당해 연도 전사인원 대비 R&D 부문 인력 비율 현황(예시)

번호	항목	2019년													
		계	1월	2월	3월	4월	5월	6월	7월	8월	9월	10월	11월	12월	평균
1	연구개발부문인력(연구지원부문포함)(명)	24	2	2	2	2	2	2	2	2	2	2	2	2	2
	전사평균인원(1년)(명)	552	46	46	46	46	46	46	46	46	46	46	46	46	46
	전사인원대비 R&D부문인력비율(%)	4.3%	4.3%	4.3%	4.3%	4.3%	4.3%	4.3%	4.3%	4.3%	4.3%	4.3%	4.3%	4.3%	4.3%
2	교육참석인원(품질보증조달물품 교육, 명)	2						2							2
	교육대상인원(품질보증조달물품 교육, 명)	2						2							2
	교육참석률(%)	100%						100%							100%

* 프로세스별로 성과지표를 관리하고 당해 연도 및 3개년 실적을 관리하는 것이 효과적이다.

3.3.2 생산공정 성과

Q 3.58 인수 부적합품률(PPM)

인수 부적합품률은 어떻게 산출하나요?

1) 개요

인수 부적합품률은 입고검사 성적서 관리, 주간 또는 월간 실적을 부분적으로 관리하고 있는데, 이를 품질보증조달물품에서 요구하는 최근 1년간 실적에는 부합되지 않은 경우가 발생하는데, 추가적으로 가공하여 제시할 필요가 있다. 일부 기업에서는 인수검사 데이터만 보유하고 있어 인수 부적합품률에 대한 실적이 없는데 실적을 제시하지 않을 경우 0점을 받게 되어 있어 불이익이 발생한다.

따라서 인수 부적합품에 대해 심사받는 일정 대비하여 전월 기준으로 최근 1년간으로 실적을 집계하여 제시해야 한다.(심사일이 8월인 경우 전년도 8월부터 7월까지 실적 집계)

인수 부적합품률은 IT 발전에 따라 전산으로 일자별(월별), 품목별, 업체별로 선택하여 실시간으로 조회하고 그 결과를 엑셀로 전환하는 기능을 활용하는 기업이 많아지고 있는데 이를 구현하도록 전산화하여 관리하는 것이 필요하다.

2) 목적

인수 부적합품률은 원자재 등 부품 품질을 나타내는 척도로서 최근 1년간의 현황을 점수화하는 것을 목적으로 한다.

3) 입력물(Input)

• 최근 1년간 인수검사 성적서
• 최근 1년간 인수검사 업체별, 품명별 부적합품률 현황

4) 프로세스(Process)

(1) 산출식

　※ 최근 1년간 실적 기준(부품 전체 평균 적용)

　　• 산출식 : 인수 부적합품률 = 인수 부적합 건수/인수검사 건수×1,000,000

　　• 평점 산출식 : (50,000 ppm − 인수 부적합품률)/50,000 ppm×배점

(2) 평점 기준

　　※ 인수 부적합품률을 ppm 단위로 입력

　　　• 인수 부적합품률 50,000 ppm 이상 시 '0'점

　　　• 인수 부적합품률 0 ppm 인 경우 만점

　　　• 인수 부적합품 실적 미관리 시 '0'점

　　〈무검사 제도를 타당하게 운영하는 경우〉

　　　• 25,000 ppm을 입력 : 무검사를 효과적으로 실시하고 있을 경우

(3) 가이드라인

　• 최근 1년간 실적 기준

　　– 최근 연도 또는 분기의 검증 가능한 공식적이고 공증된 자료가 있는 최근 기간으로 검증

　• 산출 근거

　　– 심사일 기준 최근 1년간 실적

　　– 신청품명 대상

5) 출력물(Output)

인수 부적합품률 현황

Q 3.59 공정 부적합품률(PPM)
공정 부적합품률은 어떻게 산출하나요?

1) 개요

공정 부적합품률은 생산일보, 공정검사시트, 주간 또는 월간 부적합품률 실적을 부분적으로 관리하고 있는데, 이를 품질보증조달물품에서 요구하는 최근 1년간 실적에는 부합되지 않는 경우가 발생하는데, 추가적으로 가공하여 제시할 필요가 있다. 일부 기업에서는 공정검사 데이터만 보유하고 있어 공정 부적합품률에 대한 실적이 없는데 실적을 제시하지 않을 경우 0점을 받게 되어 있어 불이익이 발생한다.

따라서 공정 부적합품률에 대해 심사받는 일정 대비하여 전월 기준으로 최근 1년간으로 실적을 집계하여 제시해야 한다.(심사일이 8월인 경우 전년도 8월부터 7월까지 실적 집계)

공정 부적합품률은 IT 발전에 따라 MES 전산으로 일자별(월별), 공정별로 선택하여 실시간으로 조회하고 그 결과를 엑셀로 전환하는 기능을 활용하는 기업이 많아지고 있는데 이를 구현하도록 전산화하여 관리하는 것이 필요하다.

2) 목적

공정 부적합품률은 제조 현장의 공정품질을 나타내는 척도로서 최근 1년간의 현황을 점수화하는 것을 목적으로 한다.

3) 입력물(Input)

- 최근 1년간 공정검사 성적서, 생산일보
- 최근 1년간 공정 부적합품률 현황

4) 프로세스(Process)

(1) 산출식

※ 최근 1년간 실적 기준

- 산출식 : 공정 부적합품률 = 전공정 부적합 건수/최종생산수×1,000,000
- 평점 산출식 : (50,000 ppm − 공정부적합품률)/50,000 ppm×배점

(2) 평점 기준

　　※ 공정 부적합품률을 ppm 단위로 입력

- 공정 부적합품률 50,000 ppm 이상 시 '0'점
- 공정 부적합품률 0 ppm인 경우 만점
- 공정 부적합품 실적 미관리 시 '0'점

(3) 가이드라인

　　※ 제품수를 원칙으로 하되 업체의 생산 규모 등에 따라 예외적으로 다른 기준으로 검토할 수 있다(단, 분모와 분자의 기준이 동일할 것).

- 최근 1년간 실적 기준
  - 최근 연도 또는 분기의 검증 가능한 공식적이고 공증된 자료가 있는 최근 기간으로 검증
- 산출 근거
  - 심사일 기준 최근 1년간 실적
  - 신청품명 대상
  - 전공정 부적합 건수 : 집계하는 공정 부적합 건수(중간검사 항목별 회수)
  - 최종 생산수 : 최종 양품수

5) 출력물(Output)

공정 부적합품률 현황

Q 3.60 공정능력지수(Ppk) – 품질관리요소 1~4
공정능력지수는 어떻게 산출하나요?

1) 개요

공정능력지수는 생산일보, 공정검사시트, 출하검사 성적서에서 측정기록을 관리하고 있고, 주간 또는 월간 부적합품률 실적을 부분적으로 관리하고 있는데, 이를 품질보증조달물품에서 요구하는 최근 1년간 실적에는 부합되지 않는 경우가 발생하는데, 추가적으로 가공하여 제시할 필요가 있다. 일부 기업에서는 특별 특성 항목에 대한 측정 데이터만 보유하고 있어 공정능력지수에 대한 실적이 없는데 실적을 제시하지 않을 경우 0점을 받게 되어 있어 불이익이 발생한다.

따라서 공정능력지수에 대해 심사받는 일정 대비하여 전월 기준으로 최근 1년간으로 실적을 집계하여 제시해야 한다.(심사일이 8월인 경우 전년도 8월부터 7월까지 실적 집계)

공정 부적합품률은 IT 발전에 따라 SPC 전산으로 일자별(월별), 공정별, 특별 특성 항목별로 선택하여 실시간으로 조회하고 그 결과를 엑셀로 전환하는 기능을 활용하는 기업이 많아지고 있는데 이를 구현하도록 전산화하여 관리하는 것이 필요하다.

2) 목적

공정능력지수는 품질관리요소에서 결정한 특별 특성에 대하여 공정품질 수준을 나타내는 척도로서 최근 1년간의 현황을 점수화하는 것을 목적으로 한다.

3) 입력물(Input)

관리계획서 특별 특성(제품, 공정) 측정 데이터

4) 프로세스(Process)

(1) 산출식

공정능력지수(Ppk) 산정을 원칙으로 한다. 단, Ppk를 산정할 수 없는 경우(품질관리요소가 합부 판정 형태로만 판단이 가능한 경우)에는 부적합품률을 기준으로 산출한다.

〈심사 요건〉

- Ppk : 최근 1년간 실적 기준
  - 산출식 : Ppk = Min(USL-μ /3σ lt, μ -LSL/3σ lt)

– 평점산출식 : Ppk/1.33×배점

• Ppk를 산정할 수 없는 경우

부적합품률 : 최근 1년간 실적 기준

– 산출식 : 부적합품률 = 부적합 건수/검사 건수×1,000,000

– 평점 산출식 : (50,000 ppm − 부적합품률)/50,000 ppm×배점

(2) 평점기준

• 공정능력지수(Ppk)를 입력

– Ppk가 1.33 이상 시 만점

– Ppk 구하지 않고 부적합품률만 관리 시 '0'점

• Ppk를 산정할 수 없는 경우

부적합품률(ppm)을 입력

– 0 ppm일 때 만점

– 50,000 ppm 이상 시 '0'점

(3) 가이드라인

• 최근 1년간 실적 기준

– 최근 연도 또는 분기의 검증 가능한 공식적이고 공증된 자료가 있는 최근 기간으로 검증

• 산출 근거

– 심사일 기준 최근 1년간 실적

– 신청품명 대상

– 품질관리항목 4개 : 핵심공정과 연계하여 항목의 적격성 판단

* 공정능력지수의 품질관리요소는 공고하거나 심사 전 업체에 통보

※ 공정능력지수는 품질관리요소 4개 항목을 선정하여 품명에 공통으로 적용하는 것이 원칙이나 심사기준의 오류 등 부득이한 경우 사전에 심사 기관과 협의한 후 품질관리요소 항목을 조정하여 60점의 범위 내에서 점수를 부여할 수 있다.

5) 출력물(Output)

품질관리 요소별 공정능력지수 결과(4개 항목)

Q 3.61 완제품 또는 출하 부적합품률(PPM)

완제품 또는 출하 부적합품률은 어떻게 산출하나요?

1) 개요

완제품/출하 부적합품률은 생산일보, 출하검사 성적서, 주간 또는 월간 부적합품률 실적을 부분적으로 관리하고 있는데, 이를 품질보증조달물품에서 요구하는 최근 1년간 실적에는 부합되지 않는 경우가 발생하는데, 추가적으로 가공하여 제시할 필요가 있다. 일부 기업에서는 완제품/출하검사 데이터만 보유하고 있어 완제품/출하 부적합품률에 대한 실적이 없는데 실적을 제시하지 않을 경우 0점을 받게 되어 있어 불이익이 발생한다.

따라서 완제품/출하 부적합품률에 대하여 심사받는 일정 대비하여 전월 기준으로 최근 1년간으로 실적을 집계하여 제시해야 한다.(심사일이 8월 인 경우 전년도 8월부터 7월까지 실적 집계)

완제품/출하 부적합품률은 IT 발전에 따라 MES 전산으로 일자별(월별), 제품별로 선택하여 실시간으로 조회하고 그 결과를 엑셀로 전환하는 기능을 활용하는 기업이 많아지고 있는데 이를 구현하도록 전산화하여 관리하는 것이 필요하다.

2) 목적

완제품/출하 부적합품률은 제품의 출하품질을 나타내는 척도로서 최근 1년간의 현황을 점수화하는 것을 목적으로 한다.

3) 입력물(Input)

• 최근 1년간 완제품/출하검사 성적서
• 최근 1년간 완제품/출하 부적합품률 현황

4) 프로세스(Process)

(1) 산출식

※ 최근 1년간 실적 기준

• 산출식 : 완제품 부적합품률 = 완제품 부적합 건수/완제품 검사 건수×1,000,000
• 평점 산출식 : (10,000 ppm − 완제품 부적합품률)/10,000 ppm×배점

(2) 평점 기준

※ 완제품/출하 부적합품률(ppm)을 입력

- 완제품/출하 부적합품률 10,000 ppm 이상 시 '0'점
- 완제품/출하 부적합품률 0 ppm 인 경우 만점
- 완제품/출하 부적합품 실적 미관리 시 '0'점

(3) 가이드라인

- 최근 1년간 실적 기준
  - 최근 연도 또는 분기의 검증 가능한 공식적이고 공증된 자료가 있는 최근 기간으로 검증
- 산출 근거
  - 심사일 기준 최근 1년간 실적
  - 신청품명 대상 : 최종검사
  - 검사방식 : 전수검사, 샘플링 검사(로트별)
  - 샘플링 검사 시 로트 구성의 적합성 확인

5) 출력물(Output)

완제품/출하 부적합품률 현황

3.3.3 신용평가/조달청 실적평가

Q 3.62 기업 신용평가 등급

기업 신용평가 등급은 어떻게 산출하나요?

1) 개요

신용평가/조달청 실적평가는 조달청에서 실행한 실적으로 평가를 진행하며 평소에 조달청 거래 실적을 주의 깊게 모니터링하여 실적을 개선할 필요가 있다.

신용평가는 신용평가 회사에서 평가한 실적을 토대로 작성되며 공공조달 납품 시 기업 신용평가를 제출하고 있는데 사전에 발행하면 유효기간이 1년 정도 유효하며 이를 높일 수 있도록 노력해야 한다.

기업 신용평가등급은 중소기업에서도 품질보증조달물품 선정에 문제가 없도록 신용등급에 영향을 줄 정도로 큰 차이가 없게 되어 있다.

2) 목적

기업 신용평가는 공공 조달하는 업체에 공정성을 부여하고 기업의 신용을 신용기관에서 평가하여 안정적으로 납품할 수 있는지 확인하는 것을 목적으로 한다.

3) 입력물(Input)

전년도 신용기관 신용평가서

4) 프로세스(Process)

(1) 산출식

신용 등급 : 신용평가기관에서 심사한 기업 신용평가 등급

(2) 평점 기준

(단위 : 점)

신용평가등급			
회사채에 대한 신용평가등급	기업어음에 대한 신용평가등급	기업신용평가등급	평 점
AAA AA+, AA0, AA- A+ A0 A-	A1 A2+ A20 A2-	• AAA(회사채에 대한 신용평가등급 AAA에 준하는 등급) • AA+, AA0, AA-(회사채에 대한 신용평가등급 AA+, AA0, AA-에 준하는 등급) • A+(회사채에 대한 신용평가등급 A+에 준하는 등급) • A0(회사채에 대한 신용평가등급 A0에 준하는 등급) • A-(회사채에 대한 신용평가등급 A-에 준하는 등급)	10.0
BBB+	A3+	BBB+(회사채에 대한 신용평가등급 BBB+에 준하는 등급)	9.8
BBB0	A30	BBB0(회사채에 대한 신용평가등급 BBB0에 준하는 등급)	9.6
BBB-	A3-	BBB-(회사채에 대한 신용평가등급 BBB-에 준하는 등급)	9.4
BB+, BB0	B+	BB+, BB0(회사채에 대한 신용평가등급 BB+, BB0에 준하는 등급)	9.2
BB-	B0	BB-(회사채에 대한 신용평가등급 BB-에 준하는 등급)	9.0
B+, B0, B-	B-	B+, B0, B-(회사채에 대한 신용평가등급 B+, B0, B-에 준하는 등급)	8.8
CCC+ 이하	C 이하	CCC+ 이하(회사채에 대한 신용평가등급 CCC+에 준하는 등급)	5.0

※ [주]
① 「신용정보의 이용 및 보호에 관한 법률」 제4조제1항제1호 또는 제4호의 업무를 영위하는 신용정보업자가 심사기준일 이전에 평가한 유효기간 내에 있는 회사채, 기업 어음, 기업 신용평가 등급을 기준으로 『국가종합전자조달(G2B)시스템』에 따라 조회된 신용평가 등급으로 평가하되 가장 최근의 신용평가 등급으로 평가한다.
② '신용평가 등급 확인서'가 확인되지 않은 경우에는 최저등급으로 평가하며, 유효기간 만료일이 입찰공고일인 경우에도 유효한 것으로 평가한다.
③ 합병한 업체에 대해서는 합병 후 새로운 신용평가 등급으로 심사해야 하며 합병 후의 새로운 신용평가 등급이 없는 경우에는 합병 대상 업체 중 가장 낮은 신용평가 등급을 받은 업체의 신용평가 등급으로 심사한다.

5) 출력물(Output)

• 지속적 개선활동 성과율 집계표

• 개선활동 개별 보고서 및 유형효과 산출 근거

Q 3.63 신청 품명의 품질 검사 불합격 유무

신청 품명의 품질 검사 불합격 유무는 어떻게 평가하나요?

1) 개요

조달청에 납품한 해당 신청품명에 대한 품질 검사 실적은 3개년 간 품질 검사 불합격 여부를 관리하여 부적합품이 없는 업체에 높은 점수를 부여하여 기업 스스로 품질관리를 중요하게 여겨 관리할 수 있도록 조달품질원에서 집계하여 평가한다.

2) 목적

신청 품명의 조달청 납품 검사, 기동 샘플링 점검, 시제품 검사 등에 대한 품질 검사 불합격품 유무를 관리함으로써 기업 스스로가 품질관리의 중요성을 인식하고 평상시 품질관리를 적합하게 유지하는 것을 목적으로 한다.

3) 입력물(Input)

최근 3개년 신청 품명의 품질 검사 불합격 통보서

4) 프로세스(Process)

(1) 산출식

- 해당 품명 품질 검사 불합격 유무(조달청 실적 기준)
- 품질 검사는 조달청 또는 전문기관에서 시행한 납품 검사, 기동 샘플링 점검, 시제품 검사 등 모든 품질 검사를 말함

(2) 평점 기준

- 최근 3년간 품질 검사 불합격 없음 : 40점
- 최근 2년간 품질 검사 불합격 없음 : 25점
- 최근 1년간 품질 검사 불합격 없음 : 10점

※ 품질보증 조달업체로 검사 면제를 받은 경우에는 지정기간 동안 검사 실적이 있고 불합격 없음으로 평가한다.

※ 조달청 또는 전문기관 품질 검사 실적이 없는 업체에 대한 평가는 3.에 따른다.
단, 수요기관 검사 품명일 경우에는 납품 실적이 있으면 평점기준에서 '품질 검사
불합격 유무'를 '납품이행 지체 유무'로 대체하고 0.9배의 평점으로 평가한다.

5) 출력물(Output)

신청 품명 품질 검사 불합격 통보서

Q 3.64 신청업체의 조달물품 품질 검사 불합격 건수

신청업체의 조달물품 품질 검사 불합격 건수는 어떻게 산출하나요?

1) 개요

신청업체의 해당 품명 이외에도 전체적으로 조달 납품하는 모든 품명에 대한 품질관리를 적합하게 추진하여 좋은 제품을 안정적으로 납품할 수 있도록 관리하기 위함이다.

2) 목적

신청업체의 조달물품 품질 검사 불합격 건수를 최소화하여 안정적인 납품을 할 수 있도록 기업 스스로 관리할 것을 목적으로 한다.

3) 입력물(Input)

전년도 조달 납품 품질 검사 불합격 건수(모든 품명)

4) 프로세스(Process)

(1) 산출식

- 조달물품 품질 검사 불합격 건수(조달청 실적 기준)
- 품질 검사는 조달청 또는 전문기관에서 시행한 납품 검사, 기동 샘플링 점검, 시제품 검사 등 모든 품질 검사를 말함.

(2) 평점 기준

- 최근 1년간 품질 검사 불합격 0건 : 20점
- 최근 1년간 품질 검사 불합격 1건 : 10점
- 최근 1년간 품질 검사 불합격 2건 : 0점

※ 품질보증 조달업체로 검사 면제를 받은 경우에는 지정기간 동안 검사 실적이 있고 불합격 없음으로 평가한다.

※ 조달청 또는 전문기관 품질 검사 실적이 없는 업체에 대한 평가는 2.에 따른다. 단, 계약품명 중 모두가 수요기관 검사 품명일 경우에는 납품실적이 있으면 평점 기준에서 '품질 검사 불합격 건수'를 '납품이행 지체 건수'로 대체하고 0.9배의 평점으로 평가한다.

5) 출력물(Output)

조달 납품 품질 검사 불합격 건수(모든 품명)

Q 3.65 신청업체 납품 기한 준수

신청업체 납품 기한 준수는 어떻게 산출하나요?

1) 개요

신청업체 납품 기한 준수 현황은 조달청 실적으로 집계되며 기업 스스로 납품 이행 지체
가 없도록 관리하는 것을 말한다.

2) 목적

신청업체가 납품 기한을 준수할 수 있도록 3개년 이내 이행 지체 건수를 관리하여 납품
지연이 없도록 기업 스스로 관리하게 유도하는 것을 목적으로 한다.

3) 입력물(Input)

3개년 납품 이행 지체 건수(조달청 실적)

4) 프로세스(Process)

(1) 산출식

납품 이행 지체 건수(조달청 실적 기준)

(2) 평점기준

- 3년 이내 이행 지체 건 없음 : 40점
- 2년 이내 이행 지체 건 없음 : 30점
- 1년 이내 이행 지체 건 없음 : 20점
- 1년 이내 납품 이행 지체 건 있음 : 이행 지체 1건당 1점 감점
  (20점에서 1점씩 감점, 20건 이상이면 '0'점)

※ 조달청 납품 실적이 없는 업체에 대한 평가는 3.에 따른다.

5) 출력물(Output)

납품 이행 지체 건수(조달청 실적)

Q 3.66 최근 2년간 품질보증조달물품 지정 제도 관련 교육(조달교육원)이수
실적

최근 2년간 품질보증조달물품 지정제도 관련 교육(조달교육원) 이수 실적은 어떻게 산출
하나요?

1) 개요

조달교육원에서 실시한 품질보증조달물품 교육 참가 실적을 조달청에서 집계하며, 경영
자를 포함한 많은 인원이 참여하여 품질보증조달물품의 제도를 이해하고 현업에 적용하
고, 지속적인 교육 참여를 통해 직원들의 역량을 향상하기 위함이다.

2) 목적

품질보증조달물품 교육을 이수하여 제도의 이해와, 요구사항, 실행 기준에 부합하도록
현업에서 활동할 수 있게 경영자를 포함한 많은 인원이 교육에 참석하도록 하는 것을 목
적으로 한다.

3) 입력물(Input)

최근 2년간 조달교육원 품질보증조달물품 교육 참가 실적

4) 프로세스(Process)

(1) 산출식

품질보증조달물품 지정 제도 관련 교육 이수 인원수

(2) 평점 기준

CEO(대표이사 또는 사장) 13점, 임직원 1인당 7점

5) 출력물(Output)

조달교육원 품질보증조달물품 교육 수료증

Q 3.67 신인도 평가

신인도 평가는 어떻게 산출하나요?

1) 개요

신인도 평가는 기업의 경영자가 품질보증조달물품에 대한 참여를 통하여 품질 리더십을
더욱 발휘하도록 가점을 부여하고, 현장 평가 시 등급 산정에 있어 등급과 등급 사이(예,
598점 등)에 있을 경우 경영자의 노력으로 가점(+5점)을 추가하여 이 문제를 최소화하는
효과도 있다. 부정당 업체에 대해서 감점을 부여하여 정당한 업무를 권장하고 있으며, 원
천 봉쇄가 아닌 감점으로 이들 업체에도 기회를 부여하는 의미도 있다.

2) 목적

신인도 평가는 경영자의 참여를 통하여 품질보증조달물품에 대한 품질 리더십을 주도적
으로 관리하고, 참여한 실적에 따라 가점을 부여하고, 부정당 제재 업체에 대해 감점을
부여하는 것을 목적으로 한다.

3) 입력물(Input)

- 품질보증기업 최고경영자(CEO) 워크숍 참석 실적
- 품질보증조달물품 CEO 교육 참석 실적(교육 점수에 추가 가점)
- 부정당업자 제재 결과

4) 프로세스(Process)

(1) 산출식

※ CEO 워크숍 참석 실적 및 부정당업자 제재 이력에 대해 〈신인도 평가표〉의 항목
별로 평가하여 가점 또는 감점을 부여한다.

(2) 평점 기준

〈신인도 평가표〉

I. 가점 항목	배점
① 품질보증기업 최고경영자(CEO) 워크숍 등 참석 실적 　－ 품질보증조달물품지정신청서 접수 마감일 기준 2년 이내 CEO(대표이사 또는 사장)가 조달교육원 주관 품질보증조달물품 제도 교육 또는 조달품질원 개최 최고경영자(CEO) 워크숍에 1회 이상 참석 여부 〈평점기준〉 1. 조달교육원 주관 품질보증조달물품 제도 교육에 1회 이상 참석 시 : 5점 가점 2. 조달품질원 개최 최고경영자(CEO) 워크숍에 1회 이상 참석 시 : 10점 가점 ＊ 품질보증 조달예비물품 지정 기업에도 적용	 (5점) (10점)
소 계(최대 10점)	(10점)
II. 감점 항목	**배점**
② 품질보증조달물품 지정신청서 접수 마감일 기준으로 관련 법령에 따라 부정당업자 제재를 받은 경우 〈평점기준〉 1. 품질보증조달물품 지정신청서 접수마감일 기준으로 1년 이내에 부정당업자 제재를 받은 경우 : 5점 감점 2. 품질보증조달물품 지정신청서 접수마감일 기준으로 6월 이내에 부정당업자 제재를 받은 경우 : 10점 감점	 (－5점) (－10점)
소 계(최대 －10점)	(－10점)
III. 합계 (I+II)	최대 10점

5) 출력물(Output)

- 품질보증기업 최고경영자(CEO) 워크숍 참석 실적
- 품질보증조달물품 최고경영자 교육 참석 실적(교육 점수에 추가 가점)
- 부정당업자 제재 결과

제4장

품질보증조달물품 성과 향상 방안

품질보증조달물품 성과 향상 방안

4.1 품질보증조달물품 성과 수준 분석

Q 4.1 품질보증조달물품 선정 업체의 수준

품질보증조달물품 기존 선정업체의 수준은 어느 정도 되나요?

A 품질보증조달물품(기존 자가품질보증) 선정 업체는 매출 규모는 약 240억, 인원 90
명, 평가 점수는 62.4% 수준으로 파악되었다.
(출처 : 조규선(2014), 정부조달 품질보증제도에 관한 연구, 서경대학교 석사학위 논문)

1) 품질보증조달물품(자가품질보증) 선정 업체의 규모

품질보증조달물품에 선정된 업체의 매출 규모는 제도 운영 초기의 자료(2014년 이전) 기
준으로 약 240억 원 수준이며, 인원은 90명 정도로 조사되었다. 예방 활동 중심의 업무
와 품질보증 업무를 가능하게 하는 데 필요한 기업의 규모이지만 최근에는 자동화, 전산
화를 구현하여 적은 인력으로도 선정된 업체들이 많아지고 있다.

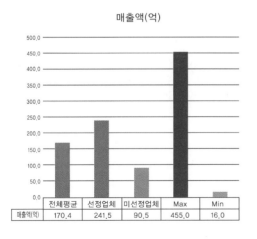

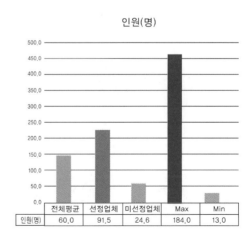

	전체평균	선정업체	미선정업체	Max	Min
매출액(억)	170.4	241.5	90.5	455.0	16.0

	전체평균	선정업체	미선정업체	Max	Min
인원(명)	60.0	91.5	24.6	184.0	13.0

2) 품질보증조달물품 심사 범주별 점수 분포

품질보증조달물품 선정 업체의 점수는 62.4% 수준이며, 품질경영시스템 54.3%, 생산공정 54.1%, 성과지표 79.4%로 파악되고 있다.

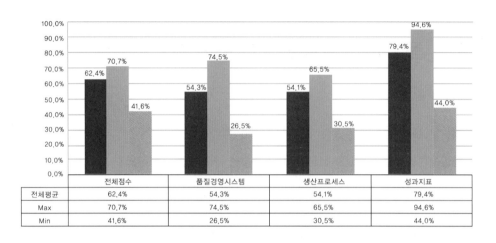

	전체점수	품질경영시스템	생산프로세스	성과지표
전체평균	62.4%	54.3%	54.1%	79.4%
Max	70.7%	74.5%	65.5%	94.6%
Min	41.6%	26.5%	30.5%	44.0%

3) 품질경영시스템 심사 항목별 선정업체와 미선정업체 결과 분석

품질보증조달물품 심사 범주 중 품질경영시스템 세부 심사 항목별로 선정업체와 미선정업체의 차이가 나는 항목을 분석한 결과 품질 전략 17.7%, 위기 경영 16.4%, 지속적 개선 13.8%로 높게 나타났으며 이 부분에 대한 개선이 우선 필요하다.

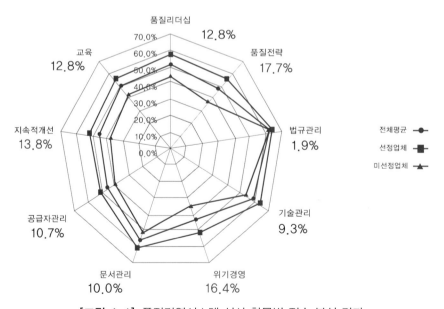

[그림 4-1] 품질경영시스템 심사 항목별 점수 분석 결과

4) 생산공정 심사 항목별 선정업체와 미선정업체 결과 분석

품질보증조달물품 심사 범주 중 생산공정 세부 심사 항목별로 선정업체와 미선정업체의 차이가 나는 항목을 분석한 결과 자재/부품 관리 32.0%, 검사 및 시험 22.8%, 개발 프로세스 20.7%, 품질 정보관리 20.6%로 높게 나타났으며 이 부분에 대한 개선이 우선 필요하다.

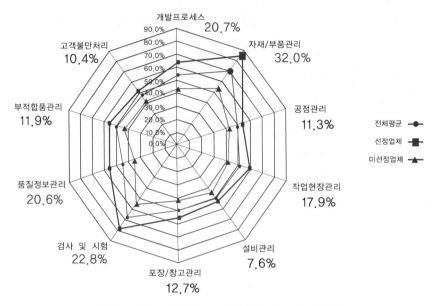

[그림 4-2] 생산공정 심사 항목별 점수 분석 결과

Q&A

Q 4.2 품질보증조달물품 미선정업체의 현 수준

품질보증조달물품 미선정업체의 수준은 어느 정도 되나요?

A 품질보증조달물품 선정을 준비하고 있는 특정 단체표준을 보유하고 있는 여러 업체에 대하여 심사 범주별로 사전 진단을 실시한 결과 품질경영시스템 30%, 생산공정 38%, 성과지표 58% 수준으로 파악되었으며 단계적 추진이 필요한 실정이다.

1) 단체표준 업체의 현 수준 진단

품질보증조달물품 심사 기준(2019년도 개정본 적용)을 적용하여 특정 단체표준을 보유하고 있고, 품질보증조달물품에 대한 준비를 하고 있는 여러 업체를 대상으로 진단 실시 결과 품질보증조달물품에서 요구하는 수준과 많은 차이가 발생되고 있어 개선이 필요한 실정이다. 이는 업체의 샘플링에 한계점이 있어 단체표준 보유 업체의 전체 품질 수준이 아닐 수 있음을 고려해야 하며, 품질 수준이 높은 업체가 샘플링되었을 경우에는 다른 결과가 나올 수 있을 것이다.

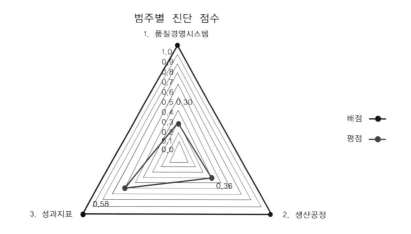

범주별 진단 점수

2) 품질경영시스템 심사 항목별 진단 결과

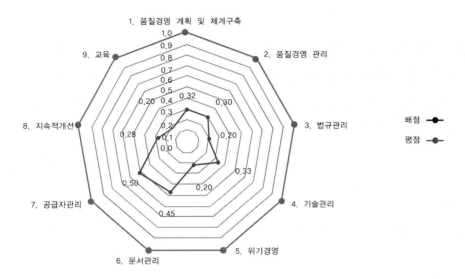

품질경영시스템 진단 점수

3) 생산공정 심사 항목별 진단 결과

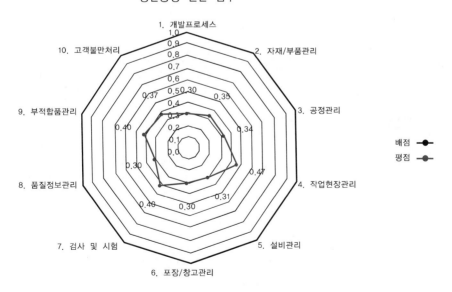

생산공정 진단 점수

4.2 단계별 성과 향상 방안

Q 4.3 품질보증조달물품의 단계별 성과 향상 방안

품질보증조달물품 성과 향상을 단계별로 추진하려면 어떻게 해야 되나요?

A 품질보증조달물품의 등급은 예비 물품(500점 이상), B등급(600점 이상), A등급(700점 이상), S등급(750점 이상)으로 분류하며 단계적으로 추진 방안을 수립하여 실행해야 한다.

1) 단계별 성과 향상 프로세스

품질보증조달물품 성과 향상 방법은 1단계 평가 준비, 2단계 평가 실시, 3단계 개선대책, 4단계 유지관리의 단계로 추진하는 것이 바람직하다.

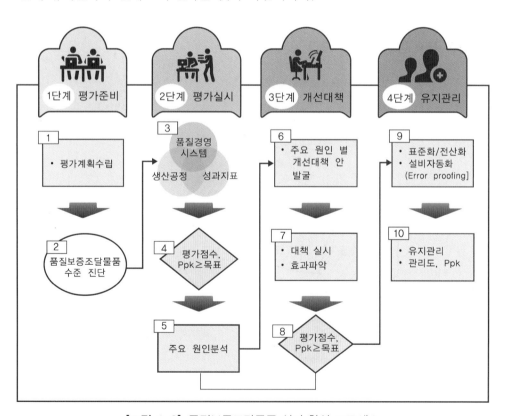

[그림 4-2] 품질보증조달물품 성과 향상 프로세스

2) 품질보증조달물품 등급별 실행 방안

품질보증조달물품의 선정 등급별로 도달해야 할 합격 수준을 제시했다. 이는 개념적으로 제시한 것으로 심사 항목별로 일대일 또는 단편적인 적용이 아니라 종합적으로 고려하여 적용하는 것이 바람직하다.

구분(등급)		미선정	예비 물품	B 등급	A등급	S등급
합격수준		500점 미만	500점 이상	600점 이상	700점 이성	750점 이상
시스템 수준	Plan(계획)	×	○	○	○	○
실행수준	Do(실시)	○	○	○	○	○
	Check(확인)	×	×	○	○	○
	Action(조치)	×	×	×	○	○
실행기간	문서화된 정보	1년 이내	1년 이내	1년 이상	2년 이상	3년 이상
스마트 공장	자동화	30% 미만	30% 이상	40% 이상	50% 이상	60% 이상
	전산화	수기	엑셀	MES	MES, SPC	MES, SPC, PLM
	지능화	×	×	×	경고 개선	경고 개선, 품질 예측
	수준(Level)	0	1	1~2	2~3	3 이상

Q 4.4 품질보증조달물품 예비 물품, B등급의 합격 수준

품질보증조달물품 선정되는 심사 등급별 합격 수준은 어느 정도 되나요?

A 품질보증조달물품 심사 항목별로 사전 진단을 실시하여 현 수준을 파악하고, 예비 물품(500점 이상), B등급(600점 이상)에 도달하기 위한 단계별 추진 또는 전략적 추진 계획을 수립하여 실행한다. 합격 수준은 핵심품질과 범주별 합격 수준을 제시했다.

1) 핵심품질에 대한 단계별 추진 방안

구분	현수준(As is)	예비물품 (To be)	B등급(600점 이상, To be)
★ 핵심품질	1) 품질방침 및 목표설정 관리 미흡	품질방침과 연계된 계량화된 품질목표 설정 및 월단위 모니터링	품질방침과 연계된 계량화된 품질목표 대비 실적 예방중심의 실천계획/실적
	2) 최신법의 규제사항 관리 미흡	최신 법규관리 목록 및 최신 법규 준수 이력 확보	최신법규에 대한 준수 실적 공인기관 시험성적서 주기 단축 및 실적
	3) 관리계획서 작성 안됨, 작업표준서, 검사기준서 연계성 없음	작업표준서와 연계하여 관리계획서 작성	품명별 관리계획서, 작업표준서 최신본 관리
	4) 인수검사기준 및 성적서에 대한 관리 미흡	누락없이 인수검사기준 설정 및 항목별 현장 검서성적서 및 이력관리	모든 검사 기준서 대비 현장 검사성적서 & 검사 이력관리 DB
	5) 공정능력지수 관리 않됨	공정별 공정능력지수 산출 관리	공정능력 지수 산출 및 개선 (Ppk 〉 1.33)

구분	현수준(As is)	예비물품 (To be)	B등급(600점 이상, To be)
★ 핵심품질	6) 외주업체의 공정능력지수 관리 않됨	외주 생산 시 내작과 동일하게 공정능력지수 관리 실시	외주 생산업체에 대한 공정 불량률 및 공정능력지수 관리
	7) 공정검사 실적 월별 집계 미 실시	공정별 검사 실적 월별 집계 및 개선대책 실시	공정별 검사일지 및 검사이력 관리 DB, 품질목표 대비 실적 관리 예방차원의 개선대책 관리
	8) 출하검사 실적 월별집계 미 실시	출하검사 실적 월별 집계 및 개선대책 실시	출하검사성적서 및 검사이력 관리 DB, 품질목표 대비 실적관리 예방차원의 개선대책 관리
	9) 측정기기의 검교정 실시 이력 관리 일부 미흡	누락없이 법정기준에 부합 되도록 측정기기의 검교정 실시	법정기준 이내로 검교정 이력 관리

2) 품질경영시스템 심사 항목에 대한 단계별 추진 방안

구분	현수준(As is)	예비물품 (To be)	B등급(600점 이상, To be)
6. 문서관리(매뉴얼, 절차서)	품질보증조달물품 요구사항 78개 항목 미 반영 기술표준 관리 미흡	품질보증조달물품 요구사항 반영하여 매뉴얼 및 절차서 작성 관리계획서, 작업표준서 연계하여 작성	매뉴얼 및 절차서 제정 및 개정 관리, 절차서에서 정한 산출물에 대한 실적관리
1. 품질경영 계획 및 체계 구축	계량화된 품질목표 설정 및 관리 미흡 품질조직의 기능 부족	계량화된 품질목표 대비 실적 관리 품질조직의 기능 보완	전년도 사업계획 분석 및 부서별 사업계획수립 품질목표 달성을 위한 전략 과제화 예방활동 품질조직 확보
2. 품질경영 관리	계량화된 품질목표 대비 실적 관리	분기별 품질목표 대비 실적관리 경영자가 품질목표 관리	월별 품질목표 관리 실적 품질목표에 대한 개선활동 실적 전사적인 개선활동 실적
4. 기술관리	중장기 기술로드맵 미흡 경쟁사 B/M 자료 미흡 생산설비 자동화율 관리 미흡	19년 기술로드랩 작성! 제품 및 생산기술에 대한 경쟁사 B/M 자료 준비	중장기 기술로드맵 작성 경쟁사 B/M 자료 준비 설비자동화율 개선

3. 법규관리는 핵심품질 내용과 동일

구분	현수준(As is)	예비물품 (To be)	B등급(600점 이상, To be)
5. 위기경영	위기 대응 체계 관리 미흡	대외 및 대내 환경분석 위기대응계획 수립	위기대응계획 확대 위기대응계획 훈련
7. 공급자관리	협력업체 평가 미흡 협력업체 지원 미흡	협력업체 신규, 정기평가 결과 유지 협력업체 지원 실적	전 협력업체 평가 및 성과모니터링 관리 협력업체 지원방안 확대
8. 지속적 개선	전사적 품질혁신 프로그램 부족	혁신 프로그램 실적 발굴 제안 실적 집계 고객만족도 조사 및 개선	전사적 지속적개선 프로그램 확대 및 실행 개선실적 성과관리 내부직원만족도 조사/개선
9. 교육	교육훈련 계획대비 실적 관리 미흡 간접직 인원의 적격송간리 미흡	직원 적격성 관리 체계 보완 교육계획 대비 실적 분석	중장기 교육프로그램 실행 신입사원/직무전환자 교육 프로그램 및 실적 교육성과 분석 및 개선

3) 생산공정 심사 항목에 대한 단계별 추진 방안

구분	현수준(As is)	예비물품 (To be)	B등급(600점 이상, To be)
1. 개발프로세스	개발프로세스 구축이 미흡 개발산출물 관리가 미흡	개발프로세스 구축 개발 검증 및 개선대책 관리 기술문서 양산 전 작성	전 품목에 대한 개발산출물 관리(기술문서 포함) 전 품목 품질목표관리 및 검증 이력관리
2. 자재/부품관리	인수검사 부적합품 개선대책관리 미흡 공급자 성과관리 미흡	인수부적합에 대한 개선대책관리 공급자 성과측정 관리	전 업체에 대한 검사 기준서 대비 현장검사성적서 & 검사 이력관리 DB
3. 공정관리	작업표준서 최신본 관리 미흡(관리계획서와 연계)	작업표준서와 연계된 작업 표준서 개정 현장의 점검 기준 및 이력관리	현장 점검이력 관리 통계적 품질공정관리 적응 관리도, 공정능력지표 관리
4. 작업현장관리	현장 3정 5S 관리 미흡	3정 5S 관리 체계 개선 작업자안전관리 체계 보완	3정 5S 활동 고도화
5. 설비관리	설비점검 계획 대비 실적 관리 미흡 예비부품에 대한 이력관리 미흡	예방점검 계획대비 실적 이력 유지 예비부품, 치공구 관리 체계구축	설비예방점검 항목 확대 설비예측보전 관리 확대

구분	현수준(As is)	예비물품 (To be)	B등급(600점 이상, To be)
6. 포장/창고관리	창고 3정 관리 체계 미흡 포장규격 및 포장작업장 청결관리 미흡	창고 3정(정위치, 정품, 정량) 관리 포장규격 제정 및 현장 청결 관리	창고 3정 관리 고도화 선입선출 관리 구축
7. 검사 및 시험	검사실적(공정/출하) 관리 미흡 Worst 불량 개선대책관리 미흡	검사 실적(공정별, 출하) 월별 집계 및 개선대책 실시 검사원 자격인증 관리	공정별 불량 개선 실적 출하검사 개선 실적 검사원 Gage R&R 실시
8. 품질정보관리	품질특성(공정, 제품) 선정 및 관리도 관리 미흡	품질특성(제품, 공정) 선정 및 관리도 관리 공정능력지수 관리	특별특성(제품, 공정) 확대 및 통계적공정관리 공정능력 수준 향상
9. 부적합관리	부적합 개선대책관리 미흡	부적합품 개선대책관리 양식 개정 및 실적관리	부적합품 실적 관리 유효성확인 및 예방활동 전개
10. 고객불만처리	고객불만 개선대책관리 미흡	고객불만에 대한 개선대책 관리 근본원인분석 및 재발방지	고객불만 재발방지 활동 시정조치의 유효성확인 재발방지 활동 전개

4) 성과지표 심사 항목에 대한 단계별 추진 방안

구분	현수준(As is)	예비물품 (To be)	B등급(600점 이상, To be)
1. 연구/개선성과	실적 미 집계	지속적 개선활동 성과율 매출액 대비 R&D 투자 전사인원대비 R&D인력	성과지표 분기단위 목표 대비 실적 관리 및 개선
2. 생산프로세스성과	실적 미 집계	인수부적합품률 공정부적합품률 공정능력지수(4항목) 출하부적합품률	성과지표 분기단위 목표 대비 실적관리 및 개선
3. 신용평가/조달청 실적평가	실적 미 집계	기업신용평가등급 품질검사 부적한건수 업체 남품기한준수 조달청 교육 실적	조달성과 지표 자체모니터링 및 개선
4. 신인도 평가	실적 없음	CEO 조달교육 참석 (가점 +5점) CEO 조달 W/Shop참가 (가점 +10점)	CEO 조달 교육 참석 (+5점)

4.3 스마트공장과의 연계 방안

Q 4.5 스마트공장의 개요

스마트공장은 무엇을 말하는 것인가요?

A 스마트공장(Smart Factory, KS X 9001-1:2016)은
전통 제조 산업에 ICT를 결합하여 제품의 기획, 설계, 생산, 유통, 판매 등 전 과정을
ICT 기술로 통합, 최소 비용, 시간으로 고객 맞춤형 제품 생산을 지향하는 공장으로,
생산성 향상, 에너지 절감, 인간 중심의 작업 환경이 구현되고, 개인 맞춤형 제조,
융합 등 새로운 제조 환경에 능동적 대응이 가능한 공장을 말한다.

1) 스마트 공장의 정의(KS X 9001-1:2016)

전통 제조 산업에 ICT를 결합하여 제품의 기획, 설계, 생산, 유통, 판매 등 전 과정을
ICT 기술로 통합, 최소 비용, 시간으로 고객 맞춤형 제품 생산을 지향하는 공장으로, 생
산성 향상, 에너지 절감, 인간 중심의 작업 환경이 구현되고, 개인 맞춤형 제조, 융합 등
새로운 제조 환경에 능동적 대응이 가능한 공장

2) 스마트공장 운영관리시스템 프레임워크

기업 경영 계층 아래의 영역에서는 프로세스 관점과 시스템 및 자동화 관점의 구성 요소
들이 포함된다. 프로세스 관점에서는 제품 개발, 생산 계획, 공정 관리, 품질 관리, 설비
관리, 물류 관리의 6개 프로세스가 있다.

시스템 및 자동화 관점에서는 정보시스템 모듈과 설비 자동화 모듈로 나뉘어지며, 정보
시스템 모듈은 제품수명주기관리(PLM), 전사적자원관리(ERP), 공급망관리(SCM), 제조
실행시스템(MES), 공장에너지관리시스템(FEMS), 보안 등의 서브 모듈로 구성된다.

스마트공장 운영관리시스템의 핵심 기능에는 통합 및 연계, 실시간 모니터링, 유연성, 이
상 대응, 지능화 및 에너지 관리, 기준 관리 등이 있다. 통합 및 연계 기능은 수평적, 수
직적 통합 및 연결과 관련된다.

실시간 모니터링 기능은 실적, 상태, 진도 정보에 대한 실시간 모니터링 및 분석과 관련
된다. 유연성은 다양하고 변화하는 수요에 대한 유연하고 신속한 대응과 관련된다. 이상
대응은 트래킹 관리, 이상상태 감지, 성능 및 부하차이 밸런싱 등과 관련된다. 지능화 및

에너지 관리는 예측 및 최적화 시뮬레이션, 지능형 일정 계획 등과 관련된다. 기준 관리는 기준정보(master data) 관리, 운영 우선순위 규칙 관리 등과 관련된다.

스마트공장 운영관리시스템은 CPS, 클라우드, 3D 프린팅, 빅데이터, 에너지 절감 기술, 홀로그램, 스마트 센서, IoT와 같은 기반 기술의 발전 결과를 적용함으로써 지속적으로 향상될 수 있다.

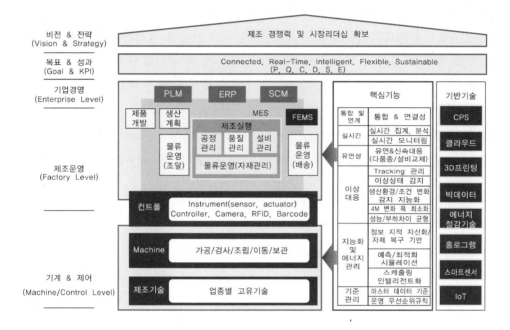

3) 스마트 공정 용어

(1) 제품순기관리 / 제품생애주기관리 / 제품수명관리(Product Life-cycle Management, PLM)

제품 설계를 위한 아이디어 수집, 기획 단계부터 제품 생산을 시작하기 직전까지 관련된 정보를 통합 관리하는 것이다.

(2) 전사적 자원관리(Enterprise Resource Planning, ERP)

기업 전체를 경영 자원의 효과적 이용이라는 관점에서 통합적으로 관리하고 경영의 효율화를 기하기 위한 시스템이다. 좁은 의미에서는 통합적인 컴퓨터 데이터베이스를 구축해 회사의 자금, 회계, 구매, 생산, 판매 등 모든 업무의 흐름을 효율적으로 자동 조절해 주는 전산 시스템을 뜻하기도 한다.

(3) 제조실행시스템(Manufacturing Execution System, MES)

작업 현장에서 작업 일정, 작업 지시, 품질 관리, 작업 실적 집계 등 제반 제조 활동을 지원하기 위한 관리 시스템으로, 생산 계획과 실행의 차이를 줄이기 위한 시스템으로 현장 상태의 실시간 정보 제공을 통하여 관리자와 작업자의 의사결정을 지원하는 기능을 수행한다.

(4) 공급망관리(Supply Chain Management, SCM)

기업에서 원재료의 생산·유통 등 모든 공급망 단계를 최적화해 수요자가 원하는 제품을 원하는 시간과 장소에 제공하는 것이다. 부품 공급업체와 생산업체, 고객에 이르기까지 거래 관계에 있는 기업들 간 정보 공유를 통해 시장이나 수요자들의 요구에 기민하게 대응토록 지원한다.

(5) 공장에너지관리시스템(Factory Energy Management System, FEMS)

공장 내 전기·가스 등 에너지 소비량을 센서, 유·무선 네트워크를 통해 실시간 원격 제어하여 에너지 효율을 개선하기 위한 시스템이다.

4) 스마트공장 기반기술

(1) 사이버-물리시스템(Cyber-Physical System, CPS)

물리적 실제 시스템과 사이버 공간의 소프트웨어 및 주변 환경을 실시간으로 통합하고 상호 피드백하여 물리 세계와 사이버 세계가 실시간 동적 연동되는 시스템이다.

※ 사이버-물리생산시스템(Cyber-Physical Production System, CPPS): CPS 개념을 제조 분야에 접목한 시스템

(2) 클라우드 컴퓨팅(cloud computing)

인터넷 기술을 활용해 고객에게 확장성을 가진 자원을 서비스로 제공하는 컴퓨팅의 한 형태이다.

(3) 3D 프린팅(three dimensional printing)

프린터로 물체를 뽑아내는 기술이다.

(4) 빅데이터(big data)

통상적으로 사용되는 데이터 수집 및 관리, 처리 소프트웨어의 수용 한계를 넘어서는 크기의 데이터를 대상으로 통계적 의미가 있는 정보를 추출하는 정보 가공 기술이다.

(5) 에너지절감기술

- 에너지 절약(Energy saving)

에너지 공급자와 사용자가 에너지의 낭비를 줄이기 위해 채택한 수단 또는 그로 인한 효과. 여기에서는 소극적인 방법(예: 단열)과 적극적인 방법(예: 폐열이나 가스의 활용) 또는 조직적인 방법(예: 수송수단의 변화)등이 있다.

(6) 홀로그램(hologram)

빛의 간섭 효과를 이용해서 모델로부터 굴절된 빛을 새롭게 창조하는 것이다. 홀로그래피에서, 입체상을 재현하는 간섭 줄무늬를 기록한 매체. 기준이 되는 레이저광과 물체로부터의 반사 레이저광으로 이루어지는 간섭 줄무늬를 필름에 농담(濃淡)으로 기록한 것으로, 간섭 줄무늬는 사진화되는 물체의 광학적인 모든 정보를 지닌다.

(7) 스마트센서(Smart Sensor)

컴퓨터와 같이 다양한 데이터 처리 능력과 판단 능력을 갖는 센서. 마이크로 센서 기술에 반도체 VLSI(Very Large Scale Integration) 기술을 결합시킨 것으로 컴퓨터가 갖는 우수한 데이터 처리 능력, 판단 기능, 메모리 기능, 통신 기능 등을 갖기 때문에 종래의 센서에는 볼 수 없는 많은 장점을 갖는다. 이러한 센서의 지능화는 전통적인 센서 활용 분야를 뛰어넘어 스마트 홈 시스템, 원격 진료 시스템, 대규모의 환경 감시 시스템 등으로 센서의 활용 영역을 넓히고 있다.

(8) 사물인터넷(Internet of Things, IoT)

물리/가상의 사물이 지능형 서비스와 연계되어 물리/가상의 정보를 처리하고 그 결과에 따른 대응을 가능하게 하는 기반 구조이다. 인식, 데이터 취득, 처리 및 통신 기능 등의 활용을 통하여 정보 보호와 프라이버시가 보장되는 모든 종류의 응용에 서비스를 제공하기 위하여 사물인터넷은 사물의 기능을 모두 활용하게 된다.

Q&A

Q 4.6 스마트공장 성숙도

스마트공장 성숙도는 무엇인가요?

A 스마트공장 성숙도는 KS X 9001-3:2016에서 제시하고 있는 스마트공장 운영관리 시스템 요구사항을 평가하는 척도이다.

1) 스마트공장 성숙도

스마트공장 운영관리시스템 요구사항은 내부 및 외부 관계자가 조직의 공장 운영관리시스템의 스마트화 정도와 변화하는 경영 환경과 요구 및 발전하는 정보통신기술을 고려하여 지속적인 스마트화 추진 필요성에 대한 평가를 위하여 사용될 수 있다.

스마트공장 운영관리시스템 평가 결과는 다음과 같은 스마트공장 성숙도로 나타낼 수 있으며, 성숙도는 스마트공장 운영관리시스템 요구사항 각각에 대해 적용할 수 있다.

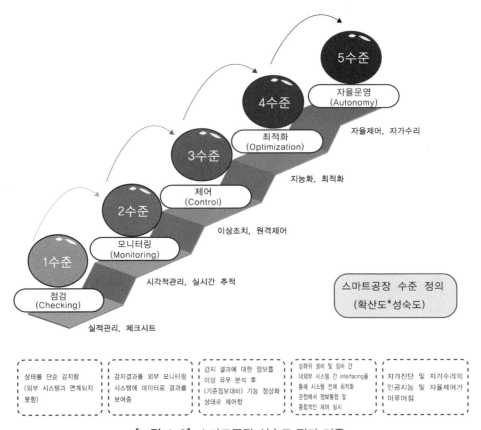

[그림 4-3] 스마트공장 성숙도 평가 기준

① 1수준: 점검(checking)
- 정보기술 미적용 단계로, 체크리스트 등을 활용하여 수기로 실적관리가 되고 있음.
- 외부 시스템과 연계되지 못하고 현상 또는 상태를 단순 감지하고 있음.

② 2수준: 모니터링(monitoring)
- 현장의 눈으로 보는 관리가 체계적이고 데이터가 실시간으로 추적되고 있음.
- 현재의 상태가 외부 모니터링 시스템에 연결되어 데이터를 언제든지 확인, 추적할 수 있도록 함.

③ 3수준: 제어(control)
- 이상발생 시 즉시 파악이 가능하고 원격제어에 의해 문제를 해결할 수 있음.
- 감지 정보에 대해 자동으로 기준 정보 대비 이상 유무 분석 후 기능 정상화 상태로 제어함.

④ 4수준: 최적화(optimization)
- 빅데이터 분석 및 최적화 솔루션 활용 등을 통해 사전예방 및 전체 최적화를 추구하고 있음.
- 상, 하위 설비 및 장비 간, 내부 및 외부 시스템 간 상호 접속(interfacing)을 통해 전체 최적화 관점에서 정보가 통합되고 종합적인 제어 실시가 가능함.

⑤ 5수준: 자율 운영(autonomy)
- 최적화된 공장이 사람의 관여를 최소화한 상태에서 자율적으로 운영되고 있음.
- CPS, 사물인터넷, 인공지능 등의 기술을 통한 자가진단 및 자가 수리가 가능하고 자율제어를 통해 유연성이 극대화됨.

※ 모듈별, 세부 요구사항별 수준 정의는 유형별로 다르게 정의될 수 있다. 1수준을 제외한 각 수준을 대표하는 용어는 Porter and Heppelmann (2014)의 제품의 스마트화 수준에 대한 용어를 차용하였다.
스마트공장 수준은 상기의 관점에서 평가된 스마트공장 성숙도와 공장 전체 또는 일부분에 직용되어 있는가의 확산도를 고려하여 결정할 수 있다.

Q 4.7 스마트공장 수준 확인 제도

스마트공장 수준확인 제도는 무엇이며 어떻게 추진하나요?

A 스마트공장 수준확인 제도는 KS X 9001-3:2016 스마트공장운영관리시스템을 참조하여 평가 항목을 구성하였고, 제조기업의 스마트 수준을 확인하고, 스마트공장 확산 기반을 구축하기 위해 현재의 수준을 파악하는 제도이다.

1) 스마트공장 수준확인 제도 개요

스마트공장 수준확인 제도의 평가 항목은 제조기업의 스마트 수준을 확인하고, 스마트공장 확산 기반을 구축하기 위하여 작성하였다.

2) 스마트공장 수준

스마트공장 수준확인 제도 평가 항목은 내부 및 외부 관계자가 조직의 공장운영관리시스템의 스마트화 정도와 변화하는 경영환경과 요구 및 발전하는 정보통신기술을 고려하여 지속적인 스마트화 추진 필요성에 대한 확인 및 평가를 위하여 사용될 수 있다.

스마트공장 수준확인 결과는 다음과 같은 스마트공장 수준으로 나타낼 수 있으며, 수준은 스마트공장 수준확인제도 평가 항목 각각의 확인 항목에 대해 적용할 수 있다.

등급	참조모델	특성	조건(구축수준)	점수
Level 5	고도화	맞춤 및 자율 (Customized & Autonomy)	모니터링부터 제어, 최적화까지 자율로 운영	950 이상
Level 4	중간2	최적화 & 통합 (Optimized & Integrated)	시뮬레이션을 통한 사전 대응 및 의사결정 최적화	850~950
Level 3	중간1	분석 & 제어 (Analysed & Controled)	수집된 정보를 분석하여 제어 가능	750~850
Level 2	기초2	측정 & 확인 (Measured & Monitored)	생산정보 실시간 모니터링 가능	650~750
Level 1	기초1	식별 & 점검 (Identified & Checked)	부분적 표준화 및 실적정보 관리	550~650
Level 0	ICT 미적용	미인식 & 미적용	미인식 및 ICT 미적용	550 미만

3) 스마트공장 수준확인 평가 범주 및 항목

스마트공장 수준확인은 다음의 평가항목들에 대하여 구축 수준을 평가한다.

영역(4개)	범주(10개)	배점 (총1,000점)	항목(44개)	
[1] 추진전략	[1.1] 리더십과 전략	100	①	리더십
			②	전략 및 추진계획
			③	조직 및 역량관리
			④	성과지표(KPI) 관리
[2] 프로세스	[2.1] 제품개발	60	①	제품개발 절차
			②	제품설계 및 검증
			③	공정설계 및 검증
			④	제품정보 관리
			⑤	기술정보 관리
	[2.2] 생산계획	60	①	기준정보 관리
			②	수요 및 주문대응
			③	중장기 생산계획
			④	단기 생산일정계획
	[2.3] 공정관리	70	①	작업계획 수립 및 지시
			②	생산진도 관리
			③	이상발생대응관리
	[2.4] 품질관리	70	①	품질정보 관리
			②	품질표준/문서 관리
			③	검사데이터 관리
			④	검사기기/측정장비 관리
	[2.5] 설비관리	60	①	설비가동 관리
			②	설비보전 관리
			③	보전자재 관리
			④	금형/지그/공구관리
	[2.6] 물류운영	60	①	구매 및 외주관리
			②	자재관리
			③	출하 및 배송관리

영역(4개)	범주(10개)	배점 (총1,000점)	항목(44개)	
[3] 정보 시스템과 자동화	[3.1] 정보시스템	220	①	전사적자원관리(ERP)
			②	공급망관리(SCM)
			③	제조실행시스템(MES)
			④	제품수명주기관리(PLM)
			⑤	공장에너지관리시스템(FEMS)
			⑥	보안 관리
	[3.2] 설비자동화	180	①	생산설비
			②	물류설비
			③	검사설비
			④	설비정보 네트워크
			⑤	에너지/안전/환경 관리
[4] 성과	[4.1] 성과	120	①	생산성(P)
			②	품질(Q)
			③	원가(C)
			④	납기(D)
			⑤	안전(S)
			⑥	환경(E)

4) 스마트공장 수준확인 평가 혜택

- 기업의 스마트공장 수준확인을 실시하면 수준확인서 및 향후 스마트공장 구축과 고도화에 활용할 수 있는 진단 보고서를 제공한다.
- 스마트공장 수준확인 시 인센티브는 진산 수준에 따르면 다음과 같다.

구분	세부 내용
공공구매	• 중기간 경쟁제품 신인도 평가 가점 부여 • 레벨 1 ~ 2(1점), 레벨 3(2점), 레벨 4~5(3점)
R&D	• 제품서비스 R&D : 서면 평가 면제(레벨 3이상) • 공정품질 R&D : 가점 부여
정책자금	• 스마트공장 수준확인 기업 정책자금 우선지원 　(중진공 제조현장 스마트화 자금 등) • 기술보증기금 보증비율 및 보증료 우대 • 신용보증기금 보증비율 및 보증료 우대

• 기술보증기금 : 기술 보증비율 85%, 기본 보증료는 기업 신용에 따라 차등

구분	구축 수준별 우대사항					
구축단계	기반구축	기초1수준	기초2수준	중간1수준	중간2수준	고도화수준
기반구축	Level 0	Level 1	Level 2	Level 3	Level 4	Level 5
보증비율	90%	95%		95%		100%
보증료	0.3%p감면	0.5%p감면(3년)		고정0.7%(3년)		고정0.5%(3년)

* 현재 적용 완료되었으며, 향후 기술보증기금에 조회용 아이디를 부여하여 구축기업 정보확인 가능
  하도록 추진예정

• 신용보증기금 : 수준확인제도 참여 대상 보증비율 및 보증료 우대(예정)

• 스마트공장 수준확인은 스마트공장 구축지원 사업에 참여 이력이 없는 기업과 스마트
공장 구축지원 사업 참여 후 스마트공장의 고도화를 추진한 기업이 수준확인을 받아
혜택을 받을 수 있다.

Q 4.8 스마트공장 수준확인과 품질보증조달물품과의 연계성

스마트공장 수준확인과 품질보증조달물품과의 연계성은 무엇이며 어떤 것이 다른가요?

A 스마트공장 수준확인 평가기준과 품질보증조달물품 심사기준과의 차이점은 스마트공장 평가 항목 기준으로 생산계획, 생산진도 관리, 전사적자원관리(ERP), 공장에너지관리시스템(FEMS), 보안관리, 에너지/안전/환경관리, 성과(생산성, 안전, 환경) 등의 내용은 추가되어 있으나, 법규관리, 위기경영, 지속적개선, 공정관리, 작업현장관리, 고객불만관리 항목은 포함되어 있지 않다.

1) 스마트공장 표준과 다른 경영시스템과의 관계

스마트공장 운영관리시스템은 조직의 품질경영시스템, 환경경영시스템 및 기타 다른 경영시스템을 대체하지 않는다. 스마트공장 운영관리시스템 요구사항은 다른 경영시스템의 요구사항과 중복되거나 그 의미가 유사할 수 있다. 그러나 이러한 사항들은 스마트공장 성숙도를 평가하기 위한 구성요소이므로 다른 경영시스템의 요구사항과 중복된다고 해서 제외할 수 없다.

스마트공장 운영관리시스템이 조직의 품질, 환경 및 기타 다른 경영시스템 요구사항과 중복되거나 유사한 요구사항을 포함하고 있다는 것은 스마트공장 성숙도는 조직의 품질, 환경 및 기타 다른 경영시스템과 상호작용을 하고 있다는 것을 의미한다. 이는 조직이 도입하고 운영하는 품질경영시스템, 환경경영시스템 및 기타 경영시스템의 역량 성숙도가 스마트공장 성숙도에 영향을 미칠 수 있음을 의미한다.

스마트공장 운영관리시스템은 별도의 문서화, 기록 등을 요구하지 않는다. 스마트공장 성숙도 평가는 조직의 이행 증거를 확인한다. 이러한 이행 증거는 조직의 품질경영시스템, 환경경영시스템 및 기타 경영시스템에 의해 생성된 문서나 기록일 수 있다.

2) 스마트공장 평가기준과 품질보증조달물품 심사항목의 차이점

스마트공장 수준확인 평가 항목과 대비하여 품질보증조달물품 심사항목과의 연계성을 분석하였다. 스마트공장 평가 항목 기준으로 생산계획, 생산진도 관리, 전사적자원관리(ERP), 공장에너지관리시스템(FEMS), 보안관리, 에너지/안전/환경관리, 성과(생산성, 안전, 환경) 등 내용이 포함되어 있으나, 법규관리, 위기경영, 지속적개선, 공정관리, 작업현장관리, 고객불만관리 항목은 포함되지 않는다.

영역(4개)	범주(10개)		항목(44개)	품질보증조달물품 심사항목
[1] 추진전략	[1.1] 리더십과 전략	①	리더십	품질경영계획 및 체계구축
		②	전략 및 추진계획	품질경영 관리
		③	조직 및 역량관리	교육
		④	성과지표(KPI) 관리	품질경영 관리
[2] 프로세스	[2.1] 제품개발	①	제품개발 절차	개발프로세스
		②	제품설계 및 검증	개발프로세스
		③	공정설계 및 검증	개발프로세스
		④	제품정보 관리	개발프로세스
		⑤	기술정보 관리	개발프로세스
	[2.2] 생산계획	①	기준정보 관리	
		②	수요 및 주문대응	
		③	중장기 생산계획	기술관리
		④	단기 생산일정계획	
	[2.3] 공정관리	①	작업계획 수립 및 지시	
		②	생산진도 관리	
		③	이상발생대응관리	부적합품관리
	[2.4] 품질관리	①	품질정보 관리	품질정보관리
		②	품질표준/문서 관리	문서관리
		③	검사데이터 관리	검사 및 시험
		④	검사기기/측정장비 관리	검사 및 시험
	[2.5] 설비관리	①	설비가동 관리	설비관리
		②	설비보전 관리	설비관리
		③	보전자재 관리	설비관리
		④	금형/지그/공구관리	설비관리
	[2.6] 물류운영	①	구매 및 외주관리	공급자관리
		②	자재관리	자재/부품관리
		③	출하 및 배송관리	포장/창고관리

영역(4개)	범주(10개)	항목(44개)		품질보증조달물품 심사항목
[3] 정보 시스템과 자동화	[3.1] 정보시스템	①	전사적자원관리(ERP)	
		②	공급망관리(SCM)	공급자관리
		③	제조실행시스템(MES)	품질정보관리
		④	제품수명주기관리(PLM)	제품개발프로세스
		⑤	공장에너지관리시스템 (FEMS)	
		⑥	보안 관리	
	[3.2] 설비자동화	①	생산설비	설비관리
		②	물류설비	포장/창고관리
		③	검사설비	검사 및 시험
		④	설비정보 네트워크	설비관리
		⑤	에너지/안전/환경 관리	
[4] 성과	[4.1] 성과	①	생산성(P)	
		②	품질(Q)	생산공정 성과
		③	원가(C)	연구/개선 성과
		④	납기(D)	조달청실적평가
		⑤	안전(S)	
		⑥	환경(E)	

3) 품질보증조달물품에 성과향상을 위한 스마트공장 고도화 연계 방안

- 품질보증조달물품 등급과 스마트공장 수준과는 일치하지는 않지만, 스마트공장 수준을 3 Level 이상 유지하면 품질보증조달물품의 A등급 이상 점수를 획득할 것으로 예상이 된다. 다만 개발, 생산과 관련된 내용 중심으로 품질경영 계획 및 경영관리, 지속적개선, 위기경영, 법규관리, 고객 불만 처리 항목에 대한 내용과, 평가항목은 같지만 세부적인 심사항목에 따라 평가점수에 영향을 받을 수 있다.

- 품질보증조달물품 등급이 높은 회사의 경우 스마트공장을 구축하고 검사공정에 센서를 부착하여 자동으로 측정 데이터를 자동으로 MES 전산시스템으로 연계하여 실시간 관리가 가능하도록 구성하고, 통계적 공정관리로 관리도 및 공정능력지수에 대한 모니터링이 가능하도록 시스템을 구축하여 운영하고 있다. 이는 스마트공장 수준으로는 Level 3 정도로 예상이 된다.

- 품질보증조달물품에 대한 생산 실적 및 검사결과에 대한 자동 데이터 집계 및 분석을 실시하고 있는 업체가 많이 발생하고 있는데, 기존의 생산설비에 센서 등 데이터를 자동으로 집계하여 관리할 수 있도록 설비와 ICT를 연결하는 것이 무엇보다도 중요하다.

- 품질보증조달물품의 높은 등급을 유지하고 있는 회사의 공통점은 생산현장의 자동화 비율이 높고, 전산화 정도가 높게 나타나는 것이 사실이다. 여기에 스마트공장 수준을 고도화하기 위하여 계획을 수립하여 추진하는 것이 필요하다. 스마트공장 도입 시 기대되는 효과는 생산성 향상을 들 수 있다. 그러나 품질 향상을 위해서는 별도의 품질보증을 위한 검사 데이터에 대한 부적합품률 모니터링 및 개선대책 관리시스템, 통계적 공정관리 관리도를 활용한 공정 이상 실시간관리 및 이상 발생 시 경고 실시 및 개선, 공정능력지수 모니터링을 통한 품질 수준 향상, 품질목표 관리를 통한 KPI 성과지표에 대한 모니터링 및 목표 미달 시 개선대책을 실시하는 시스템의 구축이 무엇보다 필요하다.

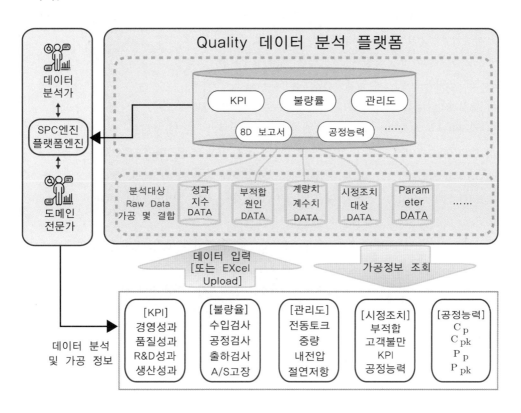

참고 문헌

[1] 조규선(2015) 정부조달 품질질보증제도에 관한 연구, 서경대학교 경영학원

[2] 고임세(2011), 정부조달 물품의 품질관리 발전방안에 관한 연구 : 자가품질보증제도 도입 성공을 위한 요인에 관한 연구, 고려대학교 행정대학원 석사학위 논문 석사학위 논문

[3] 조규선(2017), ISO 22301과 IATF 16949의 통합 인증에 관한 연구, 서경대학교 박사학위논문, 29~35

[4] 조규선(2015), ISO 26262 PART 2 중심의 R&D 프로세스 개선에 관한 연구, 한국품질경영학회 2015년도 추계 품질대회(KQC) 발표문집, 5~7

[5] 김용대 · 김상필 · 이종범 · 이황주 · 정정민 · 조규선(2010), 가전제품 안전품질 매뉴얼, 한국표준협회, 159~214

[6] 김태규, 조규선 등 6명(2009), 공급망 품질경영(SCQM) 가이드북, 한국표준협회

[7] 김태규, 조규선(2010), 공급망 품질협력지수(QCI-SCM) 분석 보고서, 한국표준협회

[8] 조달품질원(2018), 품질보증조달물품 지정 및 운영규정, 조달청

[9] 조달품질원(2019), 품질보증조달물품 평가 요구사항, 조달청

[10] 조달품질원(2019), 품질보증조달물품 교육 교재, 조달청

[11] 품질관리단(2010), 조달물자 자가품질보증제도 개발완료 보고서, 조달청

[12] 한국표준협회(2014), KS담당자 과정 통계적품질관리, 한국표준협회

[13] ISO 9001(2015), KS Q ISO 9001:2015 품질경영시스템, 한국표준협회

[14] ISO 10377(2013), 소비자 제품 안전 - 공급자를 위한 가이드라인, ISO

[15] ISO 10393(2013), 소비자 제품 리콜 - 공급자를 위한 가이드라인, ISO

[16] ISO 26262(2011), 자동차 기능성 안전 Part 1~10, ISO

[17] KS X 9001-1(2016), 스마트공장-제 1부 : 기본 개념과 구조, 한국표준협회

[18] KS X 9001-2(2016), 스마트공장-제 2부 : 용어, 한국표준협회

[19] KS X 9001-3(2016), 스마트공장-제 1부 : 운영관리시스템(진단 평가 모델), 한국표준협회

참고 인터넷 사이트

- 국회도서관 홈페이지 : http://www.nanet.go.kr/main.jsp
- ISO 홈페이지 : http://www.iso.org
- 조달청 홈페이지 : http://www.pps.co.kr
- 법제처 홈페이지 : http://www.moleg.go.kr

정부조달 품질보증 실무 가이드북

발 행 일	2019년 12월 6일 초판 1쇄 발행
지 은 이	조규선
발 행 인	이동선
발 행 처	한국표준협회미디어
출 판 등 록	2004년 12월 23일(제2009-26호)
주 소	서울특별시 금천구 가산디지털1로 145, 에이스하이엔드 3차 1107호
전 화	02-2624-0361
팩 스	02-2624-0369
홈 페 이 지	www.ksamedia.co.kr
I S B N	979-11-6010-040-2 03320

값 27,000원